if
가상의 세계로 여행

팬더 컬렉션 엮음

明文堂

<참고 서적>
《사이언스 칼럼(Science Column)》
(아이작 아시모프)
《은하계 여행(Journey to the Stars)》
(로버트 재스트로)
《내셔널 지오그래픽(National Geographic)》

<참고 사진>
「NASA」 외

if
가상의 세계로 여행

차 례

1. 햇빛이 지구에 닿지 않는다면? / 6

2. 태양에 이변이 일어난다면? / 19

3. 이 세상에 태양이 두 개가 있다면? / 27

4. 지구에서 가까운 별이 폭발한다면? / 41

5. 혜성과 지구가 서로 부딪친다면? / 49

6. 소행성이 지구와 충돌한다면? / 55

7. 지구와 비슷한 행성이 우주에 또 있다면? / 67

8. 이 세상에서 달이 없어진다면? / 80

9. 달에 우주 기지를 만든다면? / 89

10. 달에 유원지가 생긴다면? / 101

11. 지구와 달 사이에 다리를 놓을 수 있다면? / 115

12. 지구의 자전이 늦어진다면? / 123

13. 지축의 기울기(傾斜)가 바뀐다면? / 132

14. 지구 중심을 꿰뚫는 터널이 생긴다면? / 137

15. 매그니튜드 최대급의 지진이 일어난다면? / 142

16. 지구에서 바닷물이 모두 없어져 버린다면? / 156

17. 빙하시대가 다시 온다면? / 164

18. 인공적으로 기상 조절을 할 수가 있다면? / 173

19. 지구 상공에 전리층이 없어진다면? / 184

20. 빛이 직진하지 않는다면? / 189

21. 이 세상에서 인력이 없어진다면? / 194

22. 이 세상에서 마찰작용이 없어진다면? / 203

23. 전기가 일어나지 않는다면? / 210

24. 시간 그 자체가 어긋나 버린다면? / 215

25. 타임머신이 실용화될 수 있다면? / 225

26. 광속보다 빠른 운반체를 만들 수 있다면? / 238

27. 극초음속 여객기가 취항하게 된다면? / 258

28. 광합성의 초록색 인간을 만들 수 있다면? / 269

29. 인간이 파충류와 같은 변온동물이었다면? / 278

30. 인간이 고릴라와 같은 네발짐승이었다면? / 287

31. 인간에게 날개가 있다면? / 297

32. 아기가 울지 않는다면? / 305

33. 아들과 딸을 마음대로 낳을 수 있다면? / 314

34. 한 번 기억한 것을 영원히 잊지 않는다면? / 322

35. 아픔을 느끼지 않게 된다면? / 331

36. 초음파·전파·적외선 등이 들리거나 보인다면? / 337

37. 인공장기의 이식이 가능해진다면? / 341

38. 불로장수약이 나온다면? / 349

39. 납으로 금이나 다이아몬드를 만들 수 있다면? / 356

40. 공룡이 지금 이 세상에 나타난다면? / 367

41. 신의 존재가 과학적으로 증명된다면 / 374

42. 우주인이 지구에 온다면? / 379

43. 대기 오염이 이대로 계속된다면? / 387

if

1. 햇빛이 지구에 닿지 않는다면?

지구의 대기가 이대로 계속 오염되고
지구상에서 핵전쟁이 일어나고
소행성이 지구화 충돌하고……

태양은 지구에 있는 모든 미생물을 낳고 기른 어버이다. 이 태양의 빛과 열이 지구에 닿지 않는다면 그것은 태양과 지구의 거리가 아주 멀어지거나, 아니면 무엇인가가 태양을 가렸을 때일 것이다.

지구는 몇 억 년, 혹은 몇 십억 년 후에 태양 쪽으로 가까워질 수는 있어도 멀어지지는 않을 것으로 생각되고 있다.

또한 태양을 가릴 만큼 큰 천체가 갑자기 나타나리라고도 생각되지는 않는다. 그런데도 햇빛을 가리는 것이 있다면?

푸른 하늘을 보았으면……

지금으로부터 한 200여 년쯤 전에 영국에서는 새로운 공장들이 잇달아 세워지기 시작했다. 이들 공장에는 갖가지 기계가 설치되어

실을 뽑아 베를 짜기도 하고, 쇠를 두들기거나 깎아서 기계나 도구를 만들기 시작했다.

그 전까지는 배나 기계는 사람의 손으로, 다시 말해 손일로 하나씩 만들고 있었는데, 사람 대신 기계로 대량생산을 하게 된 것이다. 이것을 산업혁명이라고 한다.

새로 들어선 기계들은 석탄을 태워 물을 끓여서 수증기를 만들어 그 수증기의 힘을 원동력으로 하는 증기기관으로 움직여졌다. 때문에 공장지대에는 수많은 굴뚝이 높이 치솟아 밤낮 없이 시커먼 연기를 뿜어냈다.

이것을 보고 영국 귀족들은,

「야, 멋있는 새 시대가 왔구나! 사람이 만든 연기가 푸른 하늘을 덮어 해를 가리다니, 정말로 장관인데! 그리고 또 이 냄새는 어떤가. 이거야말로 새 시대의 냄새다!」 하고 실크 햇을 쓰고 예복차림에 스틱을 들고 공장지대로 가서 석탄이 뿜어내는 연기 냄새를 맡고는 감격하고 있었다.

공장에서 만들어내는 생산량은 날로 늘어가 공장지대에는 노동자들이 모여들어 큰 도시가 몇 개씩이나 생겨났다. 그때까지 바다의 왕국으로 세계를 지배하고 있었던 영국은 새로 산업의 왕국이 되어 세계를 지배하게 되었다.

그런데 세계의 대국이 되었다고 자랑하는 사람들 뒤에서 도시 사람들의 얼굴은 점차 창백해져 갔다. 폐결핵이나 천식으로 고생하

대기 오염(air pollution)

는 사람들도 나날이 늘어 갔다.

영국에서는 가을에서 겨울에 걸쳐 매일같이 짙은 안개가 끼었다. 이 안개에 석탄 연기가 섞이면 안개는 더 한층 짙어져 좀처럼 개지를 않는다. 이것을 「스모그」라고 한다. 스모그는 허파나 목이 약한 사람에게는 치명적이다 「푸른 하늘을 봤으면……, 해를 보고 싶어.」 하면서 죽어가는 사람이 늘어 갔다.

이런 곳에서 태어나는 아이들은 선천적으로 몸이 약해 곧잘 병에 걸리고 곱사등이도 많이 태어났다.

이윽고 영국은 「폐결핵 왕국」, 「곱사등이 왕국」이라는 별명을 들어야 할 지경이 되어 갔다. 푸른 하늘을 없애고 해를 가려, 다시 말해 세계의 으뜸가는 나라가 되기 위해서 대자연의 혜택을 저버린 실수에 대한 벌이 나타나기 시작한 것이다.

태양은 1초 동안에 대체로 93 아래에 0을 스물한 개 붙인 킬로칼로리의 어마어마한 양의 열량을 끊임없이 사방으로 내보내고 있다.

그 가운데 지구에 닿는 것은 20억분의 1 정도이다. 20억분의 1 일이라면 얼마 안 되는 것 같지만, 그것이 쉴 사이 없이 지구를 덥혀 식물이 자라고 동물이 살아가는 데 쓰이고 있다. 그 열은 매초 질 좋은 석탄을 수백만 톤씩 태우는 열과 맞먹는다.

이런 열량은 사람의 머리를 아무리 짜내도 만들어 낼 수 없다. 그것을 태양은 아낌없이 우리들에게 쏟아붓고 있는 것이다. 그런데도 사람은 눈앞의 이익만을 추구한 나머지 태양이 내주는 열을 검은 연기로 가려버렸던 것이다. 벌을 받아 마땅하지 않을까?

뒤늦게 이것을 안 영국 정부는 황급히 「너무 연기를 내지 말도록」지시했으나, 지시만으로 푸른 하늘을 되찾을 수는 없었다.

공장들은 생산량을 줄이지도 않았다. 연기를 줄이자면 막대한 비용을 들여 설비를 해야 한다. 그 설비는 사람의 건강을 지키는 데는 도움이 되지만, 이익을 낳는 역할은 하지 않는다. 연기야 많이 나든 말든 생산시설을 늘려 많이만 만들어 내면 노동자들도 수입이 늘어나 좋아할 것 아니냐는 이론을 내세워 여전히 연기를 뿜어냈다.

정부는 이런 공장들에 대해서 주의를 주었을 뿐 그 이상 강력하게 다스리지는 않았다.

이윽고, 영국 국민의 건강에 대해서는 그것이 온 세계 사람들의 문제이기도 하기 때문에 여러 가지 연구가 이루어지고 갖가지 토론도 있었다. 토론은 사람들에게 희망을 주기는 했으나 건강을 되돌려주지는 못했다.

20세기에 들어와 증기기관 대신 전력이 원동력으로 쓰이게 되어 겨우 스모그 문제는 자취를 감추어 갔다. 하지만 스모그라는 괴물이 전기의 등장으로 완전히 죽어버린 것은 아니다.

20세기도 후반에 들어가자, 이제는 석탄을 때는 공장들 대신 기름을 연료로 한 자동차 등으로 인해 또다시 소생해서 200년 전보다도 더 심한 횡포를 부리기 시작했다.

그 밖에 지구상에서 세계대전이 다시 일어날 경우, 세계 각국은 가지고 있는 핵폭탄을 한꺼번에 퍼부을 것이다. 이때의 폭발에 의한 방사성 재와 삼림화재로 인한 재와 연기는 하늘을 가려 햇빛이 지구에 닿지 않게 될 것이다.

또한 지구가 소행성과 충돌할 경우도 이와 비슷한 결과를 초래할 것이다. 이것은 6천 5백만 년 전 공룡이 절멸한 한 원인이라는 학설도 있다.

그러면 도대체 지구에 닿는 태양광선의 양이 줄어들면 사람이나 그 밖의 동물, 식물에게 어떤 일이 얼어날까? 태양광선이 줄어들고 공기나 물이 더러워지면 우선 타격을 받는 것은 식물이다.

식물이 멸망하면 이어서 동물들도……

식물은 뿌리에서 빨아올리는 물과, 잎에서 받아들이는 공기 속의 이산화탄소(탄산가스)로 먼저 전분 형태의 탄수화물을 만든다. 그리고는 산소를 공기 속으로 내보낸다. 그러기 위해서는 햇빛이 필요하다. 이것을 「광합성(光合成)」이라고 한다.

광합성에 필요한 물, 이산화탄소, 태양광선―이 세 가지가 스모그에 의해 모두 더럽혀져 있으면 탄수화물이 제대로 만들어지지 않기 때문에 식물은 약해진다.

마루 밑 같은 데서 눈이 나온 식물이 햇빛을 쏘이기 위해 엷은 초록색 줄기를 길게 뻗치고 있는 모습들을 보면 그것을 잘 알 수 있을 것이다. 태양광선이 적으면 식물이 영양분을 잘못 만들 뿐 아니라 공기 속의 산소도 줄어들게 된다.

식물이 약해지면 다음으로 약해지는 것이 동물이다. 사람을 포함한 모든 동물들의 영양분으로 필요한 탄수화물과 단백질은 식물이 바탕이 되어 만들어지기 때문이다.

사자나 호랑이처럼 자기보다 약한 동물을 잡아먹는 짐승도 식물을 먹은 동물의 몸을 통해 탄수화물이나 지방, 단백질을 섭취하고 있는 것이다. 땅 위에서 뿐만이 아니고 강이나 호수, 바다에서도 같은 일이 일어나고 있다.

물속에는 말(바닷말이나 민꽃식물 등)이나 해초 외에도 눈에는

소행성 겨울(6천 6백만 년 전 공룡을 몰살했던 소행성이 또한 지구를 냉각시켜 대량 멸종에 기여했다)

보이지 않을 만큼 작은 식물들이 많이 살고 있다. 이것들은 역시 물속에서 광합성을 하고 있다. 물속에 사는 동물들은 이것을 먹고 영양분을 섭취하고 있다.

사람이 생선이나 새우, 게 따위를 먹고 영양분을 섭취하는 것도 따지고 보면 물속에 있는 식물이 만든 영양분을 물속 동물을 통해 얻고 있는 셈이다. 사람 몸의 활동력도 본래는 식물이 만들어 준 것이다. 지금 그 식물을 사람이 없애버리려 하고 있다.

대기오염의 주범 이산화탄소

대기오염의 가장 주된 원인은 연료의 연소 시 발생하는 여러 오염물질들, 즉 일산화탄소와 이산화질소, 아황산가스, 탄화수소 등이다.

또 인위적인 오염물질로는 연료의 연소, 가열 등의 열처리, 원자력을 이용한 핵에너지의 발생, 화학반응 및 물리적 공정 및 자동차, 항공기 등의 이동오염원 등이 있다.

특히 이산화황(二酸化黃, SO2)의 경우 다른 대기오염물질과 반응하여 추가적인 2차 오염물질을 만들어내므로 특히 위험하다.

배출된 오염물질은 대기 중에서 이송 확산되는데, 고도에 따라 기온이 높아지는 역전층(逆轉層, inversion layer)이 발생하거나 풍속이 떨어지면 오염물질의 이송과 확산이 방해되므로 오염물질의 농도가 높아져 오염도가 상승한다.

배출된 오염물질은 강풍 때문에 고농도(高濃度)인 채 한정된 지역 내로 날아와 오염을 일으키고, 바람으로 이송되는 도중에 오염물질 사이에서 광화학 반응을 일으켜 광화학 스모그를 생성시키기도 한다. 대기오염으로 인하여 발생되는 현상들은 그 밖에도 여러 가지가 있다.

산성비

자동차의 질소산화물 및 공장이나 가정에서 사용하는 화석연료의 연소 시 발생하는 질소산화물 및 황산화물이 대기 중에 과도하게 분포하게 되면 비가 내릴 때 이러한 물질들이 섞여 산성이 pH 5.6 이하를 갖는 산성비가 내리게 된다.

산성비 내의 산성 성분에 의하여 금속이나 건축물이 부식되는 현상이 나타나며 이외에 하천이나 호수의 pH를 변화시켜 생태계의 안정성에 악영향을 미치게 된다.

또한 인간을 비롯한 동물의 피부를 자극하고 식물의 고사를 유발한다. 또한 산성비가 장기간 내리게 되면 토양이 산성화되어 식물이 자라지 못하게 된다.

대기오염은 한 국가 내에서만 발생하고 심화되는 것이 아니며 오염물질이 바람을 타고 근처의 다른 국가로 이동할 수 있으므로 주변국가에도 산성비가 내리게 된다.

예를 들어, 우리나라 같은 경우에도 중국에서 배출되는 오염물질이 편서풍을 타고 이동하여 산성비가 내리기도 한다.

오존층 파괴

성층권에서 많은 양의 오존이 있는 높이 25~30km 사이에 해당하는 부분인 오존층은 태양의 자외선을 차단하며 그 복사성질에 의하여 지구의 온도분포를 결정하는 역할을 한다. 대기오염원인 질소산화물, CFC(chlorofluoro carbon) 등은 오존층을 파괴한다. 오존층이 파괴되면 자외선에 과도하게 노출되어 피부, 눈 등에 치명적인 피해를 입을 수 있다.

지구온난화

석유 등의 화석연료의 연소 시 발생하는 이산화탄소와 CFC, 오존, 메탄가스 등의 오염물질 및 산성비 등에 의한 식물의 서식처 파괴 등으로 온실효과가 발생하여 지구 표면의 평균온도가 상승하는 현상으로 매년 그 피해가 심각해지고 있다.

이로 인하여 생태계가 파괴되고, 대륙의 사막화가 급속히 진행되며, 해수면이 상승하고, 이상기후 현상이 급증하고 있다.

마침내 태양광선이 줄어들고 공기나 물이 더러워지면 언젠가는 식물이 멸망하게 되고, 이윽고 동물도 멸망해 버린다. 다시 말해서 지구는 달과 같은 사막이 되고 말 것이다.

20억 년쯤 전에 바다 속에서 최초의 생명이 태어나 그것이 20억 년 걸려 진화를 거듭해 현재와 같이 되었다. 그렇다면 생물이 없어진 지구의 바다 속에서 또다시 생명이 태어나 진화해 갈 수 있을까?

아마 안 될 것이다. 석유나 그 밖의 공업에 의해 더럽혀진 바닷물 속에서는 이제는 어떠한 생명도 태어날 것 같지는 않다.

지구온난화로 인한 사막화

만일 생명체가 생겨난다 하더라도 그것은 역시 20억 년 전과 같이 되풀이되어야만 한다. 그래서 지구는 죽음의 세계인 채로 몇 10억 년인가를 더 보낸 후 태양과 함께 우주에서 그 모습이 사라질 날을 맞이하게 될 것이다.

모처럼 식물과 동물들이 번영하고 있는 이 아름다운 지구를 죽음의 세계로 바꾸어 버리려 하고 있는 것은 화산의 폭발도, 지진도 아니다. 바로 사람인 것이다.

유엔기후변화협약

그래서 마침내 세계 각국은 유엔에 모여서 대책을 강구하기 시작해서 마침내「탄소 제로」를 선언했다.

「탄소 제로」는 개인, 회사, 단체 등에서 배출한 이산화탄소를 다시 흡수해 실질적인 배출량을 0(Zero)으로 만드는 것을 말한다. 즉, 배출되는 탄소와 흡수되는 탄소량을 같게 해 탄소 「순배출이 0」이 되게 하는 것으로, 「넷-제로(Net-Zero)」라고도 부른다.

온실가스를 흡수하기 위해서는 배출한 이산화탄소의 양을 계산하고 탄소의 양만큼 나무를 심거나, 풍력, 태양력 발전과 같은 청정에너지 분야에 투자해 오염을 상쇄한다.

탄소중립은 2016년 발효된 파리협정 이후 121개 국가가 「2050 탄소중립 목표 기후동맹」에 가입하는 등 전 세계의 화두가 됐다.

여기에 2020년 코로나19 사태로 기후변화의 심각성에 대한 인식이 확대되고, 「2050 장기저탄소발전전략(LEDS)」의 유엔(UN) 제출 시한이 2020년 말로 다가옴에 따라 주요국의 탄소중립 선언이 가속화되었다.

실제로 2019년 12월 유럽연합을 시작으로 중국(2020년 9월 22일), 일본(2020년 10월 26일), 한국(2020년 10월 28일) 등의 탄소중립 선언이 이어진 바 있다.

한편, 우리 정부는 2021년 10월 18일, 2030년까지 온실가스 배출량을 2018년 대비 40% 감축하고 2050년에는 「순배출량 0(넷제로)」을 달성하겠다는 목표를 사실상 확정한 바 있다.

온 세계의 신문이나 라디오, 텔레비전은 매일같이 공해의 두려움

기후 변화 포스터

을 호소하고 있다. 누구나가 죽음의 세계로 변해 가는 두려움을 알고 있을 터인데도 「공기가 깨끗해졌다」, 「물이 맑아졌다」는 뉴스는 어디에서도 들려오지 않는다.

if

2. 태양에 이변이 일어난다면?

> 태양이 가장 크게 부풀어 오르면 수성이나 금성은
> 통째로 태양 속에 삼켜져 녹아버리게 된다……

태양은 먼 옛날부터 영원히, 그리고 절대로 변치 않는 것의 상징이었다. 그러나 실은 태양도 우주 속에 있는 모든 천체와 마찬가지로 태어나서, 성장하고, 늙어 가서 마지막에는 죽는다.

사실 밤하늘에 반짝이는 별들 가운데는 오랜 일생을 끝내고 폭발한 별의 찌꺼기들도 많이 있다. 그 밖에 아직 젊고 안정된 별 중에도 타는 모양이나 온도가 변하는 것들이 실제로 있다.

만약 태양에 그런 이변이 일어났을 경우에 지구와 인류는 어떻게 될까?

지구는 파멸되고

태양은 거대한 자연의 원자로이다. 지름은 지구의 116배, 부피는 130만 배, 무게는 33만 배나 되는 이 터무니없이 큰 원자로는 수소

원자를 연료로 하여 이미 50억 년 동안이나 계속해서 타고 있다.

그 중심부의 온도는 1,300만 도이며 표면 온도도 6,000도나 된다. 그리고 이 엄청난 열과 빛의 일부가 지구까지 와서 지구에 있는 모든 생물을 낳고 키우고 있는 것이다. 만약 태양이 열과 빛을 보내오지 않는다면……지구상의 생물은 그야말로 하루도 살아 갈 수가 없다.

그런데 그처럼 없어서는 안 되는 태양이 조그마한 이변을 한 번만 일으키면 이번에는 악마가 되어 지구를 파멸로 몰아넣어버릴 것이다. 그것은 역시 태양이 너무나도 크고 너무나도 강렬한 에너지원이기 때문이다.

만약 태양이 조금만 변덕을 부려 지금보다 20~30퍼센트 강한 열을 보내온다고 치자. 그러면 당장 지구의 평균기온은 2배, 3배, 5배로 뛰어올라 마침내 섭씨 100도까지 올라갈 것이다. 100도라는 것은 물이 끓는 온도이다. 모든 강, 호수의 물은 순식간에 끓기 시작할 것이다.

해면에서 증발한 엄청난 양의 수증기는 하늘로 올라가서 큰 구름덩이가 되어 온 세계에 유사 이래 처음 보는 큰 비를 내릴 것이다. 강이라는 강은 모두 넘쳐서 평야도 도시도 모두 떠내려 보낼 것이다. 온 세계에 기상이변이 생겨 태풍과 커다란 소용돌이가 일어난다. 물론 교통도 두절되기 때문에 조난자들을 구조하기는커녕 피난조차 할 수 없다.

그러는 동안에 남극과 북극의 얼음이 녹아서 바다로 흘러들어간다. 이 때문에 해면은 10미터, 20미터나 높아져 온 세계의 해안지방은 물 밑으로 들어가 버린다. 세계의 큰 도시들은 거의가 해안지방에 있으므로 이것만으로도 현대문명은 멸망해 버릴 것이다.

물론 사람들은 그렇게 되기 전에 이미 끝장이 나버린다.

우리나라의 여름 기온은 높아도 35~36도이다. 어쩌다 40도쯤으로 올라갈 때도 있지만, 그것이 50도, 60도로 올라가 며칠, 몇 십일씩 계속되면 우선 심장이 약한 사람이나 혈압이 높은 사람, 저항력이 약한 노인이나 어린이들은 잇달아 죽어갈 것이다.

또한 태양의 강렬한 자외선 때문에 수증기가 수소와 산소로 분해되어 대기권 밖으로 달아나기 시작한다. 이와 함께 비는 멎고 온도는 더욱 급속히 올라가게 된다.

고온의 건조한 공기 속에서 목조건물은 닥치는 대로 불이 난다. 콘크리트로 지은 빌딩 속으로 도망가도 소용이 없다. 정전에다 수돗물도 안 나와 냉방이 되지 않는 빌딩은 끓는 가마솥처럼 안에 들어 있는 사람을 삶아버리기 때문이다.

이렇게 해서 온 세계에서 빠져 죽고 타 죽고 일사병으로 쓰러지는 사람은 순식간에 수천만 명, 아니 수억 명에 이를 것이다.

이 무렵에는 온 세계의 숲이나 초원에서는 자연발화로 처참한 대화재가 일어날 것이다. 불은 도시에도 옮겨가 이윽고 온 지구는 불과 연기로 뒤덮여버릴 것이다.

불과 물에 쫓긴 사람들은 높은 산이나 굴, 혹은 물이 들지 않은 지하철이나 빌딩의 지하실을 찾아 들어가려고 아우성을 칠 것이다. 그러나 그런 피난처는 극히 한정된 사람밖에는 수용할 수 없다. 따라서 어떻게든 파고 들어가려는 사람들 사이에서 형용할 수 없이 잔인한 싸움이 일어날 것이다.

군대도 경찰도 이때쯤에는 어떤 힘도 발휘할 수 없어 싸움에는 젊고 주먹 센 사람이 이기게 될 것이다. 무기를 가진 사람, 힘 센 사람, 난폭한 사람이 여자나 어린이, 노인들을 밀어젖히고 자기만 피난하려고 해서 이곳저곳에서 소동이 일어나 무수한 사람이 죽어갈 것이다. 그 밖에도 가공스러운 일이 일어날 것으로 생각된다.

공기가 희박해짐에 따라 강한 자외선이나 다른 해로운 방사선이 직접 지상에 내려 쬐여 생물계 전체에 무서운 영향을 끼치게 된다. 아기를 낳을 수 없고, 혹은 낳더라도 기형아가 태어나기도 하며 병에 걸려 죽어 가는 동식물이 늘어만 가게 된다.

그리고……만약 이러한 태양의 이변이 그치지 않고 더욱 진행된다면?

태양은 점점 부풀어 오르게 마련이다. 수소원자가 타면 재에서 헬륨 원자가 생겨 그것이 태양의 중심부에 쌓여 간다. 헬륨의 중심은 점점 짓눌려 그 때문에 온도는 더욱 치솟는다.

온도가 올라가면 태양은 덩치가 부풀어 오른다. 부풀어 가면 바깥쪽, 다시 말해 표면의 온도는 내려가기 때문에 태양은 빨갛게 보

팽창하는 적색 거성은 궤도가 가까운 행성을 삼킨다. 태양계에서 태양은 수성과 금성, 그리고 아마도 지구도 집어삼킬 것이다.

이기 시작한다.

빨갛고 밝은 커다란 풍선처럼 부푼 태양—그것은 적색 거성(red giant star)으로 불린다. 여름철 밤하늘에 눈에 잘 띄는 전갈자리의 주성 안타레스(Antares)나 황소자리의 알데바란(Aldebaran) 등은 적색 거성의 대표인데, 그 중에서도 안타레스는 지름이 태양의 175배인 2억 수천만 킬로미터나 되는 거대한 별이다.

태양도 가장 크게 부풀어 오르면 지름이 1억 4,000만 킬로미터에 이를 것으로 계산되고 있다.

만약 그렇게 된다면……태양과의 평균거리 6,000만 킬로미터인 수성이나, 1억 1,000만 킬로미터인 금성은 통째로 태양 속에 삼켜 져 녹아버리게 된다. 그리고 지구는 거대한 태양 표면에서 불과 1,000만 킬로미터 근처를 기듯이 돌게 될 것이다.

수백만 도에 달하는 초고온으로 지구의 표면은 마치 지구가 생 겨났을 때처럼 진흙같이 녹아 지구 전체가 불덩어리처럼 될 것이다. 물론 인류를 비롯하여 모든 생물은 그렇게 되기 훨씬 전에 벌써 사 멸해 버릴 것이다.

바다나 호수는 말라버리고

태양이 어느 정도 이상 부풀면 우선 지구의 대기(大氣)가 달아나 고 이어서 바다나 강, 호수가 증발해서 말라 버린다. 때문에 동물도 식물도 타 죽어버린다는 것이다.

부풀대로 부푼 태양은 아주 불안정해진다. 따라서 태양 속의 핵 반응이 복잡해지고 수시로 균형을 잃어 수십만 년이나 혹은 수백만 년에 한 번쯤씩 대폭발을 일으켜 바깥쪽에 있는 가스를 날려버린다. 그리고 때로는 별 전체를 날려 없애버릴 만큼 굉장한 대폭발이 일 어날 수도 있다.

일부분이 폭발하는 것을 「신성(新星, Nova)」이 된다고 하고 전 부가 폭발하는 것은 「초신성(超新星, Super Nova)」이 된다고 한 다. 이럴 때의 폭발 광경은 정말로 비길 데 없이 엄청난 구경거리가

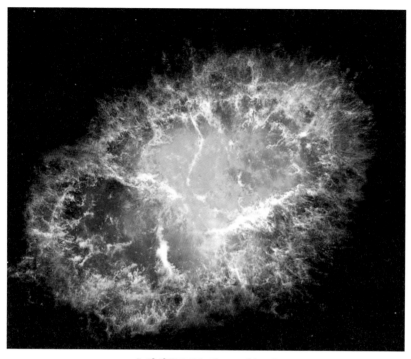

초신성(超新星, Super Nova)

될 것이다.

아무튼 지구의 33만 배에 달하는 태양의 전 질량 200,000,000,000,000,000,000,000,000톤의 물질이 한꺼번에 에너지로 변하는 것이다. 바꾸어 말하면 50억 년 동안 태울 수 있는 에너지를 한꺼번에 써버리는 것이다. 그것은 참으로 극적이고도 화려한 별의 최후가 되는 셈이다.

또한 그렇게 되었을 경우 태양의 주위를 돌고 있던 행성은 어떻게 될까? 물론 그 태양계에 속하는 행성들은 거의가 폭발과 동시에 흔적도 없이 증발해 버릴 것이다. 그리고는 희미한 가스뭉치가 되어 사방팔방의 우주 공간으로 흩어져 버린다.

그러나 태양계로 말하면 훨씬 바깥쪽에 있는 큰 행성 ─목성이나 토성, 그리고 그 밖에 있는 천왕성이나 해왕성은 폭발 때의 맹렬한 충격으로 태양계에서 튕겨져 나가 우주를 헤매는 떠돌이별이 되어 대우주 속을 정처 없이 방랑하게 될지도 모른다.

아니면 원래의 몇 천 분의 1쯤으로 작아져버린 차가운 암흑의 태양 주위를 계속 돌는지도 모른다. 그러나 이미 그들 행성을 비추어 주는 태양도 없고, 날로 식어 들어가 완전한 죽음의 별이 되어 어차피 태양계는 없어져 버린다.

물론 이런 일은 태양이 진화해 가서 마지막에 일어날 일이기 때문에 아직은 아득한 훗날 이야기다. 우리 태양계의 경우 아직은 적어도 50억 년쯤 후가 될 것으로 계산되고 있으나, 앞서 말했듯이 생명은 그보다 훨씬 먼저 사라져 버리게 된다.

if

3. 이 세상에 태양이 두 개가 있다면?

지구 가까이에 태양이 하나 더 있다면 어떻게 될까? 오랫동안 인간은 태양이 하나라고 믿어 왔다. 또 하나의 태양을 상상한다는 것은 도저히 용납되지 않는 일이지만, 이제는 우리도 자유로이 생각해 볼 수 있다. 그리고 항성(붙박이별)은 모두가 태양이라는 것이 상식으로 되어 있다.

또 하나의 태양을 구체적으로 생각해 보고, 만약 그랬을 경우 인간의 역사가 어떻게 달라졌을 것인가 하는 데까지 생각을 발전시켜 보자.

밤에도 어둡지 않고

우주에는 「연성(連星)」이라고 불리는 2개 이상의 항성이 만유인력으로 연결되어 공전하고 있는 경우가 드물지 않다.

두 개의 태양으로 볼 수 있는 두 개의 항성이 서로 멀리 떨어져 있는 연성의 가까이에 있기 때문에 같은 대기로 둘러싸인 항성, 한

쪽이 크고 한쪽이 작은 연성 등 연성에는 여러 가지 종류가 있으며 3개, 4개로 된 연성도 있다.

지구가 그런 연성의 행성(行星, 떠돌이별)이 아니라는 것은 말하자면 우연이라고도 할 수 있으므로, 하마터면 두 개의 태양을 가졌을지도 모른다고 생각하는 것은 허무맹랑한 가정도 아닐 것이다.

두 개의 태양이 너무 가깝거나 너무 크거나 하면 지구는 열이 높아 사람이 살 수 없다. 그러므로 연성은 알맞은 거리에 있어야 한다

알파 켄타우르스

는 이야기가 된다.

우리 태양계의 바로 가까이 41조 킬로미터 떨어진 곳에 있는 알파 켄타우루스가 그런 점에서 제일 알맞은 연성이므로 이것을 표본으로 생명이 태어나고 인간이 살아가는 데 적당한 현재의 지구의 조건을 그대로 두고 생각해 보기로 하자.

현재의 우리 태양을 제 1태양으로 치자. 이것은 알파 켄타우르스 A—연성의 밝은 쪽 별과 지름이나 질량이 꼭 비슷하므로 그대로 두기로 한다.

연성의 작은 별인 알파 켄타우루스 B는 질량이 A의 7분의 1, 지름이 2분의 1보다 조금 크다.

A와 B는 서로 공통된 중심의 둘레에 타원궤도로 공전하고 있다. 한 번 공전하는 데 약 80년이 걸린다.

알파 켄타우루스 B는 계산하기 쉽게, 지름은 제 1태양의 2분의 1, 질량은 8분의 1로 정해 제 2태양으로 치자. 위치는 알파 켄타우루스 연성과 같이 제 1태양에서 32억 킬로미터 떨어진 곳으로 정한다. 이 위치는 천왕성이 있는 근처가 된다.

제 2태양 가까이에 있는 천왕성·해왕성·명왕성은 제 2태양의 주위를 돌게 된다. 수성·목성·금성·지구·화성·목성·토성 등은 제 1태양에 가깝기 때문에 현재와 같이 제1태양을 돌게 된다.

제 1태양과 제 2태양은 소행성대 근처에 있는 공통된 중심의 주위를 80년에 한 번씩 돈다. 그러나 이것은 누구나 실감할 수 있는 일이 아니다.

지구에서 제 2태양이 어떻게 보이느냐가 문제이다. 제 2태양은 다른 행성처럼 빛의 점으로서 천구(天球)를 80년 걸려 한 바퀴 돈다. 다만 행성들과 다른 것은 마이너스 18등의 광도로 아주 밝은 별이라는 점이다. 태양의 3,000분의 1이라면 별것 아닌 것같이 들리는데, 보름달보다 150배나 밝아 밤이 되어도 캄캄하지 않다.

제 2태양은 자신의 행성을 갖고 있다는 것도 생각할 수 있다. 그 행성은 제 2태양 곁에서 앞뒤로 움직이는 눈부신 빛의 점으로 보일 것이다.

이것은 구태여 갈릴레이가 망원경으로 목성의 위성을 발견하지 않았더라도 앞서 이야기한 것으로 미루어 우주에는 지구 외에 스스로 자기 둘레를 다른 천체가 돌게 하는 별이 있다는 것을 쉽게 풀이해 주고 있다.

따라서 과학의 힘찬 발전을 멈추게 하였던 지구가 우주의 중심이라는 사고방식은 처음부터 생겨날 리가 없었다 해도 될 것이다.

과학을 학대하는 데 앞장을 선 로마교회는 말할 것도 없고, 신에 대한 생각 자체가 처음부터 달라졌을 것이며, 세계를 주름잡던 제왕이나 권력자들의 위치도 달라졌을 것이다. 그리고 과학은 일찍부터 발전해서 자유로운 생각을 억누른 중세기의 암흑시대는 없어지고 뉴턴이 2,000년 빨리 나타났을지도 모를 일이다.

인간은 이미 우주에 진출해서 거기서 살거나 혹은 훨씬 더 수준 높은 쾌적한 생활을 하고 있을 거라고도 생각할 수 있다.

과학기술은 엄청나게 발전

따라서 「태양이 두 개 있었더라면 좋았겠다」라는 생각도 떠오르는데, 한편으로는 이런 일도 생각할 수가 있다.

만약 그랬을 경우 우리가 있기 전에 과학기술의 엄청난 진보로 해서 에너지를 다 써버렸다……전쟁이 인류를 전멸시켰다……인구가 너무 불어나 애를 먹고 있다……공해로 사멸해 버렸다……는 등 나쁜 쪽으로 기울어지지 않는다고 누가 감히 단언하겠는가.

태양이 두 개 있었더라면……하는 공상은 갑자기 또 하나의 태양이 나타나 더워서 사람이 모두 타죽어 버린다든지 하는 방향으로 생각해 볼 수도 있으나, 그것은 별 의미가 없다.

인간의 역사를 되돌아보고 과학이 걸어온 발자취를 더듬고, 그래서 미래를 생각하는 실마리를 찾아내지 않으면 안 되는 것이다.

고대 이집트의 왕 파라오는 태양신 「라」의 아들이라고 했고, 잉카의 왕도, 또 이웃나라 일본의 왕도 태양의 자손이라고 했다. 세계에서는 태양을 숭상하는 신앙이 여러 곳에 있었고, 그것이 제왕의 강대한 권력을 합리화하는 데 이용된 일이 드물지가 않다.

그리고 중국에서는 「하늘에 두 개의 태양이 있을 수 없다」는 말이 나라를 다스리는 데 두 사람의 제왕이 있을 수 없다는 비유로 쓰였고, 이 말은 반론을 할 수 없는 절대적인 진리처럼 사용되었다.

만약 태양이 둘이었거나, 혹은 많이 있었다면 엄청난 권력을 한 몸에 지닌 고대의 제왕들은 자기의 권력을 정당화하는 데 당황했을 것이다.

유럽에서도 비슷한 일이 있었다. 오랫동안 지구를 중심으로 달도, 태양도, 별도 돌고 있다는 「천동설」을 로마 가톨릭 교회는 강요했고, 땅 위에 있는 것은 천하고 부서지기 쉬우며, 하늘에 있는 것은 귀하고 사멸하지 않는다고 가르쳤던 것이다.

이러한 생각은 로마교회가 사람들을 억누르고 권력과 정치구조를 지켜 나가는 데 편리하게도 도움을 주었다. 폴란드의 코페르니쿠스의 주장을 퍼뜨린 이탈리아의 수도승 브루노(Giordano Bruno, 1548~1600)는 로마에서 화형을 당했다.

브루노

바로 1600년에 일어난 일이다. 브루노는 미치광이라는 말까지 들었지만, 이런 말을 남겼다.

「별은 모두 멀리 있는 태양이다.」

지구 둘레에 태양은 하나이며, 별들은 하느님이 천구에 아로새긴 장식쯤으로 생각하고 있었는데, 갑자기 「별은 모두 태양」이라고 외쳐댔으니, 미치광이 취급을 한 것도 당연한 일이었는지 모른다.

태양은 많이 있다. 세계는 지구뿐이 아니다……하는 생각은 로마교회의 권력만을 인정하고, 그것이 최고이며 언제까지나 계속되는 것이 옳다는 생각과 대립된다. 그 때문에 브루노는 화형을 당했다.

지동설은 망원경으로 행성이나 달을 관측한 갈리레오 갈릴레이에 의해 명백히 드러났지만, 그 갈릴레이도 로마 교회의 종교재판에서 협박을 받아 「지동설을 버리겠다」는 서약을 강요당했다.

그러나 코페르니쿠스, 브루노, 갈릴레이 등이 시작한 진실을 위한 싸움은 그치기는커녕 그 영향력은 더욱 더 커져 오늘날의 과학 시대로 이어지고 있다.

태양은 둘 정도가 아니고 태양과 같은 별들이 우주에는 또 많이 있다는 것이 확인된 것은 별까지의 거리를 잴 수 있게 된 1838년의 일이다.

태양은 항성의 수만큼 있다―이것은 지금에 와서는 너무나 상식적인 것이다. 또한 다양한 세계의 존재를 인정하고 절대적인 권력을 부정하는 민주주의도 우리와 더불어 살아 있다.

그러나 생각해 보면 유럽의 중세기 암흑시대가 그처럼 오래 계속된 것은 분명히 우리 지구에는 태양이 하나밖에 없다는 것과 무슨 관계가 있어 보인다.

신성의 폭발은 은하계 우주 속에서 1년에 20~30개쯤, 초신성(supernova)의 폭발은 200~300년에 1개 정도의 비율로 일어나고 있다. (또 다른 은하의 것은 50개쯤 관측되고 있다)

그러면 만약 우리 태양계에 가까운 항성이 신성이나 초신성이 되면 그것이 우리에게 어떤 영향을 미칠까?

과연 인류는 파멸할 것인지, 아니면⋯⋯?

하늘에 나타난 밝은 별

역사상 신성 또는 초신성으로 생각되는 것이 나타난 것을 관측한 일은 몇 번 있다. 가장 오래된 기록은 1054년 황소자리에 나타난 신성으로 당시의 중국 역사책에도 「밝은 별이 하늘에 나타났다」고 뚜렷이 기록되어 있다.

이것이 우리 태양계에서 약 4,000광년(3경 8,000조 킬로미터) 떨어져 있는 황소자리 알파, 또는 게성운으로 불리는 천체로서 대폭발을 일으켜 그 물질의 거의 전부를 날려 보내고, 그 가스는 폭발이 관측된 지 900년 이상이 지난 지금도 초속 1,200킬로미터라는 엄청난 속도로 산지사방으로 날아가고 있는데, 현재의 위치는 본래 자리에서 16광년(152조 킬로미터)이나 떨어진 곳에서 계속 퍼져 나가고 있다.

게성운은 그 당시 지구에서 보면 금성보다도 더 밝았을 것으로 생각되고 있다.

다음에는 1572년 카시오페아 자리에 또 커다란 신성이 나타났다. 이때는 천문학이 발달하기 시작한 때이므로 여기저기서 천문학자들이 관측했는데, 그 중에서 유명한 덴마크의 천문학자 티코 브라에(1546~1601)는 이것을 관측하고 처음으로 이 천체에 「노바(신성)」라는 이름을 붙였다. 이것도 금성만큼 밝았다.

끊임없이 나타나는 신성

그리고 1604년에는 땅꾼자리에 또 하나의 신성이 나타났는데, 이때에는 유명한 독일의 천문학자 요한 케플러(Johann Keple, 15

71~1630)가 관측하고 화성만큼 밝았다고 기록하고 있다.

그러나 유감스럽게도 이 신성들은 망원경이 발견되기 전이었기 때문에 상세한 관찰은 하지 못했고, 위치나 거리도 확실하게 재지 못했다. 신성이 밝게 빛나는 것은 기껏해야 두 달 남짓으로 그 후로는 점차 줄어들어 안 보이게 되는 경우가 많기 때문이다.

요한 케플러

이 밖에는 눈에 띌 만한 폭발이 태양계 가까이에서는 일어나지 않았지만, 1885년에 이웃한 또 다른 은하인 안드로메다 성운 속에서 엄청난 초신성이 나타났다.

아무튼 우리 은하계 우주에서 200만 광년이나 떨어져 있는 안드로메다 성운(Andromeda galaxy) 속에 있는 한 항성의 폭발이 또렷하게 보였던 것이다. 더구나 안드로메다 성운은 우리 은하계와 크기가 거의 비슷한 1,000억 개의 항성으로 되어 있다. 그런데 이때의 초신성의 광도는 안드로메다 전체의 10분의 1이나 되었었다.

안드로메다 성운

얼마나 큰 폭발이었는지 짐작할 만하다. 이 밖에 최근 수십 년 동안의 관측으로 별이 폭발한 흔적으로 보이는 가스 성운이 많이 발견되었다.

720광년의 거리에 있는 작은여우자리의 아령성운, 2,150광년의 거리에 있는 거문고자리의 환상(環狀)성운, 2,600광년의 큰곰자리의 올빼미성운 들은 모두가 옛날의 신성이나 초신성의 흔적으로 생각되고 있다.

이보다 더 가까운 곳에서 신성이 폭발했다는 기록은 아직 없는 것 같은데, 만약 훨씬 더 가까운 곳―이를테면 우리의 바로 이웃에 있는 항성인 켄타우루스자리의 알파 켄타우루스(Alpha Centaurus)가 폭발한다면 어떻게 될까?

태양과 비슷한 알파 켄타우루스

알파 켄타우루스는 남쪽 하늘에서 적황색으로 빛나는 0.1등성으로 태양까지의 거리는 4.3광년(40조 8,500억 킬로미터)으로 태양보다는 표면 온도가 약간 낮지만 모든 점에서 태양과 아주 닮은 항성이다.

자, 그러면 이 알파 켄타우루스가 신성 정도의 폭발―다시 말해서 그 질량의 일부만을 날려 보낼 정도의 폭발을 하면 지구에는 어떤 영향이 미칠까? 대단한 영향을 받으리라고 상상하겠지만, 사실은 그렇지도 않다.

우선 폭발로 알파 켄타우루스는 마이너스 13.5등성 정도로 밝아진다. 이것은 보름달보다 2배 반쯤 밝은 광도이다. 알파 켄타우루스는 아주 남쪽에 있기 때문에 우리나라에서는 지평선보다 아래쪽이 되어 보이지 않지만, 동남아시아, 인도, 남부 아프리카, 중남미보다 남쪽 지방에서는 굉장히 아름답게 보일 것이다.

아무튼 보름달보다 2배 이상 밝고 강한 빛을 내는 별이 밤하늘에 높이 떠오르게 되니 달이 없이도 신문을 읽을 수 있을 정도다. 이 때문에 다른 별은 희미하게 보이게 되지만, 이런 현상은 오래가지는 않는다.

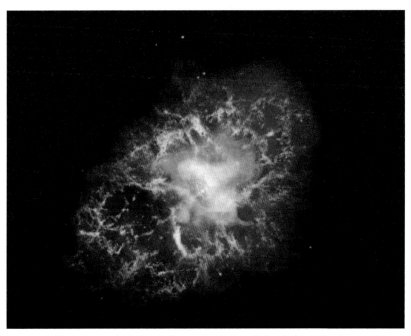
초신성 폭발 후 흩어진 잔해물들이 성간물질과 함께 엉겨 있는 모습

별의 폭발은 앞서 말했듯이, 맹렬한 반면에 그다지 오래 계속되지는 않는다. 아마 오래 가야 두 달 갈까 말까 할 정도이다. 두 달째부터는 빛이 급속하게 약해져서 며칠 사이에 본래대로—혹은 어두운 별로 돌아가 버리는 것이다.

그렇다면 알파 켄타우루스가 초신성이 되었을 경우에는 어떻게 될까? 다시 말해서, 가지고 있는 전 질량—지구의 33만 배의 물질이 한꺼번에 초고온의 가스가 되어 우주 공간으로 흩어져 버린다면?

낮과 밤의 분간이 곤란

이 경우에는 마이너스 21.5등의 광도가 된다. 이 밝기는 보름달의 4,000배, 태양에 비하면 160분의 1 정도의 밝기가 되는 셈이다.

알파 켄타우루스가 보이는 지구상의 모든 지방에선 밤이 없어진다. 낮보다는 어둡지만 저녁 무렵보다는 밝은 느낌이다. 처음 얼마 동안은 낮과 밤의 구별이 잘 되지 않아 당황할 것이다.

전등을 켤 필요는 물론 없으며 밤에 잘 때에는 커튼을 치지 않으면 잠을 잘 수 없을 것이다.

낮에는 더욱 이상한 일이 일어난다. 태양이 떠 있는 하늘에 알파 켄타우루스가 제 2의 태양으로 빛나게 된다. 밝은 날씨에는 눈이 부실 정도가 될 것이며, 땅 위에는 제 1태양이 만드는 그림자와 제 2태양이 만드는 그림자가 겹치게 될 것이다.

다시 말해서, 지구는 이중 태양의 행성처럼 되어버린다. 하지만……실은 이럴 경우에도 지구는 생각했던 것처럼 그렇게 심한 영향을 받지는 않는다.

그것은 초신성이 된 알파 켄타우루스가 보내오는 에너지는 우리 태양이 보내오는 에너지에 비하면 아주 약해 전체의 0.6퍼센트 정도밖에는 되지 않기 때문이다.

그렇다고 전혀 영향이 없는 것은 물론 아니다.

기상에도 큰 변화

알파 켄타우루스의 에너지는 지구의 기상에 커다란 변화를 일으킬 것이다. 정확하게 어떻게 변할는지는 알 수 없지만, 아마 대기 중의 평균 기온이 상당히 올라가 지구는 전체적으로 더워질 것이다. 그리고 수증기가 많이 증발하게 되어 온 지구에서 큰 비가 자주 내리는 한편, 남·북극이나 고산지대의 만년설과 얼음이 녹아 해면이 올라가는 현상이 일어날 것이다.

또한 알파 켄타우루스가 보내오는 높은 에너지를 가진 방사선이 지구 대기의 상층부—전리층 근처에 모여 격심한 자기의 폭풍을 일으켜 라디오가 심한 공전(空電 : 공중전기 현상으로 일어나는 전파로 수신기에 잡음을 일으킨다) 때문에 잘 안 들리게 되는 외에 전파가 빠져나갈 수 없어 우주통신이 불가능해질는지도 모른다.

그 밖에도 이 방사선 때문에 지구상에 있는 식물들이 돌연변이를 일으키게 될 수도 있을 것이다. 하지만 지구상에 일어날 변화는 아마 그 정도로 그칠 것 같다. 그리고 오래 가야 두 달쯤 지나면 알파 켄타우루스의 모습은 사라지고 세상은 본래대로 돌아가게 된다.

다만……그 폭발이, 이를테면 게성운이나 안드로메다 성운 속의 초신성만큼 엄청나다면 그 물질은 수십 광년이나 되는 거리까지 날아가기 때문에 그 영향은 당연히 받게 되지만, 그것이 어떤 것인지는 전혀 추측도 할 수 없다.

if

4. 지구에서 가까운 별이 폭발한다면?

신성의 폭발은 은하계 우주 속에서 1년에 20~30개쯤, 초신성의 폭발은 200~300년에 1개 정도의 비율로 일어나고 있다(또 다른 은하의 것은 50개쯤 관측되고 있다).

그러면, 만약 우리 태양에 가까운 항성이 신성이나 초신성이 되면 그것이 우리에게 어떤 영향을 미칠까?

과연 인류는 파멸할 것인지, 아니면……?

하늘에 나타난 밝은 별

역사상 신성 또는 초신성으로 생각되는 것이 나타난 것을 관측한 것은 몇 번 있다. 가장 오래된 기록은 1054년 황소자리에 나타난 신성으로, 당시의 중국 역사책에도 「밝은 별이 하늘에 나타났다」고 뚜렷이 기록되어 있다.

이것이 우리 태양계에서 약 4,000광년(3경 8,000억 킬로미터) 떨어져 있는 황소자리 알파, 또는 게 성운으로 불리는 천체로 대폭발

별의 죽음

을 일으켜 그 물질의 거의 전부를 날려 보내고 그 가스는 폭발이 관측된 지 900여 년 이상이 지난 지금도 초속 1,200킬로미터라는 엄청난 속도로 산지사방으로 날아가고 있는데, 현재의 위치는 본래 자리에서 16광년(152조 킬로미터)이나 떨어진 곳에서 계속 퍼져 나가고 있다.

게성운은 그 당시 지구에서 보면 금성보다도 더 밝았을 것으로 생각되고 있다.

다음에는 1572년 카시오페아 자리에 또 커다란 신성이 나타났다. 이때는 천문학이 발달하기 시작한 때라 여기저기서 천문학자들이 관측했는데, 그 중에서 유명한 덴마크의 천문학자 티코 브라네(1546~1601)는 이것을 관측하고 처음으로 이 천체에 「노바(신성)」라는 이름을 붙였다. 이것도 금성만큼 밝았다.

끊임없이 나타나는 신성

그리고 1604년에는 땅꾼자리에 또 하나의 신성이 나타났는데, 이때에는 유명한 독일 천문학자 요한 케플러(1671~1630)가 관측하고 화성만큼 밝았다고 기록하고 있다.

그러나 유감스럽게도 이 신성들은 망원경이 발명되기 전이었기 때문에 상세한 관찰을 못했고, 위치나 거리도 확실하게 재지 못했다. 신성이 밝게 빛나는 것은 기껏해야 두 달 남짓으로 그 후에는 작게 줄어들어 안 보이게 되는 경우가 많기 때문이다.

이 밖에는 눈에 띌 만한 폭발이 가까이서는 일어나지 않았지만 1885년에 이웃 또 다른 은하인 안드로메다 성운 속에서 엄청난 초신성이 나타났다.

아무튼 우리 은하계 우주에서 200만 광년이나 떨어져 있는 안드로메다 성운 속에 있는 한 항성의 폭발이 또렷하게 보였던 것이다. 더구나 안드로메다 성운은 우리 은하계와 크기가 거의 비슷한 1,000억 개의 항성으로 이루어져 있다. 그런데 이때의 초신성의 광도는 안드로메다 전체의 10분의 1이나 되었었다.

얼마나 큰 폭발이었는지 짐작할 만하다. 이 밖에 최근 수십 년 동안의 관측으로 별이 폭발한 흔적으로 보이는 가스 성운이 많이 발견되었다.

730광년의 거리에 있는 작은여우자리의 아령성운, 2,159광년의 거리에 있는 거문고자리의 환상성운, 2,600광년의 흰곰자리의 올빼미성운 들은 모두가 옛날의 신성이나 초신성의 흔적으로 생각되고 있다.

이보다 더 가까운 곳에서 신성이 폭발했다는 가록은 아직 없는 것 같은데, 만약 훨씬 더 가까운 곳―이를테면 우리의 바로 이웃한 항성인 켄타우르스 자리의 알파 켄타우르스가 폭발하면 어떻게 될까?

태양과 비슷한 알파 켄타우르스

알파 켄타우르스는 남쪽 하늘에서 적황색으로 빛나는 0.1등성으로 태양까지의 거리는 4.3광년(40조 8,500킬로미터)으로 태양보다는 표면온도가 약간 낮지만 모든 점에서 태양과 아주 닮은 항성이다.

자, 그러면 알파 켄타우르스가 신성 정도의 폭발―다시 말해서 그 질량의 일부만을 날려 보낼 정도의 폭발을 하면 지구에는 어떤 영향을 미칠까? 대단한 영향을 받으리라고 상상하겠지만, 사실은 그렇지도 않다.

우선 폭발로 인한 알파 켄타우르스는 마이너스 13.5등 정도로 밝아진다. 이것은 보름달보다 2배 반쯤 밝은 정도이다. 알파 켄타우르스는 아주 남쪽에 있기 때문에 우리나라에서는 지평선보다 아래

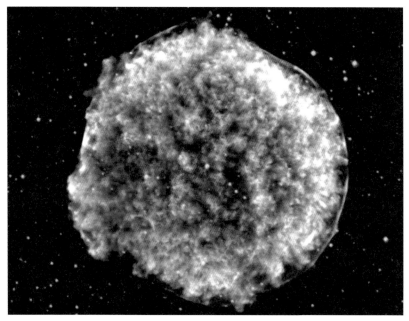

초신성(Supernova : Death of a Star)

쪽이 되어 보이지 않지만, 동남아시아, 인도, 남부 아프리카, 중남미 보다 남쪽 지방에서는 꿍장히 아름답게 보일 것이다.

아무튼 보름달보다 두 배 이상 밝고 강한 빛을 내는 별이 밤하늘에 높이 떠오르게 되니 달이 없어도 신문을 읽을 수 있을 만큼 밝다. 이 때문에 다른 별은 희미하게 보이게 되지만 이런 현상은 오래 가지 않는다.

별의 폭발은 앞서 말했듯이, 맹렬한 반면에 그다지 오래 계속되지는 않는다. 아마 오래 가야 두 달 갈까 말까 할 정도이다. 두 달째 부터는 별이 급속하게 약해져서 며칠 사이에 본래대로―혹은 어두운 별로 돌아가 버리는 것이다.

그렇다면 알파 켄타우르스가 초신성이 되었을 경우에는 어떻게 될까? 다시 말해 가지고 있는 전 질량—지구의 33만 배의 물질이 한꺼번에 초고온의 가스가 되어 우주 공간으로 흩어지면?

낮과 밤의 분간이 곤란

이 경우에는 마이너스 21.5등의 광도가 된다. 이 밝기는 보름달의 4,000배, 태양에 비하면 160분의 1 정도의 밝기가 되는 셈이다.

알파 켄타우르스가 보이는 지구상의 모든 지방에서는 밤이 없어진다. 낮보다는 어둡지만 저녁 무렵보다는 밝은 느낌이다. 처음 얼마 동안은 사람들이 낮과 밤의 구별이 잘 되지 않아 방황할 것이다. 전등을 켤 필요는 물론 없으며, 밤에 잘 때는 커튼을 치지 않으면 잘 수 없게 될 것이다.

낮에는 이상한 일이 일어나게 된다. 태양이 떠 있는 하늘에 알파 켄타우르스가 제2의 태양으로 빛나게 된다. 맑은 날씨에는 눈이 부실 정도가 될 것이며, 땅 위에는 제1태양이 만드는 그림자와 제2태양이 만드는 그림자가 겹치게 될 것이다.

다시 말해 지구는 이중 태양의 혹성처럼 되어버린다.

하지만…… 실은 이럴 경우에도 지구는 생각했던 것처럼 그렇게 심한 영향을 받지는 않는다.

그것은 초신성이 된 알파 켄타우르스가 보내오는 에너지는 우리 태양이 보내오는 에너지에 비하면 아주 약해 전체의 0.6퍼센트 정도밖에 되지 않기 때문이다.

그렇다고 전혀 영향이 없는 것은 물론 아니다.

기상에도 큰 변화

알파 켄타우르스의 에너지는 지구의 기상에 커다란 변화를 일으킬 것이다.

정확하게 어떻게 변할는지는 알 수 없지만, 아마 대기 중의 평균 가온이 상당히 올라가 지구는 전체적으로 더워질 것이다. 그리고 수증기가 많이 증발하게 되어 온 지구에서 큰 비가 자주 내리게 되는 한편, 남·북극이나 고산지대의 만년설과 얼음이 녹아 해수면이 올라가는 현상이 일어날 것이다.

또한 알파 켄타우르스가 보내오는 높은 에너지를 가진 방사선이 지구 대기의 상층부—전리층 근처에 모여 격심한 자기의 폭풍을 일으켜 라디오가 심한 공전(空電, 공중전기 현상으로 일어나는 전파로 수신기에 잡음을 일으킨다) 때문에 잘 안 들리게 되는 외에 전파가 빠져나갈 수가 없어 우주통신이 불가능해질지도 모른다.

그 밖에도 이 방사선 때문에 지구상에 있는 식물들이 돌연변이를 일으키게 될 수도 있을 것이다. 그리고 오래 가야 두 달쯤 지나면 알파 켄타우르스의 모습은 사라지고 세상은 본래대로 돌아가게 된다.

다만…… 그 폭발이 이를테면 게성운이나 안드로메다성운 속의 초신성만큼 엄청나다면 그 물질은 수십 광년이나 되는 거리까지 날아가기 때문에 그 영향은 당연히 받게 되지만, 그것이 어떤 것인지는 전혀 추측할 수 없다

if

5. 혜성과 지구가 서로 부딪친다면?

혜성은 행성이나 위성과 같이 태양계의 일원인데, 아주 가늘고 긴 타원형의 궤도를 갖고 있다는 점과, 거의 전부가 희박한 가스체와 얼음과 우주 먼지(宇宙塵)로 되어 있는 것이 특징이다.

혜성은 그 수도 많아 지금까지 발견된 것만도 수백 개나 되며, 매년 새 혜성이 나타난다. 그러므로 언젠가 그런 혜성 가운데 하나가 지구로 부딪쳐 오지 않는다고 단언할 수는 없는 것이다.

1986년 헬리 혜성이 실제로

혜성과 충돌할 뻔했던 일은 실제로 100여 년 전에 있었다. 1910년 5월 머리 부분의 지름이 6만 5,000킬로미터, 꼬리의 길이가 1억 1,000킬로미터나 되는 거대한 헬리 혜성(Halley's Comet)이 지구 근처를 아슬아슬하게 지나갔다.

아니, 그 꼬리의 일부는 실제로 지구의 대기권과 닿기까지 했다. 그러나 다행히도 지구상에는 염려했던 큰 이변은 일어나지 않았다.

꼬리 부분의 밀도가 아주 작아서

그 이유는 혜성의 꼬리의 밀도가 공기에 비해 훨씬 작았기 때문이다. 혜성의 꼬리는 주로 아주 희박한 가스로 되어 있는데, 그 밀도는 겨우 공기의 10만분의 1에 지나지 않는다.

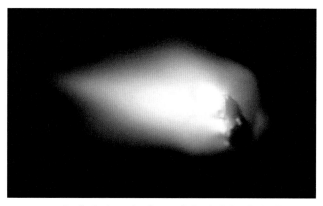

실제로 이 대혜성이 지구에 가장 가까이 다가왔을 때, 6만 5,000킬로미터나 되는 머리 부분을 통해서도 밤하늘의 별들이 여느 때와

1986년, 유럽 우주선 지오토에서 촬영한 헬리 혜성

다름없이 또렷하게 보였다고 한다. 다시 말해서 그만큼 희박한 것이다. 따라서 헬리 혜성의 꼬리는 짙은 지구의 대기에 간단히 튕겨져 나가 버린 셈이다. 하지만 그렇다고 해서 예사로 생각하고 말 것은 아니다.

1986년 3월 헬리가 지구를 다시 방문했을 때, 구소련의 탐사선 베가의 관측 결과 평균 직경은 12킬로미터 정도이며, 약 570입방킬로미터 정도의 얼음을 함유하고 있음이 드러났다. 결국 얼음 300억 톤이라는 것인데, 상당한 크기의 눈덩어리인 것이다.

1986년, 유럽 우주선 지오토는 혜성이 태양으로부터 멀어지는 것을 지나쳐 헬리의 핵을 이미지화하면서 혜성의 핵을 발견하고 촬영한 최초의 우주선 중 하나가 되었다.

지구로 접근하는 헬리 혜성

헬리 혜성의 경우는 꼬리의 일부가 살짝 닿았을 뿐이지만, 만약 머리 부분이 정통으로 부딪쳐 온다면 어떻게 될 것인가? 그리고 이 부분은 얼음이나 드라이아이스, 금속과 암석의 낱알들이 대량으로 모인 것이며, 그 무게는 수조 톤에서 수십조 톤에 이를 것으로 계산되고 있다.

더군다나 이 혜성은 태양에 가장 가까이 왔을 때는 초속 약 55킬로미터라는 엄청난 속도로 우주 공간을 질주한다.

폭풍과 해일이 몰아치고

만약 이렇게 많은 물질이 그렇게 빠른 속도로 정통으로 부딪쳐 온다면……물론 예삿일로 끝나지는 않을 것이다.

지구의 대기는 그 영향을 받아 온 세계에서 커다란 기상이변이 일어날 것이며, 여기저기서 대폭풍이나 큰 해일이 일어나고 억센 비가 쏟아져 큰 피해를 입을 것이다. 핵의 물질은 지구의 대기권에 들어오자마자 엄청난 유성우가 되어 지상을 엄습할 것이다.

자리를 가리지 않고 운석이 떨어져서는 폭발하고 커다란 구멍을

노아의 대홍수

내고, 경우에 따라서는 그 충격으로 인해 심한 지진이 일어날지도 모른다.

　실제로 1908년 시베리아 통구스카 지방에서 일어난 수수께끼의 대폭발—30킬로미터 사방의 숲이 날아갔다—은 혜성이 부딪쳤기 때문일 것이라고들 말하고 있다.

　또한 지구에 수백만 킬로미터까지 접근하는 혜성은 결코 드물지가 않다. 더구나 혜성 가운데는 헬리 혜성보다 훨씬 큰 것들도 있다. 1811년 지구 가까이로 접근한 혜성은 당시의 기록에 따르면 머리 부분의 지름만도 140만 킬로미터나 되어 태양만 했다고 한다.

끝장이 나버릴 지구의 운명

만약 이렇게 큰 혜성과 충돌하면—지구의 운명은 끝장이 나버리고 말 것이다. 경우에 따라서는 이 때문에 지구의 궤도가 바뀌거나 지축의 경사가 변하거나, 아니면 자전속도가 늦어질지도 모른다. 그리고 그 중 어느 것이 일어나도 지구상의 인류를 비롯한 모든 생물들은 사멸해 버리고 말 수밖에는 없다.

또한 어떤 학자의 주장에 따르면 그런 재난이 이미 지구에서 일어난 일이 있다고도 한다. 그리고 그것이 구약성서의 노아의 대홍수 전설을 비롯한 고대 민족의 대지진, 대화재 등 갖가지 전설이 된 것이 아닐까 하는 주장이다.

1986년 헬리 혜성의 지구 방문을 기념해서 화가인 아버지가 아들의 얼굴에 그려 준 헬리 혜성.

물론 이것들은 확실한 증거가 있는 것은 아니지만, 이러한 옛날 기록을 조사해 보면 그 재해가 보통 지진이나 홍수가 아니고, 무언가 특별한 우주 규모의 사건이 원인이 되어 일어난 것이 아닐까 하는 생각이 드는 것은 사실이다.

핼리 혜성은 거리로는 해왕성보다 더 멀리까지 날아가며, 1910년 지구를 방문했고, 최근에는 지난 1986년 지구를 스쳐갔다. 대체로 75년에서 78년의 주기로 태양의 주위를 돌고 있으며, 다음에 지구로 접근하는 것은 2061년 7월 28일로 예측된다.

if

6. 소행성이 지구와 충돌한다면?

충돌 지점이 지진대라면 화산들을 자극해서 삼림에 대화재가 발생 막대한 양의 화산재가 햇빛을 차단 마침내 「소행성 겨울」이 찾아든다. 1989년 3월 23일 지구는 위기일발의 사태에 직면했었다.

직경이 대략 800미터 정도 되는 작은 소행성(asteroid)이 약 80만 킬로미터 상공에서 지구를 스쳐 지나간 것이다.

80만 킬로미터라면 지구와 달 사이 거리의 약 두 배 정도 되는데, 물론 안전하다고 생각될 만한 거리였고, 「오십 보든 백 보든 빗나가기는 마찬가지다」라고 다들 말한다.

그러나 그 암석 덩어리는 지구 궤도를 거의 가로질러 돌고 있다. 따라서 어쩌다 한 번은(그 어쩌다 라는 기간도 꽤나 오랜 기간이다) 지구와 소행성이 동시에 교차 지점에 도달하는 때가 있고, 그렇게 되면 위기일발의 사태가 우리에게 벌어지게 되는 것이다.

지름이 800킬로미터 되는 것도

소행성의 궤도가 현 상태 그대로 유지된다면 그것이 지구로 날아온다 해도 80만 킬로미터이든지 혹은 그보다 약간 가까운 거리 정도로 가까워질 뿐이라고 주장할지 모른다.

그러나 소행성의 궤도는 항상 일정하게 유지되지는 않는다. 지구는 질량이 커서 안정된 궤도를 갖고 있지만, 소행성은 지구에 비해 아주 작은 물체라서 움직이는 도중에 지구나 달 혹은 화성이나 금성의 인력의 영향을 받아 궤도가 약간 변하게 된다.

궤도가 좀 변하면 지구로부터 약간 멀어지거나 혹은 가까워질 수 있다. 물론 가까워지는 것보다는 멀어질 여지가 훨씬 더 많다. 따라서 지구와의 충돌 가능성은 매우 희박하지만, 그렇다고 해서 그 가능성이 전혀 없는 것은 아니다.

문제는 소행성이 이것 하나만이 아니라는 점도 있다. 1972년 8월 12일 아마도 지름이 1미터 20센티미터밖에는 안될 성싶은 작은 덩어리가 몬타나 주 남부지방 상공을 겨우 50킬로미터 높이로 통과 지구를 스치듯이 날아갔다. 바로 성층권을 통과한 것이다.

천문학자들 중에는 직경이 800미터 정도 되고 그 궤도가 지구 옆을 통과하는 소행성이 최소한 100여 개는 될 것이라고 생각하는 사람들이 있다. 그리고 직경이 수십 피트짜리들은 수천 개는 될 것이라는 것이다.

이것들 중 어느 하나가 지구에 떨어질 가능성은 지구와 충돌하지 않고 그냥 빗나가버린 이번 것과 같은 특별한 것이 지구에 떨어질 가능성보다 훨씬 더 크다.

NASA의 지구근접물체 연구센터에 따르면, 1990년 이래로 약 26,115개의 소행성이 지구를 스쳐 지나갔다. 그 중 888개의 지름은 1킬로미터 이상이었고, 뉴욕의 엠파이어스테이트 빌딩보다 2.5배 더 높았다.

소행성은 물론 우리 태양계의 한 가족으로 태양의 주위를 도는 천체지만, 다른 행성에 비해 터무니없이 작다. 현재까지 이러한 소행성은 근 2,000개나 발견되어 있는데, 그 중 제일 큰 켈레스가 지름이 800킬로미터, 두 번째로 큰 팔라스가 480킬로미터, 나머지는 모두 300킬로미터도 안되며 태반이 수 킬로미터에서 수십 미터의 바윗덩이 같은 것이다.

이런 소행성들은 거의가 화성과 목성의 중간—지구에서 2억 킬로미터 이상 떨어져 있는 공간을 길따란 띠 모양으로 줄지어 회전하고 있다. 그러면 어째서 이것들이 지구와 충돌한다고 생각할 수 있는 것일까?

실제로 이런 일이 일어날 수도

소행성 가운데도 혜성과 같이 길따란 타원궤도를 그리며 운동하는 것이 많기 때문이다.

가장 바깥쪽을 도는 것 중에는 토성 궤도 근처까지 가는 것도 있고, 거꾸로 지구나 금성보다도 더 안쪽—수성보다도 더 태양 가까이까지 가는 것도 있다. 그리고 그 중에는 지구 곁으로 다가오는 그룹이 몇 개 있다.

이를테면 에로스(Eros, 지름 24킬로미터)는 지구에서 2,700만 킬로미터까지 접근했고, 아모르(Amor, 지름 1.6킬로미터)는 1,600만 킬로미터, 아폴로(Apollo, 지름 3킬로미터)는 1,100만 킬로미터까지 접근했었다.

또한 좀 더 작은 것으로는 아도니스(Adonis, 지름 1.5킬로미터)가 240만 킬로미터까지, 헤르메스(Hermes, 지름 1.5킬로미터)가 1937년에 지구에서 겨우 32만 킬로미터—다시 말해 달까지의 거리까지 다가왔었다.

최근의 일로는 1968년에 이카루스(Icarus, 지름 1킬로미터)가 지구에서 600만 킬로미터 떨어진 곳을 지나갔는데, 이때에는 일부 사람들이 지구와 충돌할 우려가 있다고 떠들어댔었다.

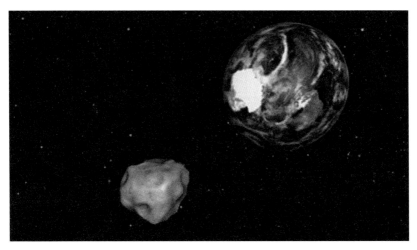

이카루스(Icarus)

이카루스가 지구로 접근하기 전에 수성에 상당히 접근하기 때문에 경우에 따라서는 그 궤도가 흔들릴지도 모르며, 그렇게 되면 지구로 돌진해 올는지도 모른다는 주장이었다.

이런 일은 물론 좀처럼 일어나지 않는다. 그러나 절대로 없다고 장담할 수도 없다.

소행성은 천체로서는 아주 작은 것이기 때문에 반드시 공 모양은 아니며, 그 형태가 고르지 않은 울퉁불퉁한 모양을 하고 있다. 길따란 막대기 같은 것이 있는가 하면, 돌산 같은 모습을 하고 있는 것도 있을 것이다.

그러면 공전운동을 하고 있는 동안에 스스로 중심이 바뀌어 술취한 사람처럼 휘청대면서 운동하는 경우가 많아진다.

더구나 질량이 작기 때문에 질량이 큰 천체에 어느 정도 이상 접근하면 그 천체의 인력의 영향을 받기 쉽다.

실제로 소행성들 중에는 큰 행성의 인력에 붙잡혀 궤도가 바뀌어 그 행성의 궤도를 돌게 된 그룹도 있다. 목성 곁에 있는 트로야 그룹 등이 그것이다.

또한 소행성들이 가장 많이 모여 있는 곳—소행성대(에스터로이드 벨트)에서는 소행성끼리 수시로 부딪쳐서는 부서지기도 하고 다시 붙어버리기도 한다.

문제의 이카루스는 태양에 가장 접근했을 때는 3,000만 킬로미터밖에 안 되는 공간까지 다가가기 때문에 그때는 그 표면이 새빨갛게 타며, 멀어짐에 따라서 식어버리는데, 이처럼 뜨거워졌다 식었다 하는 것을 되풀이하기 때문에 아주 부서지기 쉽게 되어 있을 것이다. 그리고 일부가 부서져도 궤도에 미묘한 변화를 일으킬 가능성은 얼마든지 있는 것이다.

자, 그러면 만약 이러한 소행성이 지구에 부딪쳐 온다면 과연 어떻게 될까? 이카루스는 지름이 약 1킬로미터인 바윗덩이로 그 무게는 수억 톤으로 추산된다. 이렇게 큰 바윗덩이가 초속 40~50킬로미터의 속도로 지구에 떨어져 온다면 어떻게 될까?

지구에는 이곳저곳에 태고시대에 떨어진 대운석이 만든 커다란 운석공들이 있다. 미국 애리조나 주에 있는 벨린저 운석공, 캐나다의 케베크 운석공 등이 유명한데, 그 중 벨린저 운석공은 5만 년 전

미국 애리조나 주에 있는 벨린저 운석공은 지름이 1,300미터 깊이가 175미터나 된다.

에 떨어진 것으로 지름이 1,300미터 깊이가 175미터나 된다.

이렇게 큰 구멍을 만든 대운석은 아마 지름이 60~70미터, 무게는 200만 톤 남짓이었을 것으로 짐작되고 있다.

그리고 이것은 대체로 20메가톤(1메가톤은 100만톤)의 수소폭탄과 비슷한 에너지를 가지고 있다고 상상된다.

그렇다면 이카루스는 그 무게로 미루어보아 적어도 그 50배 1,000메가톤의 수소폭탄과 견줄 만한 놀라운 위력을 가지고 있는 셈이다. 따라서 충돌했을 경우 그 피해도 상상할 수 없을 만큼 엄청난 것이다.

만약 이카루스가 태평양이나 대서양 같은 바다에 처박히면 엄청난 충격으로 물결 높이가 200~300미터나 되는 해일이 일어나서 근처에 있는 섬들을 단숨에 삼켜버릴 뿐만 아니라, 멀리 대륙 연안까지 피해를 입힐 것이다. 물론 항해 중인 배들은 순식간에 뒤집어져 가라앉아 버릴 것이다.

또한 이카루스가 땅 위를 아슬아슬하게 지나갈 경우에는 코스에 있는 지상물은 엄청난 충격파로 마치 낫으로 벤 것처럼 일직선으로 파괴되어 깎여 나갈 것이다. 그리고 마지막으로 떨어진 지점에는 아마도 지름이 40킬로미터 이상, 깊이가 3킬로미터나 되는 큰 구멍이 뚫릴 것이 분명하다.

그 충격으로 일어나는 지진은 현재까지 기록된 어떤 지진보다도 훨씬 큰 것이 되며, 낙하지점의 주위 수백 킬로미터 일대에 있는 도시는 완전히 파괴되어 버린다.

그뿐만이 아니다.

이 엄청난 폭발의 충격은 지각(地殼) 안쪽에 모여 있는 지진 에너지의 방아쇠를 당기는 결과가 되어 여기저기 연쇄반응적인 지진을 일으킨다. 만약 그곳이 지진대(地震帶)라면 화산활동을 자극해서 화산 폭발을 불러일으키는 결과가 될 것이다.

따라서 화산활동으로 인해 전 세계 삼림에 대화재가 발생할 것이다. 또 대륙의 반이 가라앉으면서 막대한 양의 먼지가 성층권으로 올라가 오랫동안 햇빛이 차단될 것이다.

그 정도 충격이라면 지구상의 생물은 거의 혹은 전부가 죽어버

화성탐사선 바이킹 랜더 2호

릴 것이다. 이른바 「소행성 겨울」이 찾아드는 것이다. 그래서 여러 학자들은 그 같은 충격으로 인해 6,500만 년 전에 공룡이 모조리 죽은 것으로 생각하고 있다.

그 밖에도 이카루스가 대기 속을 지나가는 동안에 공기층에 여러 가지 영향을 미쳐 상상할 수도 없는 갖가지 기상이변을 일으키게 된다.

특히 전파를 반사하는 전리층이 심하게 헝클어지기 때문에 전세계의 단파방송이 혼란을 빚어 연락이 잘 되지 않을 것이라는 점

화성탐사 로봇 큐리오시티

도 생각할 수 있다.

지름이 불과 1킬로미터인 이카루스도 이처럼 큰 영향을 미치는데, 하물며 이것보다 훨씬 큰 지름 몇 킬로미터, 혹은 몇십 킬로미터나 되는—따라서 무게도 몇 백억 톤, 몇 조 톤이나 되는 소행성이 부딪쳐 온다면 그 피해는 상상조차 하기 어려운 가공스러운 것이 될 것이다.

이런 것을 생각하면서 다시 한 번 아폴로 우주선이 달 표면에 착륙하였고, 1975년에는 바이킹 1호와 2호가 발사되어 화성의 표면에 연착륙하는 데 성공했다.

바이킹 1호와 2호는 모두 4,500장 이상의 사진과 화성 표면의 온도, 대기의 밀도, 바람의 속도 측정 및 토양의 분석 등에 관한 많은 자료를 지구로 보내와 화성 탐사를 시작한 이래 가장 좋은 성과를 올렸다.

대운석들의 처참한 충돌이 뚫어 놓은 거대한 운석공들로 곰보같이 패인 그 모습들이야말로 바로 여기에 대한 대답이다.

달의 바다는 대폭발로 인하여 지각이 녹아 흐른 물질로 덮여 있는 것으로 해석되고 있다. 또한 지름이 수십 수백 킬로미터씩이나 되는 분화구 속도 역시 녹은 암석들로 채워져 있다.

커다란 소행성이 부딪쳐 오면 아마 달이나 화성의 분화구와 같은 상황이 재현될 것이 틀림없다.

그리고 그 때에는 지구 위에 있는 문명은 흔적도 없이 멸망해 버린다는 것은 말할 것도 없고, 인류도 거의 전부가 순식간에 전멸해 버릴 것이 틀림없다.

이런 충돌이 거의 일어나지 않는 것은 지구와 인류를 위해 다행스러운 일이다. 그렇지만 앞으로도 우리가 그렇게 계속 운이 좋으리라는 법은 없는 것이다.

그러면 어찌해야 되는가?

거기에 대해 이런 주장을 하는 학자도 있다. 단 몇 피트짜리라도 지구로 날아올 가능성이 있는 물체를 관측하는 임무를 띤 우주 감시기구의 설치를─그렇게 할 만한 능력이 생기기만 한다면─하자는 것이다.

만약 그것들이 날아올 경우, 날아오는 길목에 수소폭탄을 설치해 날려버릴 수도 있고, 이보다 더 나은 방법으로도 할 수 있다. 말하자면, 적의 미사일이 아닌 소행성을 겨냥한 스타워즈 계획이 여기에 이용될 수 있다는 말이다.

도시를 박살낼 만한 충돌은 평균적으로 볼 때 5만 년 만에 한 번 꼴로 일어날 것이라는 계산이 나왔다. 애리조나에 분화구가 생긴 이래로 그만큼의 시간이 흘렀다. 말하자면 이제 우리는 또 한 번의 충돌사건을 맞이할 즈음에 있다는 것이다.

물론 우리가 작은 소행성들을 파괴해 버린다 해도 그 파편은 계속해서 원래의 궤도에 남아 있긴 할 것이다. 그러나 설사 지구에 떨어진다 해도 자그마한 부스러기들은 별다른 피해를 주지는 않을 것이다.

지구 표면에 거대한 웅덩이가 생기는 대신에 우리는 눈부신 유성이 하늘에서 작은 조각으로 불타 없어지면서 작은 돌멩이가 되어 땅에 떨어지는 광경을 즐기게 될 것이다.

if

7. 지구와 비슷한 행성이 우주에 또 있다면?

「지구와 비슷한 천체가 또 있을까?」

300여 년 전만 하더라도 이런 말을 중얼거리기만 해도 「하느님이 창조하신 것을 의심하다니, 괘씸한 놈!」이라고 무거운 형벌을 받았을 것이다.

100여 년 전에 똑같은 질문을 했다면 학자들은 고개만 갸우뚱하고 대답을 잘 못했을 것이다.

현재는 보수적인 학자라도 「없다고는 할 수 없다」고 말할 것이고, 적극적인 사람은 「반드시 있다. 그것도 많이」라고 대답할 것임에 틀림없다.

부정할 수 없는 우주인의 존재

우주인이라는 말이 자주 사용되기 시작한 것은 대체로 150년 전쯤부터이다. 큰 망원경이나 천체 사진 등 우주 관측기술이 발달함에 따라 아름다운 천체 사진과 함께 한없이 넓은 우주라든가, 은하계의 구조가 판명되어 그것이 사람들의 눈길을 우주로 끌어들였던 것이다.

마침 그 무렵, 화성에 운하가 있다는 학설이 발표되어 사람들에게 충격을 주었는데, 그것을 민감하게 받아들인 작가들은 우주인 또는 화성인이 지구로 온다는 주제로 여러 편의 소설을 썼다. 그것이 바로 우주인의 탄생이 된 셈이다.

우주인은 작가에 따라 여러 가지 형태와 종류로 그려졌는데, 모두가 지구인과는 아주 모습이 다른 공룡 비슷한 거대한 동물로 되어 있는 것이 많으며, 지구인보다 지능이 훨씬 뛰어난 것으로 묘사되고 있었다.

「이야기 속에 나오는 동물들」이라고 생각되어 오기는 했지만, 그래도 그 중 화성인만은 반신반의로 수십 년 전까지 결정적인 부정도 못하고 있었다.

그것은 화성의 운하 존재설이 많은 반론을 불러일으키면서도 뿌리 깊게 남아 있었기 때문이다.

1965년 미국의 화성 로켓 매리너 4호와 소련(소비에트 연방)의 존스 2호에 의해 화성 표면도 달세계와 같이 크레이터로 곰보자국 같이 되어 있다는 것을 나타내는 사진이 보내져 와 겨우 화성운하설은 자취를 감추었고 화성인의 존재도 빛을 잃게끔 되었다.

1971년 11월 화성에 도착한 매리너 9호(지구 이외의 행성 주위를 도는 인공위성 제 1호)를 기다리고 있었던 것은 화성 전체를 뒤덮는 모래 광풍이었다. 화성 사막의 모래가 바람에 의해서 대량으

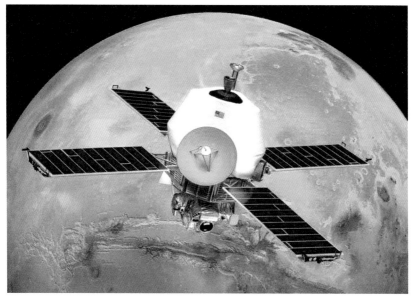

화성 탐사선 매리너 9호

로 대기 속으로 불려 올라가 태양광선을 차단해 화성 전체는 한기
와 어둠에 휩싸였다.

화성에서의 모래 광풍은 빈번히 일어나고 있다. 지구상의 관측자
는 백 년 이상 전부터 이런 사실을 알고 있었다. 또한 1997년 7월
미국의 화성 탐사 우주선 패스파인더호는 화성 생물체의 존재를 확
인하지는 못했지만, 화성의 신비를 벗기는 데 큰 역할을 했다. 그
중에서도 물과 얼음이 화성에 존재한다는 것을 밝혀 준 구름의 발
견은 큰 성과라 할 수 있다.

그럼 태양계 밖으로 한없이 펼쳐진 우주 속에서 생물이 존재하
고 있는 곳은 지구뿐일까 하고 생각할 수는 아직은 없다.

그 전에 순서를 따라 태양계와 같이 행성을 가지고 있는 항성이 있는지 없는지를 천문학자에게 물어봐야 할 것이다.

그러면 천문학자는 「이미 틀림없이 행성을 가지고 있다고 생각되는 항성이 두 개는 발견되었다. 하나는 백조자리의 61번성이고 또 하나는 버나드성이다」라고 대답할 것이다.

버나드성은 6광년, 백조자리의 61번성은 11.2광년의 거리에 있다. 양쪽이 다 2개의 항성이 나란히 있어 서로의 둘레를 돌고 있는 연성인데, 그 주기를 정밀하게 조사해 보면 규칙적인 착오가 생김을 알 수 있다.

그것은 그 주위에 있는 다른 천체의 영향으로 일어나고 있는 것으로 알려져 있다. 그리고 그 천체의 크기는 적어도 목성만 할 것이라는 것이 계산으로 밝혀지게 된 것이다.

그런데 태양을 중심으로 한 11.2광년의 거리 안에 있는 항성은 태양을 비롯해서 13개 있다. 그 중 3개가 행성을 가지고 있다는 이야기가 된다. 나머지 10개의 항성은 행성을 가지고 있는지 없는지 아직 모르지만, 이 13분의 3이라는 비율을 은하계 우주에 적용시켜 보기로 하자.

「우주에는 도대체 얼마나 많은 은하가 있을까?」라는 물음에는 여전히 해답을 발견하지 못했다. 그 후로도 오랫동안 과학자들은 이에 대해 실마리조차 발견하지 못했다.

하지만 1995년 12월 18일 유명한 천문 관측으로 이 질문을

은하계

해결할 한 줄기 희망을 보게 되었다.

천문학자들은 허블 우주망원경을 큰곰자리의 일부인 빈 영역으로 향했다. 이 공간의 범위는 매우 작았다. 천구의 2,400만 분의 1 크기로 100억 광년 이상 떨어진 곳에서 본 테니스공과 같았다.

과학자는 선명한 장면을 얻기 위해 이 부분만 연속해서 열흘동안 관측하며 342번이나 촬영했고, 이를 겹쳐서 한 장의 사진으로 합성했다.

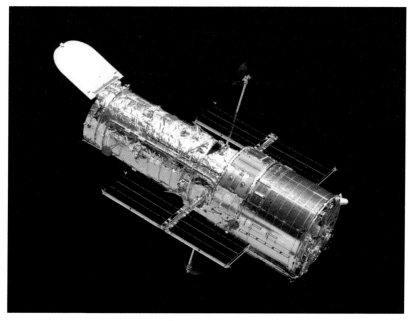

허블 우주망원경

2003년과 2012년 천문학자들은 이 실험을 두 번 반복해 2장의 새로운 사진을 얻어냈다. 바로 「허블 울트라 딥 필드(Hubble Ultra Deep Field)」와 「허블 익스트림 딥 필드(The Hubble Extreme Deep Field)」이다. 최근 관측에 따르면 우주에 포함되는 은하의 수는 2,000억 개가 넘는다고 한다!

우주 전체에는 최소 2,000억 개의 은하가 있으며 한 은하가 평균 1,000억 개의 항성을 가지고 있으므로 우주 전체의 항성은 최소 200×1020개라는 사실을 알 수 있다.

200×1020개는 대체 어떤 개념일까? 지구에 사는 70억 인구

가 모두 별을 세고 한 사람이 1초에 1개씩 센다면 우주 전체의 모든 항성을 세는 데 최소 9만 년이 걸린다.

쉽게 말해 호모 사피엔스가 아프리카를 떠난 시점부터 지금까지 쉬지 않고 별을 세야 다 셀 수 있다는 말이다.

그리고 그것들이 저마다 몇 개씩의 행성을 가지고 있을 테니, 은하계 우주에 존재하는 행성의 수는 이루 헤아릴 수 없다.

그 가운데서 지구와 비슷한 행성을 골라내자면 아주 어려운 문제에 부딪치게 된다. 그러기 위해서는 우선 지구가 어떻게 태어났는가, 아니 태양계가 어떻게 생겨났는가 하는 것이 문제가 될 것이다.

태양, 다시 말해서 항성은 지금도 성운 속에서 쉬지 않고 태어나고 있다. 그리고는 수십억 년이나 수백억 년의 평생을 보내면서 점점 온도가 내려가거나 대폭발을 일으켜 죽어 사라진다.

죽고 난 후에는 대량의 성운이 남아 이것이 새 별을 낳는 바탕이 된다. 대량의 성운이 모인 곳에서 항성이 태어난다는 것은 널리 인정되어 있는 일이지만, 그것이 어떻게 항성이 되어 가느냐에 관해서는 여러 가지 학설이 있다.

따라서 항성의 탄생에 따라 그 주위에서 행성이 어떻게 생겨나는가 하는 데 관해서는 더욱 많은 이야기들이 있다.

그 중에서 항성이 되는 큰 성운 덩어리의 일부가 떨어져 나가 행성이 되었다는 학설과, 항성이 채 못 된 성운이 새로 태어난 항성

주위를 떠다니는 동안에 무엇인가의 영향을 받아 행성이 된다는 학설이 일단 받아들여지는 학설들이다.

전에는 행성도 원래는 태양과 같은 불덩어리였는데 식어서 행성이 되었다는 학설도 있었으나, 요즈음에는 앞서 말한 새로운 학설들 때문에 쑥 들어가 버렸다.

천체 사진을 봐도 알 수 있듯이, 우주에는 수많은 성운이 떠돌아다니고 있으며 그 속에서 항성이 태어난다고 한다면 행성도 태어날 만하다고 생각해서 무리는 아니다.

하지만 아무튼 행성은 항성보다 훨씬 작을 뿐만 아니라, 스스로 빛을 내지 못하기 때문에 관측에 의해 규명할 수는 일단 없다고 본다. 따라서 항성은 모두 행성을 갖고 있는지는 앞으로의 큰 연구과제로 되어 있다.

앞으로의 큰 연구과제

그러나 아무튼 이 은하계 우주에는 수백억 개의 행성이 있다고 생각해도 괜찮을 것이다.

그러면 그 가운데 지구와 거의 비슷한 것, 다시 말해 생명체가 생존하고 있는 행성이 있는가―하는 문제가 나오면 「아마 있을 것이다」라는 모호한 대답밖에는 할 수 없다. 그 이유는 행성 위에 생물이 나타나려면 아마 지구와 마찬가지로 20억 년이라는 세월이 걸릴 것으로 생각되기 때문에, 그 20억 년의 초기에는 많은 물이 필요할 뿐만 아니라, 화산활동이 활발하고 짙은 이산화탄소가 포함된 대기도 있어야 한다.

그런 속에서 단백질이 생겨나고 몇 개의 단백질 분자가 어떤 영향을 받아 특별한 결합을 한 후에 최초의 생명이 물속에서 탄생하게 될 것이다.

그것이 몇 억 년인가 걸려 진화해서 물속에서 식물이 탄생하고 이어서 동물이 태어나기 시작하는 것이다. 그리고 육지에서도 식물이 자라게 되면 동물도 수면에서 올라와 생활의 장소를 넓혀 가게 되고, 식물이 자라면 자랄수록 광합성에 의해 대기 속에 산소가 불어나 따라서 동물도 더욱 불어난다는 과정이 지구상의 생물이 생겨

3000만 광년 떨어져 있는 M51 나선은하가 왼쪽 위의 작은 은하와 합쳐지는 모습. (NASA)

진화해 온 발자취다.

우주에 있는 모든 물질의 원소를 조사해 보면 모두가 지구상에 있는 것뿐이며, 지구상에 없는 것으로 우주에 있는 것은 없다고 한다. 그렇다면 수백억 개나 되는 행성 중에는 그 크기나, 태양(어버이별인 항성)으로부터 받고 있는 열량 등이 지구와 비슷한 나이의 행성이라면 이미 생물이 태어나 살고 있다고 생각해도 무리는 아니다.

거기에는 광합성에 의해 이산화탄소를 빨아들여서 산소를 뿜어내는 식물이 있고, 그 식물을 영양소로 삼고 있는 동물도 있을 것인데, 그 행성의 동물이 반드시 다리가 둘, 팔이 둘, 입이 하나, 눈이 둘……로 되어 있는지는 알 수 없는 일이다. 지구의 동물과는 전혀 다른 구조와 모습으로 진화하고 있을 수도 있지 않겠는가?

또한 좀 더 달리 생각을 해보면, 물 대신 암모니아를, 산소 대신 수소를……하는 식으로 생명이 태어나는 방식도, 모습도, 생활양식도 전혀 다른 생물이 있을지도 모를 일이다.

그러면 지능은 어떻게 다를까?

이것도 지구상에 있는 인간이 반드시 최고라고는 말할 수 없다. 지구의 수명을 태양과 같은 약 100억 년이라고 생각할 때 현재의 지구 나이는 사람의 평생과 비교하면 30~40대라고 하겠다.

이 지구의 역사 속에서 인류의 탄생을 길게 잡아 500만 년이라고 쳐도 그것은 지구의 나이에 비하면 겨우 1,000분의 1밖에 안 된다. 지구상의 인간사회는 이제 겨우 21세기를 끝내려 하고 있다.

이대로 가면 30세기, 50세기 때의 인간의 슬기는 얼마나 발전할까? 우주에는 행성에서 사는 행성인의 사회가 30세기, 50세기를 맞이하고 있는 것도 있다고 생각할 수 있지 않겠는가……그렇다면 거기에는 어떤 문화가 꽃을 피우고 있을까?

현재 천문학자들 가운데는 우주에서 끊임없이 쏟아져 오는 갖가지 전파 중에 우주인이 보낸 전파가 섞여 있지 않을까 하고 그것을 골라내려고 열심히 연구하고 있는 그룹이 있다.

미국의 오즈마 계획(Ozma project, 오즈의 마법사에서 따온 말. 지금은 민간 주도로 추진되고 있다)도 그 중의 하나인데, 만약 그 전파를 골라낼 수 있다면 전파로 서로 교신을 할 수 있다는 이야기가 된다. 어떤 언어를 사용하더라도 컴퓨터로 뜻을 알아낼 수도 있다.

그리고 전파로 영상을 보내고 받고 하게 되면 그 행성인의 모습, 생활양식을 텔레비전을 통해 우리 눈앞에 나타낼 수도 있다. 100여 년 전에 소설에서만 그리고 있던 우주인이 이제는 우주 어딘가에 있는 행성에, 그것도 적어도 100만에서 10억 개쯤이나 되는 행성에서 실제로 살아 있는 셈이 된다.

혹시 우주에 생명체가 많이 있으나 핵무기를 사용할 수 있을 정도로 과학기술이 발달하게 되면 자연히 자멸하게 되는 것은 아닐까? 결국 우리도 그 전철을 밟고 있는지도 모른다.

1960년 4월 11일에 시작된 Ozma 프로젝트는 다른 항성계에서 전송되는 성간 전파 신호를 찾는 최초의 SETI 연구였다.

그렇다면, 생명체는 존재하지만 아직 과학문명이 발달하지 않은 행성들이 많이 있을 수 있으며, 이미 과학문명이 발달한 행성은 자멸했을지 모른다. 또한 이미 과학문명이 발달하였으나, 그것을 파괴적인 곳에 사용하지 않은 우리 지구인처럼 아슬아슬한 생과 사의 갈림길에 놓여있는 외계인도 꽤 많이 있을 수도 있다.

만약 그런 외계인이 있다면 우리가 수신할 수 있는 신호를 보낼 수 있을 정도로 과학문명이 발달하지는 않았을 것이다.

만약에 외계의 문명으로부터 전파 메시지를 수신했다고 가정해 보자. 우리는 그 메시지가 외계인이 보낸 것이라고 깨닫지 못할 수도 있고, 깨닫는다 하더라도 그 내용을 잘 이해하지 못할 수도 있지만, 뭔가 조금은 알아낼 수 있는 것이 있을 것이다.

그 첫째는 저 멀리 어딘가에 적어도 지능을 가진 외계인이 하나쯤은 존재할 것이라는 사실이며, 둘째는 그런 신호를 보낼 수 있으려면 우리보다 더 과학문명이 발달해야 한다는 사실이다.

셋째, 그렇다면 우리보다는 과학문명이 발달했으나 아직까지 자멸하지 않은 외계인이 하나 정도는 있을 가능성이 있다는 사실이며,

넷째는 외계인이 과학문명이 발달하면서도 자멸하지 않았다면 우리 지구인도 그럴 수 있다는 사실이다.

결국 우리 인류에게 가장 커다란 위협은 과학문명의 발달로 인한 문제점들이 늘어남에 따라 우리 인류가 멸망할지도 모른다는 사실이다. 우주에서 온 메시지에서 멸망하지 않는 방법을 찾아낸다면 인류를 자멸의 위기에서 구해낼 수 있을 것이다.

이들 진짜 우주인이 과연 지구를 습격해 올 무서운 사람들일까? 만약 지능이 아주 발달한 우주인이라면 침략보다는 우호를 바라지 않을까?

if

8. 이 세상에서 달이 없어진다면?

달은 우주 속에서 지구에 제일 가까운 천체다. 그런데도 달은 지구에서 떨어져 나간 아기별인지, 아니면 지구와는 전혀 따로 생긴 별인지 아직은 확실치 않다.

그 밖에도 달에는 많은 수수께끼가 간직되어 있다. 그 수수께끼의 하나하나는 지구의 탄생, 태양계의 탄생 그리고 지구의 미래, 태양계의 미래와 깊은 관계를 가지고 있다.

오늘날 천문학자들이 공통으로 받아들이는 달 생성이론은 월석(月石) 분석을 통해서 결론을 내리고 있다. 월석의 화학적 구조는 지구의 암석과 유사한 점이 많다.

당시 지구는 태어난 지 수백만 년이 지났지만 맨틀이 완벽하게 굳어지지는 않은 상태였다.

이때 태양계 안에서 수많은 암석 조각들과 작은 행성들이 지구 주변을 돌아다니다가 지구와 스치듯이 충돌하였다.

거대 충돌설은 원시 지구가 「테이아(Theia, 그리스신화에 나오는 12명의 티탄 가운데 하나)」라고 불리는 거대한 가상의 행

테이아와 지구의 충돌 가상도

성과 충돌해 테이아가 부서지며 지구에 흡수되었고, 부서진 테이아의 물질 중 일부가 뭉쳐져 달이 되었다는 가설이다.

충돌설의 근거는 월석인데. 달에서 가져온 월석과 지구 암석의 동위원소의 비율이 같다는 게 핵심 근거이다. 월석과 지구 암석의 경우 산소의 동위원소 비율이 같은 것으로 나타났는데, 이는 지구와 달이 어떤 사건에 의해서 동시대에 만들어졌다는 걸 보여주는 증거다.

그래서 현재까지는 거대 충돌설이 가장 유력한 이론으로 예상된다. 하지만 거대 충돌설 역시 아직은 가설에 불과하다.

그런데 만약 달이 없어지면 어떻게 될까?

지구와 달의 모자(母子) 설

달은 지구에서 제일 가까운 천체다. 그래서 달은 아득한 옛날 지구의 일부가 떨어져 나가 지구의 주위를 공전하게 되었다고 생각되면서 달이 떨어져 나간 자리가 태평양이라는 학설도 있다. 그러고 보면 달의 지름은 꼭 태평양에 갖다 끼울 만한 크기라는 것도 재미있는 사실이다.

그것이 극히 최근에 와서 달은 지구의 분신이 아니고 태어날 때부터 따로따로였다고 해석하게 되었다.

미국과 구소련의 로켓에 의한 달의 정밀조사나 달 암석의 연구 결과로도 지구와 달의 나이가 비슷한 것 같다는 답이 나오고 있다. 그러나 아직 이것만으로 지구와 달의 모자설이 틀렸다고 단정할 수는 없다.

과연 지구와 달은 어버이와 아들 사이인지, 나이가 비슷한 형제 사이인지, 아니면 전혀 남남 끼리에 지나지 않는 이웃사촌인지 아직은 단정할 결정적인 증거가 없다.

이것을 풀어 나가려면 모든 행성과 위성 사이에는 어떤 차이점이 있는가, 그리고 태양계는 어떻게 해서 태어났는가 하는 문제 등이 얽혀 들어오게 된다.

태양계(Solar System)에는 모두 아홉 개의 행성이 있으며, 그 중 지구(Earth, 1개), 화성(Mars, 2개), 목성(Jupiter, 12개), 토성(Saturn, 10개와 테), 천왕성(Uranus, 5개), 해왕성(Neptune, 2개)에 있는 32개의 위성이 저마다의 행성을 중심으로 공전하고 있다.

이들 위성이 모두 어떻게 해서 태어났는지는 아직은 모른다.

만약 지구의 탄생—다시 말해서 태양의 탄생과 거의 같은 무렵에 태어났다면 어쩌면 모든 위성들도 원래는 행성으로서 태양계는 40개쯤 되는 대가족으로 이루어지고 있었는지도 모른다. 태양을 중심으로 이들이 공전하고 있는 동안에 작은 것들은 큰 행성의 인력에 끌려 위성이 되어 갔다고 생각할 수도 있는 것이다.

그 밖에도 다른 각도에서 상상을 해 볼 수도 있다. 지금 화성과 목성 사이에는 공간을 메우듯 약 2,000개의 소행성이 끼어들고 있다.

이것들은 아득한 옛날에는 하나의 행성이었는데, 어떤 이유로 부서져 흩어진 것이 아닐까 하는 생각을 갖고 있는 사람도 있다.

만약 태양계 속에 있는 한 행성이 부서진다면 태양과 행성들 사이의 인력의 균형이 헝클어지기 때문에 큰 변동이 일어났을 것이 분명하다. 그 대변동 때에 작은 행성은 가까이 있는 큰 행성의 위성이 되기도 해서 태양계의 구조가 바뀌어 현재에 이르렀다고 생각해 볼 수도 있는 것이다.

여하튼간에 인간은 금성·화성·목성·토성, 그보다 더 먼 천체에까지 각기 다른 우주 탐사선을 보내서 조사해 나가고 있으므로 행성과 위성과의 관계가, 나아가서는 태양계에 이르기까지의 갖가지 수수께끼가 조금씩 풀려 갈 것으로 믿는다.

우선은 문제를 달에만 국한키로 하자.

달은 지구를 중심으로 한 타원궤도를 27일 8시간 걸려 한 바퀴씩 1초 동안에 약 1킬로미터의 속도로 공전한다. 궤도는 타원이기 때문에 가장 가까이 다가왔을 때에는 약 36만 3,300킬로미터, 제일 멀리 갔을 때에는 40만 5,500킬로미터, 평균거리는 38만 4,400킬로미터가 된다. 따라서 대체로 지구를 서른 개 나란히 놓으면 달까지 닿는다는 계산이 되는 셈이다.

지구와 가장 가까운 천체

아무튼 이 우주 속에서 제일 가까운 천체이기 때문에 달은 지구와 깊은 관계를 가지고 있다.

그 중 하나는 달빛인데, 옛날 원시인들은 달을 어두운 밤의 불안스러움을 쫓아주는 신으로 생각하고, 달이 들 때에 절을 하고 기도를 드렸다. 달빛은 햇빛의 반사에 지나지 않지만, 그래도 어느 별빛보다도 밝게 지구를 비춰주고 있다.

달과 지구 사이의 가장 두드러진 관계는 인력이다. 달의 지름은 지구의 4분의 1, 무게는 80분의 1에 지나지 않지만 태양의 인력보다도 큰 영향을 지구에 미치고 있다. 그 중 제일 눈에 띄게 나타나는

것은 바닷물의 간
만(干滿)이다.

지구 위에 있
는 물이 끌어 당
겨져 장소에 따라
서는 바닷물의 높
이가 10여 미터나
올라갔다 내려갔
다 하는 것을 보
아도 그 힘이 얼
마나 큰가를 알
수 있을 것이다.

달은 어디서 왔을까?

달의 인력은 바닷물뿐이 아니고 지구 전체에 미쳐 눈에는 안 보
이지만 육지도 하루에 20센티미터쯤 올라갔다 내려갔다 하는 일이
되풀이되고 있다고 한다. 좀 과장해서 말한다면 지구가 럭비공처럼
된다는 이야기가 된다.

이와 같이 달의 인력이 지구의 모양에까지 영향을 미치는 한편,
지구의 인력도 달의 모양을 바꾸고 있을 것이다. 양쪽이 이런 힘을
서로 작용하고 있기 때문에 극히 조금씩이긴 하지만 지구나 달의
자전이나 공전 속도에 변화가 일어난다.

이것을 상세히 조사해 보면, 현재 지구는 하루의 길이가 백 년

간에 0.001초의 비율로 길어지고 있다고 한다. 그리고 미국의 웨일즈라는 지질학자는 지금부터 약 4억 년 전에는 하루의 길이가 22시간, 1년은 400일이었다는 것을 밝혀내고 있다. 이것은 지구의 자전이 조금씩 늦어지고 달은 조금씩 지구에서 멀어져 가고 있다는 것을 뜻한다.

따라서 몇 억 년 전에는 달은 현재보다 훨씬 가까운 곳을 돌았고 하루는 훨씬 짧았다는 이야기가 된다. 그 무렵 지구에는 아직 공룡은 태어나지 않았지만, 바다에는 갑옷을 입은 듯한 물고기는 있었을는지도 모른다.

태양계 전체에 큰 변화 초래

그러면 더 옛날로 거슬러 올라가면 달은 지구와 붙어버렸던 것이 아닌가 하는 생각도 들겠지만, 「그렇다」고 말할 수 있을 만한 근거는 아직 없다.

자, 이제는 눈을 미래로 돌려보자.

달이 점점 멀어져 가면—물론 조금씩 어두워진다. 보름날밤에도 동쪽 하늘에 목성이나 금성보다 조금 더 클 정도의 달이 떠오른대서야 달구경도 별로 신통하지 않을 것이다.

조수의 간만도 거의 없어지니 조개잡이도 할 수 없겠고, 하루의 길이가 40시간이나 50시간쯤 되면 현재의 사람 체력으로는 낮에 일하고 밤에 쉬는 생활은 할 수 없게 될 것이다.

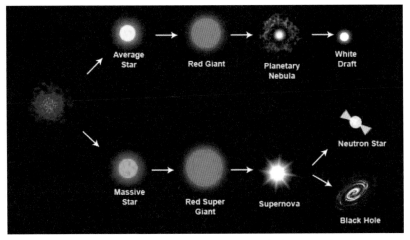

적색 거성에 관한 10가지 흥미로운 사실(thinglink)

그러나 이것은 몇 억 년, 몇 십억 년 후의 일이다. 인류가 지구상에 태어난 것은 잘 봐주어도 500만 년밖에는 안되며, 500만 년 동안에 인간은 그 모습이 상당히 진화되어 왔다.

이대로 평화스럽게 인류가 번영해 간다고 쳐서 몇 억 년 후에 인간은 어떻게 변해버릴 것인가?

아무튼 달이 지구에서 멀어져 간다는 것은 지구상의 생물뿐만 아니라 태양계 전체에 큰 변화를 일으키는 원인이 될 것이다.

지금 지구가 달을 데리고 태양의 주위를 규칙적으로 돌고 있는 것은 태양과 지구와 달의 인력이 알맞게 균형 잡혀 있기 때문인데, 달이 멀리멀리 떨어져 나가 버리고 지구만 남으면 이 균형이 깨져 지구는 점점 태양 쪽으로 끌려가게 될 것이 분명하다.

그렇게 되면 태양에서 오는 열이 강해져서 지구상에 있는 얼음이 모두 녹고 물은 증발하게 된다. 그리고 수증기도 공기도 태양의 인력에 끌려 지구는 달처럼 될 것이다.

어디 그뿐만이 아니고 지구의 위치가 달라지면 금성이나 화성, 목성 등 모든 행성들과의 균형도 깨져 가게 마련이다. 그래서 언젠가는 태양이 모든 행성을 삼켜버릴 것이 틀림없다.

외톨박이가 된 태양은 나이가 들어감에 따라 점점 붉은 큰 별(적색 거성 : Red Giant Star)로 부풀어 가서 마침내 대폭발을 일으켜 우주공간에 가스를 날려 보내고 그 모습이 사라져버리고 말 것인데, 그것은 대략 50억 년쯤 후의 일이다.

if

9. 달에 우주 기지를 만든다면?

얼마 전까지만 해도 우리 인류에게는 남극에 가는 것도 목숨을 건 대탐험이었다.

그러나 이제는 선진 여러 나라에서 남극에 기지를 만들어놓고 남극을 어떻게 유용하게 이용할 수 있는가에 대해 연구하고 있으며, 우리나라도 물론 남극에 세종기지를 설치해 놓고 연구원들을 파견시켜 연구 조사를 하고 있다.

그럼, 이젠 눈을 우주로 돌려 보자.

이제부터 우주를 정복하기 위해서 탐험을 시작한다면,

지구보다 중력계수가 낮아야

그러기 위해서는 우선 우주선을 우주로 띄워 올릴 기지가 필요할 것이다. 지구라는 곳이 하나 있기는 하지만, 그다지 좋은 곳이 못된다.

표면에서의 중력계수는 1인데(그렇게 기준을 정해놓았다), 이 중력을 빠져나가려면 이론적으로는 초속 11.2킬로미터가 넘는 속도를 내야 된다. 이것을 탈출속도(Escape Velocity)라고 한다.

태양계 안에서는 중력이 지구보다 크고 탈출속도가 지구보다 빠른 곳이 다섯 군데뿐이다. 태양·목성·토성·천왕성·해왕성이 그것이다. 이런 곳을 우리는 무인 우주선으로 탐험을 하기는 하겠지만, 가까운 장래에 인간이 이런 곳에 발을 디딘다든가, 아니면 가까이 가는 일조차도 없을 것 같다.

그래서 이런 곳을 빼고 나면 가까운 장래에 우리가 기지로 쓸 만한 곳 가운데는 지구가 「중력 우물(gravity well)」이 가장 깊고 또 빠져나가기도 가장 어렵다.

그리고 또 지구에는 공기도 있고 날씨라는 것도 있다. 폭풍이 있는 날에는 발사를 할 수 없다. 맑은 날에도 공기라는 것 때문에 저항이 생긴다.

지구보다 중력이 약하면서 지구보다 대기층이 두터운 곳은 금성뿐이다(어쩌면 토성의 달 타이탄을 생각해 볼 수도 있다). 금성은 너무 뜨거워서 인류가 그곳에 내리는 일이 언제고 있을 것 같지가 않고, 타이탄은 너무 멀어서 앞으로 적어도 한 세기는 지나야 그곳에 가게 될 것이다.

그래서 다시 우리가 갈 수도 있고 내릴 수도 있는 것 가운데서 생각해 보면 기지로 쓰기에는 지구가 가장 고약하다.

이를 위해 개발된 게 에너지 상환시스템, 일반적으로는 로켓이라고 말한다.

로켓은 여러 종류가 있지만 모두 높은 화학적 반응을 일으키는 연료를 폭발시켜 제어, 우주로 발진한다.

화학에너지를 운동에너지로 변환하는 폭발로 발생한 에너지를 외부로 배출해 로켓을 지구에서 멀어지게 한다. 에너지를 방출하는 정도로 중력 포텐셜(gravitational potential)이 증가한다.

간단히 말하자면 중력 에너지를 상환하고 있다는 것이다. 실제로 궤도에 들어가기 전에 열 배출과 저항 등으로 대량 에너지가 손실되기 때문에 새로운 연료가 필요하다.

지구에서 탈출하는 데 필요한 만큼 에너지를 갖는 연료에 사람도 타고 장비들도 실으려면 로켓이 상당히 무거워져야 한다는 걸 의미한다. 로켓이 무거워질수록 또 더 많은 연료가 필요하다.

우주 탐험의 전초기지로

그래서 우리에게 필요한 것은 크기가 크면서도 중력은 지구보다 작아서 탈출속도가 낮은 곳이다. 대기가 있어서도 안 된다. 정말로 운이 좋게도, 아주 안성맞춤인 곳이 우리와 아주 가까운 곳에 있다.

달이 바로 그것인데, 지름이 3,500킬로미터쯤 되어 탈출속도는 초속 2.4킬로미터 정도이며, 게다가 대기도 없다. 4만킬로미터 정도밖에는 떨어져 있지 않아서, 오늘날의 로켓으로 사흘 정도면 거기까지 갈 수 있다.

그리고 실제로 인간은 그곳을 지금까지 여섯 번 들렀었다.

1969년 7월 아폴로 11호를 시작으로, 6개의 임무가 달에 인간을 착륙시켰는데, 이 기간 동안 닐 암스트롱은 달 위를 걸은 최초의 사람이 되었다.

　　아폴로 13호는 착륙할 예정이었으나 우주선의 오작동으로 인해 비행이 제한되었다. 9명의 승무원들은 모두 무사히 지구로 돌아왔다. 따라서 우리가 우주로 본격적으로 진출을 하려면 달을 기지로 이용하는 데까지는 가야 한다. 기지로는 지구보다 훨씬 더 괜찮은 곳이니까.

　　그러나 달까지는 어떻게 갈 것인가?

　　벌써 그곳에 갔었다는 것은 사실이지만, 그것은 그저 시작일 뿐이었다. 그곳에 가서 몇 시간 있다가 돌멩이를 몇 개 주워 돌아오는 것은 구경할 만했지만, 그 이상 아무것도 아니더라는 것을 알 수 있었다.

　　우리는 좀 더 규모를 갖추어 달로 가서, 그곳에 영구히 쓸 기지를 세워야 한다. 이렇게 하기 위해서는 단계적으로 가야 된다.

　　지구 주위에다 우주 정거장을 세우는데, 쉽고도 자주 오갈 수 있을 정도로 가까운 자리여야 하고, 또 앞으로도 100만 년 동안은 궤도를 벗어나 지구로 떨어지는 일이 없을 정도로 충분히 지구로부터 먼 곳이어야 한다.

　　우주에다 영구 정거장을 만들어 우주인들이 교대로 일을 볼 수 있게 한다면 달까지 다닐 수 있는 우주선을 함께 준비해 둘 수 있을

아폴로 11호

것이다.

이 같은 우주선은(지구에서 멀리 떨어져 있기 때문에) 탈출속도 가 낮아도 쏘아 보낼 수 있을 것이고, 대기의 간섭도 없을 것이다.

이런 방법으로 우리는 두 단계에 걸쳐 달까지 갈 수 있을 것이고, 또 길게 보면 지구에서 직접 왔다 갔다 하는 것보다 더 싸고 편리하 게 다닐 수 있을 것이다.

우주에다 정거장을 세우면 그것으로 기지를 삼을 수 있으니까 달은 필요 없다는 생각이 들지도 모르겠으나, 그렇지가 않다.

이 우주 정거장은 우리가 아무리 잘 만들어도 크기가 작을 것이 고, 움직일 수 있는 틈도 얼마 되지 않을 것이다.

게다가 우주 정거장에서는 뭐든지 필요한 것을 지구에서 가져다 써야 할 터인데, 지구의 자원 사정은 이미 갈 데까지 간 것이다.

풍부한 지하자원

달은 표면의 넓이가 남북 아메리카를 합한 것만큼 되는 등 자체가 하나의 세계이다. 거기서 나는 자원으로 콘크리트나 시멘트, 유리, 산소뿐 아니라 갖가지 금속을 얻어낼 수 있다(달 표면에서 나는 자원을 적당히 처리하면 이런 것들을 만들어낼 수 있다).

한국의 세계 7번째 실용위성 누리호 발사(2022년 5월 22일 연합뉴스)

실제로 달 기지에 정교하게 광산을 만들어 우주건설에 필요한 재료 가운데 탄소, 질소, 수소 등 가벼운 원소들을 뺀 나머지는 뭐든지 얻어낼 수 있다.

거기서 얻을 수 없는 것은 지구에서 보내면 된다. 사람도 지구에서 가야 하니까.

달에서 자원을 얻고 지구에서 기술을 얻으면 달과 지구 위의 공

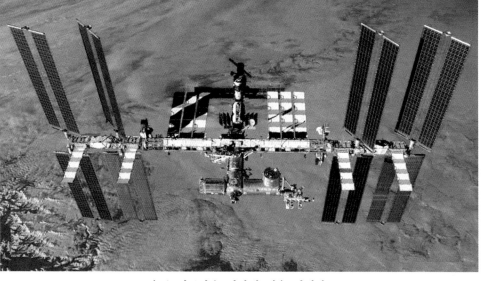

우주 정류장은 어디에 세울 것인가?

간은 태양발전소라든가 핵발전소, 관측소, 연구소, 공장 등등의 시설로 가득 찰 것이다. 지구의 공장은 될 수 있는 대로 많이 우주 궤도로 올려 보내 우주에서만 볼 수 있는 성질(진공, 중력이 낮다는 점, 온도변화가 심하다는 점 등을)을 최대한 활용해야 한다.

이렇게 옮기게 되면 다음과 같은 좋은 점이 생겨난다. 생물권(生物圈)은 쓰레기를 모아두는 곳으로 이용할 수 있다. 무엇보다도 우추 정착지 안에는 지구의 환경을 가능하면 그대로 옮겨놓고, 그 하나하나에는 1만 명까지 살 수 있도록 만들 수 있을 것이다. 물론 문제는 생겨날 것이다.

예를 들자면, 지구 주변에는 이미 수도 없이 많은 「우주 쓰레기」가 있는데, 어떻게든 이런 문제는 풀어 나가야 한다.

이상적이 되려면 인간의 생활 범위를 이렇게 넓히는 일은 여러 나라가 함께 통제하여 전 세계적으로 해 나가야 한다. 우주에서는 지구상에서 있는 나라 사이의 분쟁이라는 슬픈 역사가 되풀이되어서는 안 된다.

달과 우주 정착지에서 사는 사람들이 점점 늘어 가면 국제간의 통제는 점차 느슨해질 것이고, 그 때에는 이 같은 새 세계는 하나하나가 연방인류연맹의 한 지방자치단체가 되어야 할 것이다.

다음 목표는 화성

지구—달세계가 인류가 살아가는 보금자리로 자라나기까지는 한 세기나 더 오래 걸리겠지만, 그렇게 되고 나면 우리는 다음 단계로 화성으로 발걸음을 옮길 준비가 되어 있을 것이다.

1997년 7월 4일 미국의 화성 탐사 우주선 패스파인더 호가 화성에 사뿐히 내려앉았다. 착륙선 칼 세이건(Carl Sagan, 미국의 우주물리학자 칼 세이건의 이름을 따서 명명했다)과 탐사 로봇 소저너의 활동으로 화성의 기온 변화와 토양, 대기 상태 등을 분석한 자료를 지구로 전송해 왔다.

그 자료에 의하면, 비록 화성 생물체의 존재를 확인하지는 못했지만, 화성에 물과 얼음이 존재함을 증명하는 구름의 발견은 무엇보다도 큰 성과로 평가받았다.

화성 북극에 착륙한 피닉스는 화성 표면에서 최초로 물을 발견하였다.(NASA)

또 큐리오시티는 NASA의 네 번째 탐사 로봇으로 2011년 11월 26일 성공적으로 발사되었고, 궤도 진입에 성공해 약 8개월 동안 우주공간을 비행한 뒤 2012년 8월 6일 화성 적도 아래 분화구 게일크레이터(Gale Crater)에 착륙했다.

화성의 기후가 생명을 유지할 수 있는지를 확인하고, 유인 탐사를 준비하는 데 도움이 되는 관측을 실시했다.

만약 화성에서 생물체가 발견이 된다면, 또한 기지를 설치할 여건이 된다면, 우리는 마음만 먹으면 앞으로 20년 안에 유인 우주선을 화성으로 보낼 수 있지만, 그래 봐야 거기에는 돈이 들 것이고,

해내기도 어렵고, 위험이 많이 따를 것이고, 또 그다지 중요한 성과를 얻지도 못할 것이다. 처음에 달에 갔을 때처럼.

만일 그 대신에 지구—달세계가 완전히 자리를 잡을 때까지 기다린다면, 화성까지 가는 것은, 지금의 미국인 북아메리카 대륙 동쪽 바닷가에 자리를 잡은 사람들은 유럽 사람들이었지만, 나중에 미국 서부지방을 개척하여 정착한 사람들은 그들의 자손들인, 유럽 사람들이 아닌 미국인들이었다. 그런 점에서, 처음으로 달에 간 사람들은 유럽 사람들이 아니라 미국인들이었다.

그렇다면 화성으로 갈 사람들은 지구 사람이어서는 안 된다. 달 사람들과 우주 정착지 사람들이 가야 한다. 이들은 그 일에 훨씬 더 잘 맞을 것이다. 자기네들의 보금자리가 있게 된 것이 우주 비행을 통해서였으므로 우주 비행이라는 것에 훨씬 더 익숙해져 있을 것이다.

중력이 낮은 상태나 중력이 여러 가지로 변화하는 데에 훨씬 더 익숙해져 있을 것이다. 지구에서와 같이 세상의 바깥부분이 아니라 세상의 안쪽 부분에서 살아가는 데 훨씬 더 익숙해져 있을 것이다. 공기와 음식과 물을 최대로 다시 활용하는 일이 필요하다는 것을 더 잘 알고 있을 터이다.

짤막하게 말하자면, 지구 사람이 우주선에 들어간다면 그 사람은 지구와는 어느 모로 보나 이상하고 다른 「세계」로 들어가고 있는 것이 된다. 달 사람이나 우주 정착지 사람이 우주선에 들어간다면 집보다 작다는 점 말고는 집이나 다름없는 곳에 들어가고 있는 것이다. 그 사람은 자기의 관점을 바꿀 필요가 없는 것이다.

달 사람이나 우주 정착지 사람들은 화성까지의 긴긴 여행에 생리적으로 더 알맞고, 또 그보다도 훨씬 더 중요한 것은 심리적으로 더 알맞다는 점이다.

그리고 중력이 낮은 기지에서(어쩌면 중력이 거의 없는 곳에서) 발사되므로 연료도 적게 들 것이고, 그래서 조종실과 생활공간이 더 여유 있게 될 것이다.

화성은(지구 자체를 빼고 나면) 인간이 도달하는 세계 가운데 탄소·질소·수소 등의 가벼운 원소를 많이 얻을 수 있는 최초의 세계가 될 것이다. 이렇게 되면 달과 우주 정착지는, 만일 그때까지도 지구로부터 경제적으로 독립하지 못했다면 비로소 독립할 수 있을 것이다.

그때쯤이면 달과 우주 정착지 사람들이 지구—달세계에서 그리 멀지 않은 곳을 이따금 지나가는 작은 혜성을 붙잡을 수 있는 기술을 개발해낼 가능성도 충분히 있다. 이런 혜성들로부터 가벼운 원소들을 꽤 많이 얻을 수 있을 것이다.

화성에 일단 잘 정착하고 나면 인류는 화성과 목성 사이에 10만 개 정도 널려 있는 소행성이라는 세계로 뻗어나갈 것이고, 그 가운데 많은 곳을(아니면 대부분? 어쩌면 전부?) 정착지로 만들거나 광산으로 활용할 수 있을 것이다.

화성 탐사로봇 큐리오시티(NASA)

그러면 이들 소행성 정착지는 그 자체에다 추진 장치를 달아 태양계 가장자리나 태양계 바깥 광대한 곳으로 움직여 갈 수 있게 될 수도 있다. 이렇게 오랫동안 여행하는 사람들 가운데 그 누구도 집을 떠났다는 생각을 하는 사람은 없을 것이다. 집을 끌고 다니고 있으니까.

그리고 인류는 서서히 은하계 정착의 길로 나아갈 것이다.

마치 솜털이 붙은 민들레 홀씨가 바람에 날려 여기저기로 퍼져 나가듯이………

if

10. 달에 유원지가 생긴다면?

─ 달 여행 관광단 모집 ─

언젠가는 이런 신문광고를 볼 날이 있을 것이다. 불과 수십 년 전만 해도 인간이 남극을 탐험하는 것조차 목숨을 건 대장정이었다.

이제 인간은 달에까지 손을 뻗쳐 지금까지 여러 명이 달에 여섯 번을 다녀왔고, 또 달의 암석도 가져왔다. 또한 달에까지 가는데도 3일이면 충분하다.

그렇다면 언젠가는 보통사람이 해외에 관광여행을 떠나듯이 달에로의 관광여행도 가능할 것이다.

달로 관광여행을 떠났을 때, 달 표면에 돔으로 만들어진 유원지에는 어떤 즐거움이 우리를 기다리고 있을까?

우주버스를 타고

우리를 태운 우주버스 토끼 7호는 착륙용 로켓의 가스를 내뿜으면서 조용히 달 유원지 앞에 있는 발착장에 닿았다. 우주버스 토끼 7호는 우리가 지구를 출발해서 우선 지구 주위를 돌고 있는 우주

달세계애 첫발을 디딘 닐 암스트롱(NASA)

정거장까지 올 때에 탄 계수나무 5호와 같은, 말하자면 기지와 우주 정거장 사이를 왕복하는 연락 버스로 우주선을 타고 와서 달 주위를 돌고 있는 우주 정거장에 도착한 후 갈아 탄 우주버스이다

달을 돌고 있는 우주정거장에도 전망실이 있어 여행비를 아끼려는 사람들 중에는 여기서 달 표면이나 지구를 구경하고 그대로 우주선을 타고 돌아가는 이도 있다. 하지만 애써 이곳까지 왔으니 돈이 좀 더 들더라도 달 표면을 직접 걸어보고 싶어 하는 사람이 대부분이다.

토끼 7호는 직접 유원지의 에어로크실(공기 저장실)로 들어갈 수도 있지만, 거의 모든 관광객은 아폴로 우주선 때부터 낯익은 은빛 우주복 차림으로 달 위를 걸어보고 싶어 하기 때문에 유원지 측에서는 버스 발착장을 일부러 유원지 밖에도 만들어 유원지까지 산책 코스를 만들어둔 것이다.

물론 산책 코스는 돌도 치우고 구멍도 메워 평탄하게 다듬어 놓아 넘어져도 위험하지 않도록 되어 있지만, 역시 관광객 중에는 드디어 달에 왔다는 흥분으로 다리가 휘청거려 엉덩방아를 찧는 이도 있다.

지구의 6분의 1밖에 안 되는 중력 속에서 꿈속에서처럼 가볍게 걷는 기분은 정말로 공중으로 떠올라 가는 듯해「이것만으로도 비싼 여행비를 들여 달까지 온 보람이 있다」고들 생각하고 있는 것 같았다.

자, 드디어 우리는 유원지의 문 앞까지 걸어왔다. 안내양이 신중하게 사람 수를 세고 모두를 에어로크실로 안내한 후 두터운 문을 닫았다.

우주복의 헬멧 속에 있는 이어폰에서 안내양의 설명이 들렸다.

「잠시 후에 벽에 있는 빨간 불이 꺼집니다. 그러면 이 에어로크실 안에 공기가 찬 것이오니, 제가 하는 대로 우주복을 벗어 주십시오. 불이 꺼졌군요. 그러면 먼저 헬멧부터……」

우주복을 벗자 몸은 더욱 가볍게 느껴진다. 조금만 힘주어 바닥을 차면 천장까지 손이 닿을 것만 같았다. 이런 관광객의 마음속을 꿰뚫어본 듯이 안내양이 말했다.

「그러면 달 유원지에서 마음껏 즐거운 하루를 보내 주십시오. 다만 장밋빛 길 외에는 절대로 다녀서는 안 됩니다. 그리고 지금 유원지에서 신으실 신발을 빌려 드리겠사오니, 지정된 장소 이외에서는 절대로 벗지 마십시오. 이 신발은 특별히 무겁게 되어 있으니, 이것을 신고 계시면 대체로 지구에서 걷는 기분으로 다니실 수 있습니다. 만약 아무 데서나 벗어 다치는 일이 있어도 저희들은 책임을 질 수 없사오니 명심해 주시기 바랍니다. 그러면 이쪽 길로 오십시오—.」

장밋빛 통로의 벽에 쓰인 안내판을 보면서 모두들 제 나름대로 걷기 시작했다.

달에서 본 지구

자, 우리 가족은 무엇부터 구경했을까? 역시 지구 전망실부터 가 보기로 했다. 그러고 보니 토끼 7호에서 내려서 걸어올 때에도 모두 발밑만 신경을 써서 하늘을 쳐다본 사람이 없었던 것 같다.

지구 전망실에서 보는 경치는 그야말로 장관이었다. 달에서 보는 지구는 숨이 막힐 듯이 아름다웠다. 달 여행사가 일정을 잘 짜 놓았기 때문에 지금 우리는 바야흐로 거대한 원반과 같은 보름달, 아니

보름 지구를 천정과 지평선 사이의 꼭 알맞은 위치에서 볼 수 있는 것이다.

달에서 보는 지구는 지구에서 보는 달보다 지름이 4배 가까이 된다는 얘기였는데, 그 빛이 지구에서 보는 달보다 70배나 밝기 때문에 훨씬 더 크게 보인다. 그것은 지구의 대기가 태양의 빛을 반사하는 것과는 달리 달에는 지구의 빛을 흡수해서 줄이는 대기가 없기 때문이다.

우리는 달에서 지구를 보면 마치 지구의(地球儀)같이 바다나 대륙이 또렷이 보일 줄 알고 있었는데, 의외로 지구의 표면에는 구름이 많아 안개가 낀 듯한 느낌으로 금방 구별이 되지 않았다.

그러나 담당자의 설명을 듣고 나니 겨우 유라시아 대륙이나 태평양의 위치를 알 수 있어 망원경을 빌려 우리나라를 찾아보았다. 그러나 때마침 저기압이 한국 상공을 덮고 있는 듯 지도에서 낯익은 한반도의 모습이 거의 보이지 않아 조금 실망했다.

그리고 담당자의 설명 중에서 재미있었던 것은 달에서 보는 지구는 언제나 하늘의 일정한 장소에 있어서 움직이지를 않는다는 것과 지구도 꼭 달처럼(물론 우리가 지구에서 보는 달) 차기도 하고 기울기도 한다는 것이었다.

이것은 잘 생각해 보면 극히 당연한 일로 달은 항상 일정한 면만을 지구 쪽으로 보이고 있으니, 지구가 달의 지평선에서 뜨고 지고 하는 일이 있을 까닭이 없는 것이다.

6분의 1로 줄어든 몸무게

또한 달과 지구와 태양의 관계도 지구와 달의 위치가 뒤바뀐 것 뿐이므로 달에서 보는 지구도 역시 30일이 채 못 되는 주기로 원과 같은 보름 지구, 혹은 반원 꼴의 지구나 초승달 같은 모양으로 기울었다 찼다 하는 것이다.

마찬가지로 태양과 지구와 달이 일직선상에 올 때에는 지구에서는 「월식」이 보이지만, 이때에 달에서는 태양을 지구가 가려 버리는 광경—다시 말해 「일식」을 구경할 수 있다. 이것은 그야말로 장관이라고 하는데, 일식 구경은 3년 후까지 예약이 되어 있다고 달여행사에서는 말하고 있었다.

지구가 떠 있는 쪽이 아닌 나머지 하늘에는 물론 별들이 꽉 차있었다. 스모그로 더러워진 지구의 밤하늘에서는 생각도 해볼 수없을 만큼 별들이 많다.

달에는 별빛을 흡수하는 공기가 없기 때문에 달에서 보는 별은 지구에서 보는 것보다 1.4배 이상 밝게 보이며, 또한 지구에서는 빛이 약해 안 보이는 별이 달에서는 6,000개 이상이나 보이기 때문에 달에서 보이는 별의 수는 지구에서 보이는 별 수보다 2배 이상이나 많을 것이다.

하지만 너무 많아서 지구에서 낯익은 큰곰이니 오리온이니 하는 별자리들이 그 많은 별 떼들 속에 파묻혀버려 담당자의 설명을 들어도 거의 구별할 수 없는 것이 좀 안타까웠다.

지구 전망실에서 보는 경치는 아무리 보아도 지루하지 않았지만, 시간관계로 그만 나와서 스포츠 룸에 가보기로 했다.

스포츠 룸은 엘리베이터로 꽤 내려간 곳에 있었다. 넓기도 하지만 지구에 있는 실내 체육관들보다는 천장이 훨씬 높았다. 다시 말해 천장을 높이 만들기 위해 이 체육관은 반지하식으로 만들었다는 얘기였다.

스포츠 룸에서는 무거운 「달 구두」를 벗고 지구에서와 같은 체육복에 생고무 바닥으로 된 운동화로 바꾸어 신었다. 몸이 날듯이 가뿐해졌다. 모처럼 달까지 와서 몸무게가 6분의 1이 되었으니 이때 기분은 알고도 남음이 있을 것이다.

우선 트램플린으로 가볍게 몸을 풀어 보기로 했다. 살짝 찼는데도 가볍게 5미터는 솟아오른다. 서커스의 주인공이 된 것처럼 유쾌하기는 했지만, 지구에서 뛰는 것과 감각이 너무 달라 어쩐지 이상한 기분이 들었다.

달에서 트램플린을 할 때 지구에서처럼 힘주어 차서 점프를 했을 때는 어떻게 될까? 점프했을 때 처음 속도는 같아도 몸에 작용하는 달의 인력이 약하기 때문에 찼을 때의 속도가 좀처럼 줄어들지 않아 몸은 자꾸만 올라간다.

위로 갈수록 올라가는 속도는 아주 늦어지지만 그래도 천천히 계속 올라가 마치 공중에 떠 있는 기분이며, 그것이 멎으면 이번에는 또 천천히 내려오기 시작한다. 내려올 때 속도가 붙기 시작하는 것도 아주 느리지만, 아무튼 떨어질 때까지의 시간이 길기 때문에 매트리스에 발이 닿을 때쯤에는 지구에서 점프할 때와 마찬가지 속도가 되어버린다.

이처럼 묘한 리듬에 익숙해지기까지에는 조금 시간이 걸리는 대신 익숙해지면 공중에서 4회전쯤 하는 것은 문제가 아니다.

저쪽에서는 중년 신사가 골프를 치고 있었다. 물론 정식 코스는 아니고 벽을 향해 공을 치는데, 공이 벽에 맞으면 그 각도와 속도로 「지금 공은 몇 미터 날았습니다.」하는 숫자가 나온다. 지구에서 200미터 날리는 사람이면 달에서는 1,200미터 날릴 수 있으니 꽤 기분들이 좋아 보였다.

그러나 이치로는 그렇지만 골프 클럽의 무게도 6분의 1, 자기 체중도 6분의 1이기 때문에 지구에서 치듯이 쳐서는 잘되지 않는 것 같았다. 저쪽에서 치고 있는 신사도 힘껏 골프클럽을 휘둘렀을 때 몸의 균형을 잃고 넘어져 버렸고, 공은 터무니없는 방향으로 날아가 버렸다. 또 저쪽에서는 여럿이서 배구를 하고 있었다. 10미터나 되는 높은 네트 너머로 공을 주고받는데, 하여간 공이 높이 떠올라서는 천천히 떨어지기 때문에 마치 종이풍선을 치고 있는 것 같아 꽤 재미있다.

이 밖에도 달 유원지에는 구경거리도 많고 오락시설도 많지만, 우리 관광단은 떠날 시간이 다 되었다. 비용관계로 짧은 코스를 택

달 지열 산책로의 분화구

했기 때문이다. 크레이터(분화구)나 바다도 보고 싶고, 광산이나 원자력발전소, 달 농장도 보고 싶지만 도저히 하루로는 시간이 모자란다.

달 호텔에서 하룻밤을 묵자면 숙박비만 해도 꽤 비싸기 때문에, 유감스럽지만 다음에 돈을 더 모아서 다시 오기로 하고, 우주버스가 기다리고 있는 에어로크실로 향했다.

한국의 첫 달 탐사에 전 세계가 주목하고 있다

2022년 8월 발사하는 달 탐사선 KPLO(Korea Pathfinder Lunar

Orbit)에 이목을 집중하고 있다.

네이처에 따르면, 우선 미국 항공우주국(NASA)이 제공해 KPLO에 부착된 섀도우캠(Shadow Cam)의 역할이 주목받고 있다. 고감도의 가시광선 카메라인 섀도우캠은 여태까지 제대로 알려지지 않은 달의 영구 음영 지역을 탐사해 고해상도의 사진을 보내오는 데 사용된다. 마크 로빈슨 미 애리조나주립대 교수는 "섀도우캠이 획득한 사진은 달 극지대에서 물을 찾는 데 도움을 줄 것이며, 달의 극도로 낮은 기온으로 인해 형성된 특이한 지질학적 현상들을 발견할 수 있을 것"이라고 설명했다.

전 세계의 과학자들은 또 KPLO에 장착된 여러 국산 장비들의 관측 결과에도 관심을 보이고 있다. 한국천문연구원이 제작한 광시야 편광카메라(PolCam)는 인류가 다른 천체를 편광 카메라로 촬영해 전체적인 이미지를 만들어내는 것은 처음이라는 점에서 주목을 끌고 있다.

데이비드 블레윗 존스홉킨스대 천문학 교수는 "그동안 편광을 통해 단단한 행성의 표면을 촬영하는 연구가 진행된 적은 거의 없다."면서 "(KPLO의 편광 카메라가) 달의 다양한 곳을 촬영해 전달해줄 달 표면의 구성 성분·지형 등의 데이터들은 매우 흥미로운 연구 대상이 될 것."이라고 말했다.

편광카메라의 촬영 결과는 달 표면 토양의 입자 크기를 측정할 수 있을 정도로 정밀하다. 이에 2025년 이후 실행될 아르테미스 프로그램 달 유인탐사를 위한 우주인들의 착륙 장소 선정에 참고가 된다.

「달의 지도 그릴 한국 카메라 : 과학계 매료시킨 다누리호」

미국과 소련 사이의 달 착륙 경쟁 60여 년 만에 달 탐사 경쟁에 다시 불이 붙고 있다. 2020년 코로나 발생 이후 주춤했던 달 탐사 프로젝트가 5일로 예정된 한국 최초의 달 궤도 탐사선 다누리호 발사를 신호로 다시 활발해질 전망이다.

1960년대가 체제 우월성을 과시하기 위한 양자 간 경쟁이었다면 이번엔 달기지 건설과 우주자원 확보라는 구체적인 목표가 추가되면서 한국을 포함한 신흥국들과 민간 기업까지 참여하는 다층, 다원적 경쟁 양상을 보이고 있다. 달에는 미래의 핵융합 원료로 주목받는 헬륨3가 적어도 100만 톤 이상 있을 것으로 추정된다. 인류 전체가 200년 이상 사용할 수 있는 분량이다.

미국과 일본에선 우주기업들이 민간 달착륙선 발사를 준비하고 있다. 사상 최초의 민간 달착륙선이 올해 안에 탄생할 가능성이 있다. 그러나 코로나 팬데믹과 러시아-우크라이나 전쟁의 장기화, 러시아에 대한 서방국가들의 제재 등의 여파로 일부 국가의 경우 일정이 그대로 지켜질 수 있을지는 불투명하다.

현재 공식적으로 달 탐사를 추진하고 있는 나라는 한국을 포함해 미국과 중국, 러시아, 일본, 인도, 그리고 아랍에미리트와 영국,

달 궤도를 돌고 있는 한국의 다누리호 상상도 (한국항공우주연구원 제공)

멕시코 9개국이다. 예정대로라면 이 가운데 한국과 아랍에미리트, 영국, 멕시코가 올해 안에 새롭게 달 탐사국 반열에 올라선다. 이 가운데 자체 개발한 탐사선을 보내는 건 한국뿐이다. 나머지 나라들은 다른 나라의 우주선에 소형 탐사장비를 태워 보낸다.

올해의 달 탐사 계획 중 가장 거대한 프로젝트는 미국의 유인 달 착륙 프로그램 아르테미스이지만, 세계 과학자들은 한국의 다누리호에 지대한 관심을 표명하고 있다.

유명 국제 과학학술지 《네이처》와 《사이언스》는 최근 장문의 기사를 통해 다누리호에 대한 과학계의 기대를 소개했다.

《네이처》는 「모두가 무척 흥분해 있다」는 제목의 기사에서

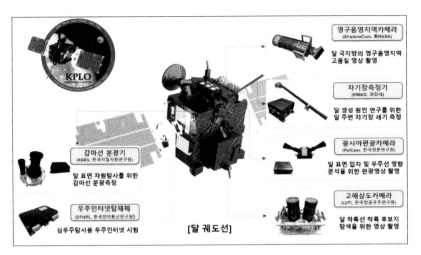

다누리호에 탑재된 6개의 장비 (한국항공우주연구원 제공)

「다누리호가 과학자들을 매료시키고 있다」고 평가했다. 《사이언스》는 노트르담대 클라이브 닐 교수의 말을 인용해 「한국의 달 궤도선이 달에 관한 중요한 정보를 생산할 일련의 장비들을 가져간다.」고 전했다.

12월 초 달 상공 100km 궤도에 도착하는 다누리호에는 한국이 개발한 5개의 장비와 미국항공우주국(나사)이 개발한 달 영구음영지역 관측카메라 「새도우캠」이 탑재돼 있다.

과학계는 이들 장비 가운데 한국천문연구원이 개발한 광시야 편광 카메라 폴캠(PolCam)에 큰 기대를 걸고 있다. 《네이처》와 《사이언스》는 이 카메라에 대해 일제히 「달 관측에서 새로운 지평을 열 장비」라고 평가했다.

무게 3kg의 이 카메라는 사상 최초로 편광을 이용해 전체 달 표

한국형 달 궤도선, 착륙선 로버의 모습(한국항공우주연구원)

면 지도를 작성한다. 물체가 빛을 산란시키는 방향(편광)을 분석해 달 표면에 어떤 입자와 암석들이 어떻게 분포돼 있는지 파악할 수 있다. 예컨대 헬륨3 및 월면의 마그마 분출과 관련이 있는 티타늄의 100미터 고해상도 분포도가 가능다고 천문연구원은 설명한다. 이는 향후 달 자원탐사 후보지와 착륙지 선정 등에 유용한 자료가 될 것으로 기대된다.

if

11. 지구와 달 사이에 다리를 놓을 수 있다면?

아득한 옛날부터 인간은 달에 갈 방법을 궁리해 왔다. 그리고 지금은 로켓에 의한 우주선만이 유일한 방법인 것처럼 모두들 생각하고 있다.

그러나 제일 원시적인 생각인 「달까지 다리를 놓는다」는 꿈은 현재의 진보된 과학기술로도 불가능한 것일까? 달까지 뻗은 레일 위를 달리는 「은하철도」는 동화 속이 아니면 실현될 수 없는 것일까? 만약 이것이 실현된다면 달은 우리들에게 정말 친근한 것이 될 텐데…….

자연스런 인간의 본능

사람은 머리로는 잘 알고 있어도 그것만으로는 어쩔 수 없는 감정이라는 것이 있다. 이를테면 어린이들은 흥미를 가진 물건을 만지려고 한다.

「만져서는 안돼」라고 하면 더욱 호기심이 일어나 손을 댄다. 이것은 눈으로 보고 아는 것만으로는 아무래도 만족할 수 없어

지구와 달 사이에 다리를 놓는다면?

직접 만짐으로써 보다 가까이 느끼고 싶기 때문이다.

또한 친구끼리 깊은 우정으로 맺어져 있다는 것을 믿고 있어도 서로 손을 잡거나 어깨동무를 하는 것으로 그 우정이 확인된 듯한 느낌이 들어 안심한다. 달까지 다리를 놓고 싶다는 소원은 근본적으로는 이러한 인간의 본능이라고도 할 수 있는 감정을 나타내는 것이다.

밤하늘에 빛나는 보름달을 보고 「저기에 벌써 우주선이 도착해서 사람이 걸어 다니기도 하고 달차가 달리기도 했구나!」 하고 생각하면 어떻게 해서든지 달과 지구를 눈에 보이는 줄로 이었으면 하는 생각이 드는 것이 오히려 자연스러울지도 모른다.

우리는 달이 하나의 천체로서 지구에서 몇 10만 킬로미터나 떨어져 있기 때문에 이런 생각은 터무니없는 공상같이 느껴지는데, 지구와 달 사이의 거리 같은 것을 전혀 몰랐던 옛날사람들은 장대로 별을 따려고 했다는 우스개가 있듯이, 정말로 달까지 다리가 있다면 도시락을 싸들고 걸어갈 수 있을 것같이 느끼고 있었을 것이다.

아니, 옛날 사람이 아니더라도 여러분도 달까지 다리가 놓이면 설마 걸어갈 수 있다고는 생각하지 않겠지만, 훨씬 안전하고 편하게 달 여행을 할 수 있으리라고 생각할 것이다. 「달까지 놓는 다리」는 크게 보아 두 가지 문제로 나눌 수 있겠다.

하나는 실제로 놓을 수 있는 가능성이 있는가 하는 것과, 또 하나는 놓으면 어떤 도움이 될까 하는 문제이다.

따지고 들려면 「어떤 도움이 될까」 하는 문제부터 생각해 봐야 하지만, 여기서는 먼저 「다리를 놓을 수는 있을까」 하는 문제부터 생각하기로 한다.

지구와 달 사이에 다리를 놓는다면 강 양쪽으로 다리를 놓을 때처럼 그저 지구상의 한 지점과 달 위의 한 지점을 이을 수는 없다.

왜 그럴까? 여러분도 알다시피 달은 지구의 주위를 돌고 있다. 더구나 그 궤도는 완전한 원형이 아니고 조금 타원형이기 때문에 달과 지구와의 거리는 조금씩 멀어졌다 가까워졌다 한다.

우주정거장과 달을 연결

가장 멀리 떨어졌을 때에는 40만 5,500킬로미터, 가장 가까워졌을 때에는 36만 3,300킬로미터, 평균해서 38만 4,400킬로미터로 달이 이 궤도를 한 바퀴 도는 데 약 27.3일이 걸린다.

또한 달은 언제나 같은 면이 지구를 보고 있는데, 지구는 자전을 하고 있기 때문에 지구상의 한 점은 달에 대해서는 쉬지 않고 움직이고 있는 셈이다. 다시 말해서 지구상의 지점과 달 위의 지점은 각각 서로의 거리나 관계 위치가 항상 변하고 있다.

이러니 최소한 강에 놓여 있는 것과 같은 모양의 다리는 놓을 수 없지만, 그렇다고 단념하기는 아직 이르다. 그래서 어떻게 꾀를 좀 짜내 보기로 하자.

우선 한 가지 실마리가 되는 것은, 달은 항상 같은 면이 지구를 향하고 있다는 점이다. 그러니 적어도 달 표면의 한 지점에 다리의 한쪽 기점(起點)을 설치할 수는 있을 것이다.

그러나 지구의 표면에는 아무리 생각해도 기점을 둘 수 없는 노릇이니, 생각해 볼 수 있는 다리의 모습은 지구의 주위를 달과 같은 속도로 도는 우주 정거장과 달의 표면을 잇는 것이 되겠다.

그런데 또 한 가지 생각하지 않으면 안 될 문제는 달과 지구 사이의 거리의 변화이다. 앞서 말했듯이, 이 거리는 가장 멀어졌을 때와 가장 가까워졌을 때의 차이만 해도 4만 2,200킬로미터나 되니 이 길이를 어디서든 조절해야 한다.

다리의 지구 쪽 기점이 우주정거장이라면 거리가 좀 변화해도 괜찮지 않겠느냐고 생각할는지 모르겠지만, 현재의 인공위성이나

높이 4.4피트, 너비 2.5피트, 그리고 551파운드의 달착륙에 성공한 문익스프레스

우주정거장은 지구에서의 거리가 기껏해야 수만 킬로미터이니 4만 킬로미터 이상이나 신축을 할 여유는 없다.

더군다나 우주정거장이 지구에 가까워지거나 멀어지거나 해도 지구와 달 사이의 관계 위치가 변하지 않도록 하기 위해서는 아주 복잡한 조절이 필요할 것이다.

다리 위를 달리는 우주열차

그렇다면 차라리 달 쪽의 기점도 달 위에 두지 않고 달에서 수만 킬로미터 떨어진 우주정거장으로 하고 달 쪽 기점에서 거리를 수정하는 것이 쉬울는지도 모른다.

또한 다리 자체의 길이를 늘이고 줄이고 하는 것은 불가능한 일은 아니지만, 4만 킬로미터나 뻗었다 줄였다 하는 것을 계속 되풀이하는 것은 결코 예삿일이 아니다.

아무튼 너무 어려운 이야기는 그만하기로 하고, 지구와 달에서 제각기 수만 킬로미터 떨어진 우주 정거장을 양쪽 기점으로 하는 30만 킬로미터 남짓한 신축식 다리를 놓기로 한다.

설계가 끝나면 놓는 일은 비교적 쉬울는지도 모른다. 그것은 우주 공간에는 「무게」가 없어 지구 위에서 놓는 다리처럼 튼튼한 구조물을 생각할 필요가 없으며 극단적으로 말하면 한 가닥의 철사라도 상관이 없기 때문이다. 하기야 가느다란 편이 운석 따위가 부딪칠 염려도 적어 좋을는지도 모른다.

이 다리를 무엇에 쓰느냐에 따라 구조는 결정된다. 재료를 나르는 일은 큰일이겠지만…….

그러면 이 다리는 무엇에 쓰면 될까?

역시 승객이나 화물을 실어 나르는 「우주열차」를 달리도록 해야 될 것이다. 다시 말해 달과 지구 사이에 레일을 까는 것이다. 양쪽이 우주 정거장이니 기분이 어지간히 상쾌할 것이다.

그런데 우주열차에는 정말 레일이 필요한 것일까? 현재 정기항로를 날고 있는 여객기들은 모두 지상에서 보내는 전파의 안내로

달기지 상상도

밤이거나 악천후로 지상이 안 보일 때에도 어김없이 목적지까지 몇 천 킬로미터나 무착륙 비행을 하고 있다.

마치 공중에 깔린 눈에 보이지 않는 전파의 레일 위를 달리고 있는 것과도 같다.

달과 지구 사이의 다리도 실은 이렇게 눈에 보이지 않는 전파의 레일로 충분하지 않을까? 현재 지상에 있는 레이더 국처럼 달과 지구 사이에 몇 개의 레이더 국을 두고 우주열차는 거기서 발신되는 보이지 않는 레일을 타고 달리면 다리가 있는 것과 마찬가지 아니겠느냐 하는 것이다.

전파의 레일이라면 앞서 말한 것처럼 거리의 신축이나 지구와 달의 위치가 어긋나는 일을 조정하는 골치 아픈 문제가 없어지는 것만 해도 훨씬 수월하고 비용도 덜 들 것이다.

우선 달과 지구를 잇는 다리는 이런 식이 될까?

30만 킬로미터나 되는 긴 레일 작업은 생각만 해도 넋이 빠질 지경이다.

지구와 달을 잇는 「다리」는 장차 반드시 놓일 것이다. 그러나 그 다리는 지구상의 강이나 계곡에 걸려 있는 시멘트나 철근 구조물이 아니고 우주 정거장을 잇는 보이지 않는 전파의 다리인 것이다. 미래의 달 우주선은 이 보이지 않는 다리 위를 현재 제트 여객기들이 대양을 넘나들 듯이 안전하게, 그리고 쉽사리 우주공간을 넘어 다닐 것이다.

그리고 밤하늘의 달을 쳐다보는 사람들은 달빛이 지구에 와 닿는 것처럼 전파의 다리가 달과 지구를 단단히 잇고 있다는 것을 피부로 느끼게 될 것이다.

if

12. 지구의 자전이 늦어진다면?

지구는 태양의 주위를 돌면서 자기 스스로도 서쪽에서 동쪽으로 돌고 있다. 한 번 도는 데 23시간 56분이 조금 더 걸린다. 이것이 자전이다.

행성은 저마다 이 자전 속도가 다르다. 이를테면 화성은 지구와 거의 비슷한 24시간 40분가량이지만, 목성은 약 10시간, 토성은 10시간 40분, 해왕성은 15시간 50분으로 돈다. 수성과 금성은 좀 달라서 양쪽이 다 공전 주기보다 시간이 더 걸려 수성은 59일간, 금성은 243일간이나 걸려 한 바퀴 돈다.

만약 지구의 자전 속도가 이렇게 늦어진다면 어떤 일이 일어날까?

자전 에너지가 떨어지고

이 문제를 생각하려면 먼저 지구와 같은 행성이나 태양과 같은 항성이 왜 자전하고 있는가 하는 것부터 생각해 봐야 한다. 그리고 그것은 결국 태양과 행성이 어떻게 해서 태어났는가 하는 것을 생각하는 문제가 된다.

태양과 행성이 어떻게 태어났느냐 하는 데 대해서는 옛날부터 갖가지 추리가 있었는데, 현재로서는 대체로 다음과 같이 생각되고 있다.

태양의 조상은 원래는 차가운 우주진(宇宙塵)과 가스 뭉치였다. 이 뭉치는 어느 정도의 크기에 이르면 인력 때문에 차차 줄어든다. 이와 함께 가스 뭉치 속에는 큰 소용돌이와 작은 소용돌이가 생겨난다.

큰 소용돌이는 이윽고 내부에 엄청난 압력과 높은 열이 생겨 그것이 핵반응을 일으켜서 태양이 된 것이다. 작은 소용돌이는 압력과 온도가 핵반응은 일으키지 않지만, 점차 한 덩어리가 되어 표면이 식어 딱딱해져서 행성이 된다.

다시 말하면, 항성도 행성도 처음에는 물질의 소용돌이였던 셈이며, 공전운동도 자전운동도 소용돌이였던 시대의 에너지에 의해 일어나고 있는 것이다.

그러면 위성—달은 어떨까? 태어난 방식은 거의 같다고 생각해도 별로 관계가 없을 것이다.

그런데 달은 거의 자전을 하지 않는다. 아니, 거의 자전을 하지 않는다기보다는 1공전에 1자전해서 언제나 같은 면을 그가 딸려 있는 행성 쪽으로 향하고 있다. 그것은 달이 언제보아도 같은 지형을 보이고 있는 것으로도 알 수 있겠다. 다시 말해 위성은 행성이나 항성과 같은 의미의 자전은 하지 않는 셈이다.

그것은 왜 그럴까?

그 이유는 조석(潮汐)작용 때문이다.

행성과 위성은 서로 강한 힘으로 잡아당기고 있다. 이것을 조석 작용이라고 한다. 그리고 위성은 이 조석작용에 의해 점점 자전 에 너지를 잃고 끝내는 정지해 버린 것이다.

위성뿐만 아니다. 행성은 물론 태양의 인력을 받고 있다. 태양에 제일 가까운 수성이 공전을 두 번 하는 사이에 자전을 한 번밖에 하지 않는 것도 같은 이유라고 생각되고 있다. 다시 말해 수성은 태 양의 인력에 거슬러 도는 데만도 힘이 벅차서 자전 에너지를 다 써 버리고 말기 때문이다.

또한 그 다음으로 태양에 가까운 금성은 별 전부가 빛나는 구름 에 가려져 있어 극히 최근까지만 해도 그 자전 주기를 알 수 없었는 데, 1967년 구소련의 금성 4호가 연착륙에 성공함으로써 금성의 하 루가 지구의 243일분이나 된다는 것이 밝혀졌다.

그러면 그 다음으로 가까운 지구도 언젠가는 자전을 그칠 날이 올 수 있지 않을까?

에너지라는 것이 무한하지 않는 한 당연히 지구도 언젠가는 자 전 에너지를 다 써버리게 될 것이고, 멀고 먼 훗날에 자전을 그치게 되는 것은 피할 길이 없겠다.

지구는 강한 조석작용으로 달의 자전을 멎게 해버렸지만, 그와

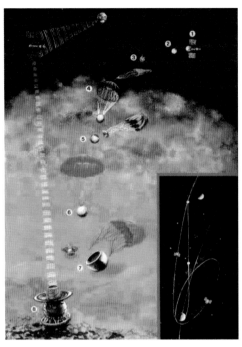

금성 탐사선 베네라의 착륙 과정(NASA)

동시에 달도 물론 지구의 자전에 브레이크를 걸고 있는 것이다. 그 증거가 우리도 잘 알고 있는 바닷물의 간만작용이다.

바닷물이 밀고 썰고 하는 것은 바다가 달의 인력에 끌려 달 쪽으로 끌려가는 작용의 결과이다. 그리고 밀고 썰고 할 때마다 지구의 표면과 강한 마찰을 일으킨다. 이 마찰이 브레이크가 되고 있는 것이다. 이 마찰력은 계산에 따르면 지구에 대해서 항상 20억 마력의 힘으로 브레이크를 걸고 있는 것과 같다.

20억 마력이라면 어느 정도의 힘인지 여러분은 상상할 수 있겠는가? 나이가라 폭포의 물이 떨어지는 힘이 60만 마력이라고 한다. 그러니까 달은 나이아가라 폭포 3,300개만큼의 힘으로 브레이크를 걸고 있는 셈이다.

그렇다면 지구는 얼마 후에 자전을 그쳐 버리게 될까? 그러나 그런 걱정을 할 필요는 없다. 그것은 지구의 자전 에너지가 상상도 할 수 없을 만큼 크기 때문이다.

나이아가라 폭포 3,300개가 떨어지는 힘만큼 계속 브레이크가 걸려도 지구의 자전은 백 년간에 1,000분의 1초밖에는 늦어지지 않는다.

바꾸어 말하면, 1초 늦어지는 데 10만 년이 걸린다는 계산이다. 이것은 1억 년 전의 공룡시대에도 하루의 길이가 지금보다 16분 40초밖에는 짧지 않았고, 인간의 조상인 원인(原人)들이 동굴에 살면서 매머드 사냥을 하던 시대보다 현재의 하루의 길이가 몇 분의 1초밖에는 길어지지 않았다는 이야기가 된다.

그렇다면 지구의 자전이 늦어지면……하고 생각한 것 자체가 시시한 이야기가 되는 셈이지만, 자전 속도가 늦어지는 데에는 그 밖의 여러 원인들도 생각할 수 있는 것이다.

이를테면 지구 가까이를 거대한 혜성이 지나간다든지, 아니면 어떤 이유로 달이 지금보다 지구에 더 다가온다든지 해도 지구의 자전에 강한 브레이크가 걸리게 되는 것이다.

그 밖에도 아직 우리에게는 상상치도 못할 터무니없는 이유—이를테면 우주에서 분수없이 헤매는 어떤 별이 태양계에 접근해 온다든가, 또는 어딘가 멀고 먼 세계에 사는 엄청나게 과학기술이 발전한 초문명 종족들의 아광속(亞光速 : 거의 빛에 가까운 속도) 우주선단이 지구 가까이를 지나간다든지 한다면 지구의 자전 에너지는 심히 소모될 것이다.

기온에 큰 변화

아무튼 그런 미지의 원인으로 지구의 자전이 점점 늦어졌다고 치자.

그럴 경우 어떤 일이 일어날까?

그것을 상상해 보기 위해서는 한 번 자전하는 데 27일 남짓 걸리는 달이나, 243일이 걸리는 금성의 상태가 참고가 될 것이다.

이를테면 달의 경우이다. 달에서는 낮이 13일 남짓 계속된 후 밤역시 13일 남짓 계속된다.

낮이 되면 달 표면은 태양의 직사광선을 받아 순식간에 130도라는 고열의 세계로 변한다. 이것은 물론 달에 대기가 전혀 없기 때문이기도 한데, 지구에서도 13일간이나 낮이 계속된다면 열대지방에서는 70~80도까지 올라갈 것이 틀림없어 도저히 생물이 살지 못하는 세계로 변할 것이다.

더구나 밤이 되자마자 온도는 급격히 내려가 한밤중에는 영하 100도쯤까지 내려가 버린다. 지구와 같이 대기나 물이 있는 세계에서는 물은 순식간에 얼어붙고, 낮 동안의 초열(焦熱)지옥은 한랭(寒冷)지옥으로 돌변해 버릴 것이다.

아니, 우선 이처럼 온도가 밤낮으로 200도씩이나 올라갔다 내려갔다 하면 대기가 있는 세계는 엉망진창이 되어버린다. 낮 동안에 더워질 대로 더워진 세계에서는 물이 맹렬한 기세로 증발해서 상승

기류를 만든다. 그리고 거기에 밤 세계에서 식은 차가운 공기가 놀라운 기세로 흘러 들어온다.

그것은 아마 지구가 생겨난 이래 한 번도 경험해 보지 않은 처참한 대 폭풍을 일으킬 것이다. 물론 증발한 수증기는 구름이 되고 큰 집중호우가 되어 낮 세계 전체에 퍼부어 내리쏟게 된다.

바다는 낮세계와 밤세계 사이의 격심한 온도 변화로 대류현상을 일으켜 그것이 상상도 할 수 없는 세찬 해류가 되어 거친 파도를 일으키며 흘러갈 것이다.

물론 이런 세계에서는 하늘도 바다도, 그리고 육상에서조차 교통기관은 아무 소용이 없다. 농업은 말할 것도 없고 다른 어떤 거래나 사회활동도 있을 수가 없다.

또한 대기의 상층부에 엄청난 제트기류가 흐르는 결과 전리층이 엉망이 되어 전파를 사용하는 통신은 모두가 불가능해진다.

그뿐만이 아니다.

13일째에는 이것이 꼭 반대로 나타난다. 지금까지의 혹서의 세계는 금방 혹한의 세계로 바뀌고 강도 호수도, 그리고 바다의 일부도 얼어붙어 버린다. 더구나 이런 현상이 약 13일 간격으로 영원히 되풀이되는 것이다.

지구 위에 있는 암석은 더워졌다 식었다 하는 것을 되풀이하고 있는 동안에 수분의 팽창이나 암석 그 자체의 팽창률의 차이에 의해 흙가루같이 부서져버린다.

혜성이 노아의 홍수를 일으켰다고 주장하는 책이 베스트셀러가 되었다. 1737년까지 5개의 판이 출판되었다.

물론 아무리 튼튼한 건물도 이와 같은 더위와 추위의 되풀이에는 견디어낼 수 없다. 다시 말해⋯⋯지구는 순식간에 죽음의 세계로 변해버리는 것이다.

그러면 만약 자전속도가 줄 대로 줄어서 끝내는 금성처럼 멎어버리면 어떻게 되겠는가?

금성은 두터운 대기에 싸여 있지만, 그 대기권 안에서는 태양광선으로 받는 열과 안에 쌓인 열 때문에 280도에서 400도라는 고온이 되어 있다─고 금성 4호는 관측 결과를 보내 왔다.

이것은 벌써 납도 녹아버리는 웬만한 용광로 같은 고온인데, 더구나 이처럼 뜨거운 대기는 항상 활발한 대류운동을 일으키고 있기 때문에 지표에는 풍속 120미터라는 강풍이 잠시도 쉬지 않고 불어 댈 것으로 생각된다.

지구는 금성보다는 태양으로부터 평균 5,000만 킬로미터나 더 떨어져 있으니 이만큼은 아니더라도 비슷한 상황이 될 것이 틀림없다.

그리고 그렇게 되기 훨씬 전에 생물은 그 영향을 받기 시작하고 끝내는 그 변화에 견디어낼 수 없어 사멸해 버릴 것도 틀림없다.

if

13. 지축의 기울기(傾斜)가 바뀐다면?

지구는 공전 궤도 면에 대해 23.5도 기울어 있다. 지구상에 봄·여름·가을·겨울 4계절의 변화가 있는 것은 이 기울기(傾斜) 때문이다.

다시 말해서 이 경사 때문에 지구의 남반구와 북반구에서는 태양광선이 비스듬히 짧은 시간밖에 비치지 않을 때와 똑바로 오랜 시간 동안 비칠 때가 교대로 온다.

비스듬하고 짧을 때가 겨울, 똑바로 오래 비칠 때가 여름이다.

만약 이 경사가 없어진다면 어떻게 될까?

4계절의 변화는 없어지고

물론 4계절의 변화는 없어지게 된다.

태양계의 행성 중에는 경사가 작거나 거의 없는 것이 몇 개 있다. 수성과 금성, 그리고 목성이 그렇다. 수성의 경사는 0도, 금성이 5도, 목성이 3.1도이다.

수성처럼 대기가 없는 행성은 어차피 4계절은 없기 마련인데, 금성이나 목성도 지구의 대기와는 전혀 다르기는 하지만, 대기를 갖고는 있어도 계절의 변화는 거의 없을 것이다.

또한 천왕성은 이상한 행성으로, 궤도면에 대해서 38도라는 커다란 경사를 갖고 있다. 그러니 거의 옆으로 누워 있는 모습이 되겠는데, 이 행성에서는 4계절은 무서울 정도로 변하고 있다.

어떤 때에는 북반구의 대부분이 몇 년 동안이나(천왕성의 1년은 지구의 84년에 해당한다) 캄캄하고 맹렬하게 추운 밤이 계속되고, 남반구는 몇 년이나 낮이 계속된다.

하기야 이 행성도 토성이나 목성처럼 메탄이나 암모니아 가스의 대기를 가진 차가운 행성이기 때문에 4계절이라고 해봐야 지구의 4계절과 비교한다는 것 자체가 본래 무리한 이야기이기는 하겠지만.

그런데 이러한 지축의 경사는 일반적으로 전혀 변화하지 않는 것으로 생각되어 왔다. 그러던 것이 비교적 최근에 와서 반드시 그렇다고도 할 수 없지 않을까 하는 학설이 나타났다.

지구의 내부에 있는 물질은 엄청난 압력 때문에 아주 높은 밀도와 높은 온도가 되어 그 결과 일종의 강력한 전자석(電磁石) 같은 작용을 한다. 다시 말해 전자석처럼 자기를 내어 자장이라는 것을 만들고 있다.

방향을 나타내는 자석이 항상 북쪽을 가리키는 것도 이 때문이다. 지구의 자기를 연구하는 학문이 지자기학(地磁氣學)이며, 그 중

태양계(solar system)

에서도 오래된 지층—몇 백만 년, 천만 년, 몇 억 년 전의 지층에 남아 있는 옛날의 자기를 연구하는 것을 고자기학(古磁氣學)이라고 부르는데, 이 연구가 진행됨에 따라 놀랍게도 지구의 자극(磁極)이 현재와는 상당히 달랐다는 사실이 밝혀진 것이다.

지자기의 자극은 지구의 자전에 좌우되기 때문에 지구의 지축과 거의 같다고 생각된다. 따라서 자극이 빗나가 있었다는 것은 지축이 현재와 달랐다는 뜻으로 해석된다.

이 연구에 의하면, 이를테면 지금부터 수천만 년 전에는 북극은 천 수백 킬로미터나 남쪽에 있는 북극해의 뉴 시베리아 섬 근처에 있었고, 2억 년 전에는 북서태평양, 3억 5,000만 년 전에는 사할린 근처, 4억 년 전에는 일본의 남쪽, 6억 년 전에는 엉뚱하게도 서태평양의 적도 근처에 있었던 것 같다는 것이다.

양 극이 이동하는 원인

왜 이처럼 극이 이동했는지—다시 말해 지축의 경사가 변했는지 그 원인은 아직 분명하지 않지만, 학자들 중에는 지구에 소행성 정도의 천체가 떨어졌기 때문이 아닐까 하고 상상하는 사람도 있다.

다시 말해서 그 충돌 때의 충격으로 지축이 방향을 홱 바꾸어버린 것인지도 모른다는 생각이다.

만약 그런 일이 실제로 일어났다면……그야말로 지구상에는 상

공룡들은 6천 6백만 년 전에 소행성 충돌로 인해 멸종되었다

상도 할 수 없는 큰 재해가 일어났을 것이다. 아무튼 지구 전체가 그 때까지 돌고 있었던 방향에서 갑자기 크게 방향전환을 하게 된 것이니 천지개벽이라 할 수 있다.

그 충격으로 전 세계에는 격심한 지진과 큰 해일이 일어났을 것이며, 당연히 지각의 변동도 일어나 그 전까지 육지였던 곳이 바다가 되기도 하고, 바다였던 곳이 잠깐 사이에 솟아나와 높은 산맥이 되기도 해 세계가 끝나는 듯한 소동이 일어났을 것이다.

그리고는 그 소동이 끝나고 난 다음에는 전 세계의 기후가 완전히 바뀌어버린 것이다.

그전까지 열대지방이었던 곳이 엄청나게 추운 극지로 바뀌고, 얼음이 덮여 있던 곳이 더운 열대지방으로 변했다.

물론 그 충격을 일단 견디어낸 생물이나 식물도 그 때문에 거의가 사멸해 버리고 그것을 또 견디어 낸 것은 대이동을 하거나, 그렇게 큰 변동에 적응하기 위해서 자기 스스로 변화하지 않으면 안 될 지경이 되는 것이다.

if

14. 지구 중심을 꿰뚫는 터널이 생긴다면?

인간사회는 20세기 후반에 들어 눈부시게 발전해서 세계 각국의 접촉들이 활발해지고 있다. 동시에 항공기, 철도, 자동차, 배 같은 교통기관도 발달하고 있다. 많은 사람과 물건을 빠르고 안전하게 날라야 한다는 것이 교통기관을 더욱 발달시켜야 하는 목적이다.

그 중에서 물건을 나르는 교통기관이 제일 뒤떨어져 있다. 배는 느리다, 철도는 바다를 건널 수 없다, 비행기는 빠르지만 많은 물건을 한꺼번에 나를 수 없다.

그러면 지하철처럼 「지구 터널」이라는 것을 개발한다면?

우리나라와 브라질로 직통

우리나라에서 지구의 한가운데를 지나가는 터널을 뚫으면 남미의 브라질로 나온다.

이 터널에 교통기관을 달리게 하려면 그것은 럭비공같이 생긴 것이 되며 바퀴나 로켓의 분사장치 같은 것은 필요 없다. 동력은 지구의 중력이며, 가령 이 교통기관에 「지구특급」이라는 이름을 붙

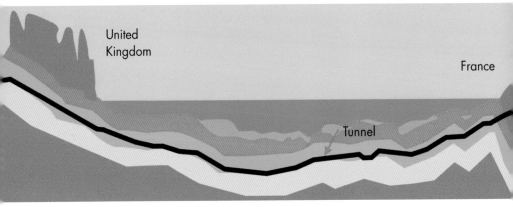

영국과 프랑스 간 해저터널

여 보기로 하자.

지구특급은 출발 전에 입구에 매달아 놓고 스위치를 넣는다. 순간 지구특급은 일직선으로 터널 속을 떨어져 나간다. 「낙체의 법칙」에 따라 지구 특급은 순식간에 속도를 더해가 음속(초속 약 340미터)을 넘어서 지구의 중심 부근을 지나갈 때에는 총알보다도 훨씬 빨라 사람의 눈에는 보이지도 않는다.

지구 중심을 지나면 지구특급은 또 「낙체의 법칙」에 따라서 이번에는 조금씩 속도가 떨어지게 된다. 이윽고 지구의 지름 길이인 13,000킬로미터의 터널을 빠져 브라질 쪽 출구에 닿을 때에는 속도가 0이 되어버린다.

저쪽 출구에서는 터널을 올라오는 지구 특급을 붙잡기만 하면 되며, 만일 붙잡지 못하면 지구특급은 아차 하는 사이에 또 다시 떨어져 나가 다시 한국 쪽 입구로 되돌아오게 된다.

이 지구 특급이 출발해서 저쪽에 도착하는 데 걸리는 시간은 겨우 3분이다. 거기다 아무리 많은 짐을 실어도 속도는 빈 차와 마찬가지다. 이처럼 엄청난 속도로 달리기 때문에 지구 터널은 진공상태로 만들어 놓아야 한다. 공기가 있으면 마찰로 특급이 타버리기 때문이다.

그러나 이 지구 터널이나 지구 특급은 하나의 공상으로 여기서는 이야기가 되고 있다. 현재의 기술로는 지하 수백 미터의 터널을 파는 것도 아주 힘 드는 일이며, 지구의 중심을 향해 파 들어가자면 여러 가지 문제가 일어난다.

지하수 문제, 공기를 넣어 보내는 문제, 파 들어갈수록 높아지는 지열 문제……우선 이런 문제들을 어떻게 정복해야 하느냐 하는 것인데, 더욱 깊이 파 들어가면 몇 백, 몇 천, 몇 만 기압이라는 압력이 사방에서 걸려 온다. 또한 뚫어 놓은 구멍의 벽을 어떤 방법으로 지탱해야 하겠는가 하는 것도 생각해야 한다.

현재 세계에서 제일 깊은 우물은 미국의 텍사스에 있는 유정(油井)으로 7,725미터이다. 이것보다 2천 배나 깊게, 그것도 우물이 아닌 터널을 판다는 것은 일단은 안 된다고 봐야 할 것이다. 기껏 파 들어간다고 해 봐야 10킬로미터, 다시 말해 지각의 표면에서 5분의 1쯤까지가 고작일 것이다.

설령 그 이상 파 들어갈 수 있다고 쳐도 50킬로미터 이하의 「맨틀」이라는 부분에 이르면 아무리 강한 연장으로도 더 이상 팔 수는

이스탄불 보스포루스 해협을 건너 유럽과 아시아를 잇는 SK건설의 유라시아 해저터널 모형사진. (SK건설 제공)

없다.

어떤 금속으로 만든 기계라도 열 때문에 타버려 움직일 수가 없고 무리하게 움직이면 녹아 버린다. 이 맨틀 층이 대체로 3,000킬로미터의 깊이까지 있다고 한다. 거기서 핵이라는 중심 부분까지는 어떻게 되어 있는지조차도 모르고 있다.

지구의 표면에서 중심까지는 약 6,378킬로미터, 지질학에서 조사를 해서 대체로 알고 있는 것은 그 중 표면에서 10킬로미터 근처까지인데, 이것은 사과에 비유한다면 껍질 부분에 지나지 않는다.

지구를 꿰뚫는 직통 터널은 이처럼 한낱 공상에 지나지는 않으나, 이를테면 서울 부산 사이에 비스듬하게 미끄럼틀처럼 활 모양을 한 터널을 파서 거기에 교통기관을 통하게 하는 문제는 생각해 볼 수 있다.

낙체의 법칙을 이용해서 동력 절약

이것 역시 「낙체의 법칙」을 이용하는 것인데, 가령 완만한 비탈 길의 위쪽에서 수레를 놓으면 천천히 굴러 내리기 시작해서 차차 속도가 빨라진다.

그리고 내리막길의 제일 밑 부분을 지나면 타성으로 건너편 비탈을 어느 정도 올라가게 마련이다. 이런 현상을 이용하는 것이기 때문에 동력은 크게 절약할 수가 있다.

만약 이런 미끄럼틀 터널이 생기면 기존의 특급열차보다 훨씬 빨리 화물을 나를 수가 있겠다. 이 터널을 하물 전용으로 하면 설비 도 간단할 것이다.

이런 방법이 좋은 성과를 거두면, 이를테면 한국과 일본에서 동시에 바다 밑으로 파 들어가 한·일간 미끄럼틀 터널을 뚫어 하물 수송을 할 수도 있는 문제이다.

사람은 초음속 비행기(SST)로, 하물은 터널로 나르게 되면 교통 수단은 아주 편리해질 뿐만 아니라 수송비용도 훨씬 싸게 먹힐 것 이다.

if

15. 매그니튜드 최대급의 지진이 일어난다면?

지진에 대해서 거의 무방비 상태인 서울에서 진도 8.6의 엄청난 지진이 일어난다면 상상도 할 수 없을 정도의 대참사가 일어날 것이다

1994년 1월 17일 로스앤젤레스 대지진이 일어난 지 정확히 1년 뒤인 1995년 1월 17일 일본 간사이 지방 고베 시에서 진도 7.2의 강진이 발생해 5천여 명의 사망자와 2만 6천여 명의 부상자, 30여만 명의 이재민이 발생했다.

뉴질랜드, 뉴기니, 일본, 알류산열도, 알래스카, 남·북아메리카의 서부지역을 잇는 태평양 연안과 인접한 해역에 산재해 있는 환태평양 지진대(Circum-Pacific seismic zone, 環太平洋地震帶)에서는 전 세계에서 발생하는 지진의 80퍼센트 정도가 집중되어 있어 이 지역 주민들은 「지진 노이로제」에 시달려 왔다.

환태평양 지진대에서는 지난 85년 이후 10년 동안 멕시코시티에서 리히터 규모 8.2로 5천 명의 인명을 앗아간 강진을 비롯해서 7.0 이상의 대지진이 10여 차례나 잇달았다. 1986년 10월에는 엘살

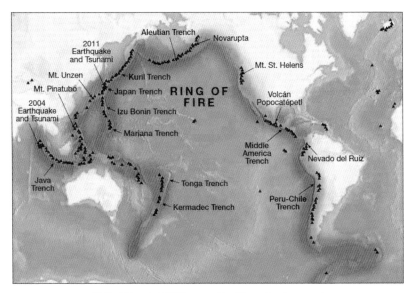

환태평양 지진대(Circum-Pacific seismic zone)

바도르에서 수만 명이 지진으로 목숨을 잃었고, 1990년 7월에는 필리핀 루손에서 2천 5백 명, 1994년 콜롬비아 남부에서 1천여 명이 사망하는 대참사를 빚는 등 지진 피해가 속출했다.

2011년 3월에는 일본 도호쿠(東北) 지방 앞바다의 대지진과 지진해일(쓰나미)로 인하여 후쿠시마 제1원자력발전소가 침수되어 전원 및 냉각 시스템이 파손되면서 핵연료 용융과 수소 폭발로 이어져 다량의 방사성 물질이 누출되었다.

환태평양 지진대는 아니지만, 극히 최근인 1997년 5월 10일 이란 동북부 지역에서 일어난 리히터 규모 7.1의 강력한 지진은 2천 4백 명의 목숨을 앗아갔다.

대부분의 지진은 모자이크 모양으로 이루어진 판의 충돌 현상으로 설명되는데, 환태평양 지진대는 가장 많은 판이 조성되어 있고 단층도 복잡하다. 지구의 지각은 마치 물위에 떠 있는 얼음덩어리처럼 두께 1백 킬로미터 정도의 13개의 판으로 구성되어 맨틀[지구 중심의 코어(핵)와 크러스트(지각) 사이의 층] 위를 서서히 움직이고 있다.

이들 판은 성분 및 지구 내부에서 발산되는 우라늄 방사와 열 축적 차이 등으로 인해 서로 밀치고 밀려 해마다 1~10센티미터씩 엇갈려 움직인다. 이동 중 판이 부딪치는 충격이 지표에 전달되어 지진을 일으킨다는 것이 바로 지진의 판구조론이다.

그러면 최대급의 지진이라면, 마그니튜드 1,000이나 2,000쯤 되는 대지진이 있을 수 있을까?

긴장이 누적되면

지구는 흔들리고 있고, 이는 불가피한 일이다. 지구는 지질학적으로 볼 때 살아 있는 것이다. 지구의 껍질은 모두 여섯 개의 커다란 판(板)과 그보다 작은 몇 개의 판으로 구성되어 있다.

이 판들은 매우 천천히 움직이고는 있지만, 서로 부딪쳐 가며 끊임없이 움직이고 있고, 이로 인해 긴장이 극도로 누적되고 있다.

결국 긴장이 누적되어 이것이 막대한 마찰력을 능가하게 되면 그 판들이 약간씩 움직여 무섭게 요동을 치게 되는데, 이것이 바로

후쿠시마 지진해일(쓰나미, Tsunami)

지진이라고 하는 것으로 대단한 파괴력을 지니게 된다.

그러나 지진 그 자체 때문에 사람들이 죽는 것은 아니다. 세워져 있는 건물들 때문에 사람들이 목숨을 잃는 것이다.

만약 어떤 사람이 허허벌판에서 지진을 만나게 된다면, 지구가 흔들린다는 것이 정말 무서운 일이겠지만, 그래 봐야 지진은 5분 안에 끝나고 사람은 별 탈이 없게 된다. 그러나 그 시간에 건물 안에 있다면, 건물은 무너지고 그 사람은 목숨을 잃게 될 수 있다

지금까지 알고 있기로는 가장 혹독한 지진은 1556년 중국의 한 도시에서 일어났었는데, 그때 약 83만 명이 사망한 것으로 나와 있다. 그 수치가 얼마나 정확한 것인지는 알 길이 없지만, 1976년 중

국의 한 도시에서 발생한 지진으로 24만 2천 명이 사망한 적이 있다.

지진은 흔들리는 정도에 따라 <진도계>로 구별된다.

진도는 사람이 있는 곳이라면 어디서든지, 얼마만큼 흔들렸는지 알 수 있어 편리하기는 한데 건물에 따라서 차이가 나기도 한다.

이를테면 지진이 잦기로 유명한 이웃나라 일본 도쿄 근처에서 1965년 11월 15일 지진이 일어나 철도운행이 한때 중단된 일이 있다. 이때 일반 가정에서는 진도 1~2를 기록했지만, 새 청사를 지은 일본 기상청에서는 진도가 0이었다. 그러니 흔들리는 것을 전혀 느끼지 못했던 것이다.

지진은 그 진원과 진원 바로 위의 진앙(震央)에서 얼마만큼 떨어져 있는 사람까지 느낄 수 있는가에 따라 다섯 가지의 등급으로 나누고 있다.

진앙에서 300킬로미터 이상 떨어진 곳에 있는 사람이 몸으로 느낄 수 있다면 「현저 지진」, 300~200킬로미터에서 느끼면 「준현저 지진」, 200~100킬로미터에서 느끼면 「소구역 지진」, 100킬로미터 이내에서만 느끼면 「국발 지진」, 아무데서도 느끼지 못한다면 「무감 지진」이다.

지금까지의 통계로는 작은 지진은 수없이 많고 큰 지진은 적다는 것이 알려져 있다. 크고 넓은 범위에 걸친 지진이라도 한국 전부에 미칠 만한 지진은 없다는 것도 알려지고 있다. 그렇게 큰 지진은

1985년 M8.1 멕시코 지진

종전에도 없었고, 지구의 껍데기~지각의 강도를 생각해 본다면 앞으로도 일어나지 않을 것이다.

지진을 일으키는 지각, 지진 덩어리는 대략 지름 150킬로미터쯤이 한도라고 생각되고 있다.

진도나 넓이를 나타내는 5등급으로는 지진의 에너지를 과학적으로 정확하게 나타낼 수는 없다. 그래서 생각해 낸 것이 매그니튜드이다.

30여 년 전 미국의 캘리포니아 이공대학 지진연구소의 리히터 교수가 생각해 낸 것으로 진앙에서 100킬로미터 떨어진 곳에 W·A형 지진계라는 일정한 지진계가 있다고 치고, 그 지진계가 그리는 곡선의 최대 진폭으로 지진의 크기와 규모를 나타내는 것이다.

W·A형 지진계는 배율이 2,800배로 최대 진폭이 1밀리미터면 매그니튜드 M 3, 1센티미터면 M 4, 10센티미터면 M 5라는 식으로 정해두고 있다.

최대 진폭이 10배가 되면 1.0씩 불어나는데, M이 1.0 불어나면 에너지는 30배 이상이 된다.

그러나 일상다반사처럼 크고 작은 지진이 일어나고 있는 지진 다발국 일본에서는 이 W·A형 지진계를 쓰지 않고 있으며, 또한 W·A형 지진계를 사용한다고 해도 진앙에서 100킬로미터 떨어진 곳에 항상 지진계가 있는 것도 아니기 때문에 계산을 해서 매그니튜드의 크기를 알아낸다.

지난 50여 년 동안에 일어난 큰 지진들의 매그니튜드를 계산해 보면 1923년의 칸토 지진(관동 대지진)이 M 7.9, 1933년의 산리쿠 지진이 M 8.3, 1944년의 동남해 지진이 M 8.0, 1946년의 남해지진이 M 8.1, 1964년의 니이가타 지진이 M 7.3, 1985년 멕시코 지진이 M 8.1, 1990년 필리핀 지진이 M 8.4, 1995년 고베 지진이 M 7.2, 1997년 이란 지진이 M 8.1이 되는 셈이다.

이 중 제일 큰 것이 M 8.4인데, 이 정도면 세계적으로 큰 지진이며, 현재 생각할 수 있는 최대의 지진도 M 8.6이다. 이보다 큰 지진은 일어난 일도 없고 앞으로도 일어나지 않을 것으로 학자들은 생각하고 있다.

1995년 M 7.2 고베 지진

그 이유는 지각에 축척되는 지진 에너지의 한도를 계산한 결과 그것이 한꺼번에 터져 나오면 M 8.6 정도가 된다는 것이 확인되었기 때문이다.

M 8.6의 지진은 히로시마에 떨어진 원자폭탄 수천 개분의 에너지이며, 수천 명의 한국 사람이 학살당한 M 7.9의 관동대지진의 10배쯤의 에너지가 된다.

그렇다면 M 8.6의 지진이 일어나면 어떻게 될까?

지구가 부서진다거나 한반도가 쪼개져 나간다거나 하는 일은 일어나지 않는다. 지진은 원래 덩치는 아무리 커도 150킬로미터 정도이며 여진이 1,000킬로미터 사방에 미칠 정도이다.

진원에 가까운 곳에서는 물론 진도계로 따진다면 격진이 일어난다. 건물이 부서지고 도로가 파괴되며 해일이 일어날 수도 있다. 땅에 단층이나 균열이 생겨 집이나 사람을 삼켜버릴지도 모른다. 또한 여기저기서 불이 나고 열과 유독가스로 많은 생명이 희생될 것이라는 생각이 든다.

서울과 같은 대도시 근처에서 그렇게 큰 지진이 일어날 경우 피해는 이루 말할 수 없이 클 것이다. 그 까닭은 서울의 건물들은 이와 같은 지진을 염려해서 세워진 것들이 아니어서 큰 지진을 만났을 경우 견디어낼 수 없을 것이며, 지진으로부터의 손상은 이루 말할 수 없을 것이다.

우리나라는 지진에 있어서는 안전지대로 생각해 왔었으나, 지난 78년 충남 홍성에서 발생한 지진은 비교적 강진으로서, 우리나라 전역이 지진 발생 가능 지역으로 나타났으며, 특히 중남부는 강진지대로 밝혀졌다.

1997년 경주 남동쪽 6킬로미터 지점에서 일어난 지진은 M 4.3의 중진으로 집이 몹시 흔들릴 정도의 강도로서 한반도가 결코 지진에 있어서 안전지대는 아니라는 사실이 입증되었다.

일본에서는 M 7.9였던 관동대지진 수준의 대지진을 견딜 수 있게 지은 건물들이 많은데, M 8.6이라면 M 7.9보다 에너지가 10배나 큰 것이니까, M 8.6의 지진이 일어난다면 지진에 대해서 상당한 방비가 되어 있는 도쿄라도 전화선이나 전선은 실토막처럼 끊겨 나가

2010년 1월에 M 7.2의 아이티 지진

고 지하철도 무너질지 모른다. 수도 가스관도 토막이 남은 물론 다른 교통도 두절되어 버린다.

그러니 지진에 대해서 거의 무방비 상태에 가까운 서울이나 부산에 M 8.6이란 엄청난 지진이 일어난다면 피해는 관동대지진 때보다 훨씬 클 것이다.

전 세계 도시의 3분의 2가 지진발생 가능 지역

어떻게 하면 지진을 막을 수 있을까?

첫째, 지진의 대부분이 발생하는 것으로 알려져 있는 판의 접합점에 너무 가깝게 도시를 건설해서는 안 된다고 주장할지도 모른다.

그렇지만 이것은 실현성이 없는 주장이다. 도시는 해변 가나 강가라든가 혹은 계곡 같은 기후가 좋고 교통이 편리한 곳에 세워진다. 전 세계 도시의 3분의 2가 공교롭게도 판의 접합점 가까이에 위치하고 있으며, 그렇다고 해서 그것들을 옮길 방법도 없는 것이다.

게다가 상황은 점점 악화되고 있다. 도시는 계속해서 비대해지고 최소한 당분간은 그 추세가 계속될 것이기 때문이다.

현재 세계에서 가장 큰 도시는 멕시코시티인데, 이곳에서 최소한 1,500만 명의 사람들이 주요 지진대의 범위 안에서 살고 있으며, 1985년에는 멕시코시티와 그리 가깝지 않은 지역에서 일어난 지진으로 5,000명의 목숨을 잃었다. 2000년이 되면 멕시코시티의 경우 2,500만 명에 달하는 사람들이 위험에 처하게 될 것이다.

전 세계적으로 볼 때 2000년 이후가 되면 2억 9,000만 명에 달하는 사람들이 위험에 처하게 됨에 따라, 이런 일은 다른 수백 개의 도시에서도 벌어질 수 있다.

둘째, 그런 위험지역에 도시를 건설하지 않을 수 없는 노릇이라면, 그곳의 건물들을 방진용으로 지을 수는 없을까?

방진용 건물을 짓는다는 것은 건설비가 비싸게 먹힌다는 것을 의미한다. 어려운 경제 상태에서, 또 오랫동안 있을지도 없을지도 모르는 지진보다 더 시급한 문제들이 많은 상황에서 건설비에 많은 투자를 한다는 것은 어렵다.

지진 화재

2000년대 이후가 되면 위험에 처하게 될 2억 9,000만 명에 달하는 사람들 중 80퍼센트는 개발도상국의 국민들일 텐데, 이들 국가는 수많은 자국민들을 위험으로부터 안전하게 보호할 만한 능력이 없다.

셋째, 지진을 미리 예측하는 방법으로 문제를 해결할 수는 있을 것이다. 그러나 내년에는 어느 도시 근처에서 지진이 일어날 것이라고 말할 수 있게 되더라도, 그 도시에 대한 지원을 강화해 안전 조치를 취할 만한 시간 여유가 생기는 것은 아니다.

우리가 할 수 있는 일은 그 도시를 비우는 것인데, 수백만 명에 달하는 사람들을 도시에서 떼어내어 도시가 다 무너져 내릴 때까지 보호하는 것은 도저히 불가능한 일이다. 그것이 가능하다 해도, 그 결과로 인한 파괴상은 실제의 지진만큼이나 충격적인 것이 될 것이다.

위성을 통해 지구 표면을 관찰

그러므로 우리가 할 일은 지진을 어떻게 하면 보다 빨리 예측할 수 있느냐 하는 것이다. 한 1년 정도는 가감을 해서 앞으로 5년 안에 어떤 도시가 굉장히 혹독한 지진을 겪게 되리라고 상당히 정확히 예측할 수 있게 된다고 생각해 보자.

그렇게 되면 전 세계로부터 지원을 받아 기존 건물들을 부수고 다시 지어서 건물의 구조를 강화할 시간을 얻을 수 있다.

차츰차츰 도시는 전보다 더 안전해지고 한꺼번에 다 제거될 수는 없겠지만, 지진으로 인한 잠재적인 피해는 최소화될 것이다.

어떻게 하면 지진을 보다 빨리 예측할 수 있을까?

놀라운 능력을 가진 간섭계(빛의 파장을 재는 기구)와 레이저를 이용해 지진을 유발하는 지층 판의 미묘한 움직임까지도 측정할 수 있는 기술이 이미 개발되었다.

이 기구를 사용해 과학자들은 누적된 긴장의 강도를 측정해 낼 수 있지만, 이 장치를 지구상 어디에서나 다 사용할 수 있는 것은 아니다.

그러나 위성을 이용해 지구 형태가 약간씩 변하는 모습과 지구 표면에서 일어나는 미세한 움직임을 포착하는 것은 가능할 것이다. 우주에서 지구를 바라봄으로써 일종의 「지구측지학」이 되는 셈이다. 이를 통해 모든 판 운동에 대한, 즉 이곳저곳에서 긴장이 누적되고 있는 것에 대한 대체적인 윤곽을 얻을 수 있다.

컴퓨터를 이용한 분석을 동해 어떤 곳에서 긴장이 일어나고 있음을 알아내 앞으로 발생할 지진에 대해 시간과 장소를 포함해 구체적인 윤곽을 잡아낼 수 있으며, 피해를 막기 위해 조치를 취할 수 있게 된다.

if

16. 지구에서 바닷물이 모두 없어져 버린다면?

바다는 지구 표면 넓이의 78.1퍼센트를 차지하고 있다. 거기에 괴어 있는 소금물의 양은 13억 7,000만 입방킬로미터나 된다. 이것은 지구 전체의 부피의 약 800분의 1이다. 이 물을 지구에서 퍼내어 우주공간에 모으면 달의 3분의 1쯤 되는 크기의 물덩어리가 된다.

바다는 지구의 기상과 깊은 관계를 가지고 있으며, 조석작용을 일으켜 인간의 생활에 큰 영향을 미치고 있다. 이런 바다가 없어지는 일이 있을까? 그리고 만약 없어지면 어떻게 될까?

바다가 있는 행성은 지구뿐

지구는 태양계 속에서 바다를 가지고 있는 단 하나의 행성이다. 달의 「바다」는 단순한 평원이며, 늪쯤은 있을지도 모른다고 생각되어 왔던 화성도 사막투성이었고, 항상 구름에 싸여 있어 그 아래에는 큰 바다가 있지나 않을까 하고 생각해 온 금성에도 바다는 없고 400~500도나 되는 고온의 사막이 끝없이 펼쳐져 있을 뿐이다.

실상 바다가 생기려면 꽤 까다로운 조건이 필요하다.

우선 바다가 생기려면 그 행성이 대기를 붙들어 둘 만큼 충분히 크고 중력이 강하지 않으면 안 된다. 다음으로 그 대기 속에 물을 만드는 재료—수소와 산소—가 풍부하게 있어야 한다.

그 다음에는 그 세계가 적당한 온도를 갖고 있어야 하는데—다시 말해서 물이 물로서 존재하기 위해서는 그 세계의 평균기온이 0도에서 100도 사이여야 한다. 그 이유는 물론 0도 이하면 물은 얼음이 되어버리고 100도 이상이면 증발해 버리기 때문이다.

지구는 이러한 조건을 모두 갖춘 보기 드문 행성이다. 지구가 아직 진흙같이 타는 물질덩어리였을 때는 물론 바다는 없었다.

그 물질이 점점 식어 가서 표면이 딱딱해지기 시작할 무렵 지구의 내부에서 진흙같이 녹은 물질이 계속 분출하면서 내부에 있었던 수분이 수증기가 되어 같이 분출했다.

수증기는 엄청난 구름덩이가 되어 지구의 주위를 덮어 태양광선이 땅 위에 닿는 것을 막았다. 그 때문에 지구는 더욱 더 식어 갔고 동시에 수증기도 식어 갔다.

그것은 굉장한 큰 비가 되어 땅 위로 쏟아지게 했으며, 땅은 점점 더 식어 가서 단단한 육지가 되고 물은 암석의 산과 산 사이의 계곡이나 낮은 곳에 고이기 시작했다.

시간이 흘러감에 따라 바위는 비로 깎여 들어가고 움푹 팬 부분은 깊어지고 넓어져 가서 그것이 원시의 바다가 된 것이다. 이것은 지금으로부터 40억 년쯤 전의 일인데, 그 후에도 지구 내부로부터 뿜어내는 수증기는 더욱 많은 비를 내려 바다도 더욱 넓고 커져 갔다.

바꾸어 말하면, 바다는 지구라는 거대한 물질덩어리에서 짜낸 수분이 괸 것이라고 할 수 있다. 이 바다는 그 후에도 때로는 넓어지고 때로는 좁아졌으며, 지각의 변동으로 그 전까지 바다였던 데가 육지가 된 곳도 있고, 반대로 그 전에는 육지였던 곳이 낮아져서 거기에 바닷물이 흘러들어 순식간에 바다가 되어버린 데도 있다.

특히 빙하기에 북극과 남극의 얼음이 불어나 육지가 빙하로 덮였을 때에는 지구 전체의 물이 줄고 수위가 내려가 얕은 바다가 말라버린 일도 있었을 것이다.

바다와 육지는 이렇게 서로 공격을 하기도 하고 혹은 당하기도 하면서 점령지역을 넓혀가는 싸움을 되풀이해 온 것이다.

하지만 일단 생겨난 바다가 완전히 없어져버리는 일은 결코 없었으며 물론 앞으로도 없을 것이다. 그러나 절대로 어떤 일이 있어도 바다가 없어지지는 않는다고 단언할 수 있을까?

이를테면 태양에 이변이 일어나 현재보다 몇 배나 강한 열을 보내온다면 어떻게 되겠는가?

해면에서 증발하는 수증기는 지금보다 훨씬 더 많아지고 대기 상층부의 온도가 올라감에 따라 태양의 자외선을 막아주는 산소나 질소만으로 된 층이 따라 올라가 증발한 수증기가 지금보다도 훨씬 높이 올라가게 된다.

수증기는 보통 그렇게 높이 올라가기 전에 식어서 물—다시 말해 비가 되어 다시 지표로 돌아온다. 그런데 기온이 오르면서 수증기가 더 높이 올라가게 되면 강한 자외선을 직접 받게 되어 순식간에 산소와 수소로 분해되어 버린다.

수소는 원소 중에서 가장 가벼운 물질이다. 따라서 지구의 인력을 뿌리치고 끝없는 우주공간으로 달아나버릴 것이다.

또한 만약 태양이 폭발을 일으켜 몇 천 도라도 강한 열을 지표에 쏟아 붓는다면 바닷물은 순식간에 끓어서 잠깐 사이에 증발해 버려 바다는 흔적도 없어져버릴 것이다.

그 밖에 이런 것을 생각하는 학자도 있다.

지구의 내부는 복잡한 구조로 되어 있다. 우선 지구의 제일 중심쪽에 있는 지름 2,600킬로미터 남짓한 부분은 「내부코어(핵)」라고 해서 가장 딱딱하고 밀도가 높은 물질—쇠나 니켈—로 되어 있다.

그 바깥쪽으로 두께 2,200킬로미터인 「외부코어」가 있고, 또 바깥쪽으로 「맨틀」이라는 두께 2,900킬로미터 남짓한 부분이 있는데, 지구 전체 물질의 70퍼센트 가까이가 여기에 있으며 화산이나 지각 변동의 에너지의 바탕이 되는 「마그마」도 여기에 있다.

이 맨틀 위에 있는 겨우 두께가 30~50킬로미터밖에 안 되는 부분을 「크러스트(지각)」라고 하는데, 대륙이나 바다는 전부 이 지각 부분에 있다.

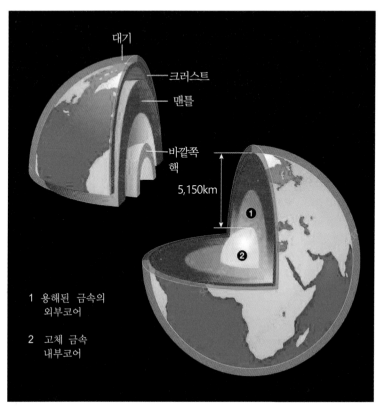

대기

크러스트

맨틀

바깥쪽
핵

5,150km

①
②

1 용해된 금속의
  외부코어

2 고체 금속
  내부코어

　지구의 지름은 12,800킬로미터이며 지각은 제일 두터운 부분이
라도 지구 지름의 256분의 1밖에 안 되는 두께이니까 사과와 사과
껍질쯤 되는 관계라고 생각하면 될 것이다.

　그런데 지구는 극히 조금씩이기는 하지만 식고 있는데, 이것은
다시 말해 줄어들고 있다는 이야기가 된다. 그러나 물질은 그 밀도
에 따라 온도에 대한 변화에 차가 있는데, 다시 말해서 팽창하는 데
에도 줄어드는 데에도 차이가 있는 것이다.

쓸모없게 된 기선들

코어와 맨틀의 줄어드는 방식이 서로 다르고, 맨틀과 크러스트의 줄어드는 방식도 다르다. 그렇다면 어떻게 되는 것일까—당연히 맨틀과 크러스트 사이에는 틈이 생기게 마련이다.

이 틈은 지구가 식으면 식을수록 점점 크게 벌어져 간다.

여기서 문제가 되는 것이 크러스트의 그 얇은 두께인데, 바다는 움푹 팬 곳이기 때문에 당연히 제일 얇은 부분이 되며, 바다 가운데서도 해구라고 불리는 가장 깊은 부분은 10,000미터 이상이나 된다. 그렇다면 평균 두께가 30킬로미터의 크러스트도 거기서는 20킬로미터도 안 되는 셈이다.

실제로 최근의 연구에 의하면 해구 부분의 물질은 맨틀의 대류 운동에 의해 천천히 맨틀 속으로 가라앉고 있다는 사실이 알려졌다.

만약 만의 하나라도 이 부분의 아래쪽에 틈이 있어 어떤 원인으로 가장 얇은 크러스트 층이 찢어지면 어떻게 될 것인가?

두말할 필요도 없이 바닷물은 목욕탕의 마개를 뺐을 때처럼 소용돌이치며 그 틈 속으로 흘러 들어갈 것이 뻔하다. 더구나 이 틈은 보통 틈이 아니고 대륙, 바다 할 것 없이 지구 전체에 걸친 거대한 빈 칸이다. 그들에 비긴다면 바닷물의 양 같은 것은 문제도 안 되며 아마 전부를 다 마시고도 상당한 공간이 남을 것이다.

그건 그렇다 치고, 크러스트가 찢어지는 일이 있을 수 있을까?

아마 없을 것이다. 하지만 과거 미국이나 구소련이 실시한 해저 핵실험은 정말로 안전할까? 지진학자들은 그것이 불안정한 지층에 영향을 미쳐 대규모의 지층 이동—지진을 일으킬지도 모른다고 걱정하고 있다.

만약 이러한 핵실험이 해저에 구멍을 뚫어 버린다면……?

구멍으로 흘러 들어간 바닷물은 맨틀 층의 열 때문에 순식간에 수증기로 변할 것이며, 그 압력이 점점 강해져 어느 정도를 넘어서면 또다시 지각의 약한 부분을 뚫고 솟아나올 것이다. 따라서 찢어진 부분은 그 때문에 더욱 커지게 마련이다.

이 대폭발의 충격은 지각의 여기저기에 영향을 미쳐 그 때문에 대규모의 지층 이동이나 해저 화산의 폭발을 불러일으키고, 그러면서 그 찢어진 부분을 더욱 더 넓혀 갈 것이다.

전 세계의 바다는 한 달, 두 달씩 지나는 동안에 눈에 보이게 수위가 낮아져 가며, 북해나 홍해 같은 얕은 바다가 먼저 바닥을 드러낼 것이다.

이곳저곳의 해협에도 물이 없어져 미처 달아나지 못한 배들이 빨간 밑창을 드러내고 여기저기 흩어져 드러누워 있을 것이다.

해저에서는 새로운 섬들이—그것은 원래가 해저에서 솟아 있던 산이었는데—머리를 쳐들면서 올라올 것이며, 크게 찢어진 곳에서는 지름이 몇 백 킬로미터나 되는 큰 소용돌이가 일어나고, 엄청난 해류가 생겨서 배는 도저히 항해할 수 없게 된다.

바닷물이 줄었기 때문에 전 세계적으로 기상이변이 일어나 강물도 호수도 말라붙어 버릴 것이며, 그렇게 되면 온 세계가 큰 혼란 속에 빠져 폭동이 일어나고 사람들은 자기만 살려고 식량이나 물 때문에 싸움을 하고 서로 죽이고 할 것이다.

그러나 그래 봤자 결국은 아무 소용이 없다. 이윽고 온 세계의 모든 바다가 뻘투성이의 바닥이 보이기 시작하고 끝내는 말라붙어 버리게 되며, 이렇게 될 때 지구 위에 있는 모든 생물은 영원히 사라져 버리게 된다.

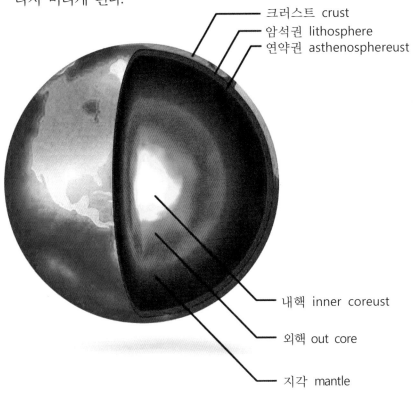

크러스트 crust
암석권 lithosphere
연약권 asthenosphereust

내핵 inner coreust

외핵 out core

지각 mantle

if

17. 빙하시대가 다시 온다면?

알프스 산맥이나 북극, 남극지방에 남아 있는 얼음 중에는 몇 만 년 전부터 얼어 있었던 것이 많다. 몇 만 년이나 전의 얼음이 녹지 않고 남아 있다기보다는, 천천히 녹고 있는데 아직 완전히 다 녹지는 못했다는 것이 옳을지도 모르겠다.

빙하시대의 역사의 흐름에 따르면, 현재 지구상에 있는 얼음의 대부분이 녹을 무렵에는 또다시 얼음이 불어나기 시작하는 시대가 올 것이다. 그렇게 되면 한반도도 아마 반 이상은 얼음에 덮인 채 몇 만 년인가를 보내야 하게 된다.

빙하시대에 살고 있는 우리들

「지구는 지금 빙하시대에 들어 있다.」라고 하면 성급한 사람은,

「그래, 요즘 날씨가 아무래도 수상해. 가뭄이 심하다 싶으면 갑자기 하루 사이에 한 달 치의 비가 내리기도 하고, 꽃이 피고 난 후에 눈이 오기도 해 변덕이 심하거든……」하면서 속셈으로는,

「아무래도 두터운 오버코트를 한 벌 사두어야겠구나.」하는 생각을 할는지도 모르겠다.

하지만 너무 조급히 굴 필요는 없지 않을까?

성급한 사람들은 그런 준비를 하기 전에 고등학교의 지구과학 교과서를 펼쳐 보든지, 도서관이나 서점에서 백과사전을 펼쳐 「빙하시대」라는 항목을 한번 읽어 보면 마음이 좀 놓일 것이다.

빙하시대라고 하면 지구의 기온이 내려가 얼음이 불어나고 육지의 약 3분의 1이 얼음으로 덮인 시기가 몇 만 년씩이나 계속된 때만을 가리키는 것처럼 생각할는지 모르지만, 반드시 그렇지는 않다.

지구가 태어난 후 현재까지 약 50억 년 동안에는 얼음이 불어난 시기가 여러 번 있었다.

그 중에서도 최근 200만 년(지질시대의 구분으로 말하면 신생대 제4기) 동안에는 그것이 여러 번 되풀이해서 일어났기 때문에 제4기 전체를 빙하시대라고도 한다. 제4기에는 현재도 포함되기 때문에 현재는 빙하시대 속에 들어 있다고 할 수 있는 것이다.

또한 빙하시대라고 하면 알프스에 있는 것처럼 큰 얼음 강이 언젠가 갑자기 쏟아져 흘러들 것같이 생각할는지 모르겠지만, 그렇게 뜻밖에 엄습해 오는 것은 아니다. 그리고 또한 빙하시대라고 해도 항상 얼음이 훨씬 줄어버리는 시기가 있는 것이다.

현재는 얼음이 줄어들고 있는 시기에 해당된다. 빙하시대의 역사로 보면 지구상의 얼음이 현재보다도 더 줄어들 것이다.

기후변화로 인해 남극의 빙산이 녹아 전 세계 해수면이 상승하고 있다.(로이터)

　빙하시대라고 하면, 기온이 내려가 얼음이 불어 가는 시기와 기온이 올라가 얼음이 녹아 가는 시기가 되풀이되는 시기를 말한다.

　지금까지 가장 얼음이 많았던 시기에는 지표의 약 30퍼센트가 얼음에 덮였었는데, 그 기간을 빙기(氷期)라고 한다. 빙기는 대략 5만 년에서 10만 년, 오래된 옛날일수록 빙기의 기간은 길었던 것으로 알려져 있으며, 빙기가 끝나면 얼음이 녹기 시작해 얼음은 북극, 남극이나 높은 산으로 물러가 버린다.

　빙기에서 다음 빙기까지를 간빙기라고 하며, 간빙기도 5만 년에서 10만 년 정도로 이것 역시 옛날일수록 길었던 것 같다.

　최근의 빙기는 6만 년 전쯤에서 1만 년 전쯤까지 계속되었는데, 이것을 뷔름(wurm) 빙기라고 부른다.

　현재는 그때의 얼음이 약 3분의 2쯤 녹은 무렵이며, 전부 다 녹아버릴지 어떨지는 알 수 없지만, 아직 당분간은 계속 녹아 갈 것으로 생각된다.

그리고 어느 정도 녹아버리고 나면 아마 그 후에도 또 다시 빙기가 찾아올 것이다.

빙기가 온다고 해도, 가을이 가고 겨울이 오듯이 금방 추워지는 것은 아니고, 가을에서 겨울이 올 때만 해도 추운 날이 있는가 하면 따뜻한 날도 있어 어느 틈에 겨울이 왔는가 싶을 정도라고 생각하면 된다.

겨울 기간을 석 달로 치면 약 90일, 계산하기 쉽게 빙기를 4만 5,000년이라고 하면 현재의 철이 바뀔 때의 하루는 빙기가 바뀔 때의 500년에 해당한다고 생각할 수도 있다.

500년이라고 하면 우리나라 역사로 치면 거의 이조시대에서 현재까지인데, 할아버지, 증조할아버지, 고조할아버지……로 올라가서 아마 20대 이상이나 되는 조상 때부터 현재에 이르는 시간인 셈이다.

사람의 한 평생에 있어서의 한 걸음과 지구의 한 걸음과는 시간의 단위가 이처럼 엄청나게 다르다.

간빙기에서 빙기로 옮아 갈 때에는 아무리 빨라도 1,000년 이상은 걸리는 것 같다. 그러니 간빙기가 끝나고 앞으로 빙기로 돌아간다고 해도 조금도 당황할 필요는 없다.

빙기가 시작되면 아주 천천이기는 하지만 지구 위에 있는 물의 몇 퍼센트씩이 얼음으로 변해 가며 얼음이 되어버리면 그것은 물처럼 거의가 바다로 흘러 들어가는 것이 아니고 많은 부분이 육지에 남아 있게 된다. 따라서 얼음이 늘어나면 늘어날수록 바닷물은 줄어들게 마련이다.

현재 학자들의 조사에 따르면, 남극이나 북극지방에 남아있는 얼음의 두께는 평균해서 1,600미터, 그 부피는 2,400만 입방킬로미터에 이르는 것으로 알려져 있다. 그리고 이와 같은 현재의 얼음 부피로 빙기 중 가장 얼음이 많았을 때를 추산하면 6,400만 입방킬로미터가 된다고 한다.

그러니 약 4,000만 입방킬로미터의 얼음이 지금은 물이 되어 있는 셈이다.

물론 그 물 중에는 못이나 호수에 괴어 있는 것도 있겠고, 수증기가 되어 있는 것도 있겠지만, 대부분이 바다로 흘러 들어간다. 따라서 현재의 해안선은 얼음이 가장 많았던 빙기 때보다 훨씬 육지로 올라와 있어야 한다.

대체로 해면의 높이가 100미터쯤 높아졌다고 하니 현재의 해안평야는 3만 년쯤 전에는 해면보다 100미터 남짓이나 높은 지대였던 것이다.

그 증거로 뉴욕 시를 흐르는 허드슨 강이 바다로 들어가는 입구인 허드슨 만의 해저나, 일본의 다마 강, 에도 강 등이 바다로 흘러드는 입구인 도쿄 만의 해저, 그 밖의 세계 각지에 있는 해안의 바다에는 빙기 때에 흐르고 있었던 강의 흔적이 남아 있는 것을 알아 냈다고 한다.

그러니 22만 평방킬로미터인 우리 한반도의 넓이도 그때는 훨씬 더 넓었던 셈이다. 그 대신 뷔름 빙기가 시작되기 전의 간빙기 중 얼음이 가장 적어졌을 때에는 해면이 현재보다도 훨씬 높아져서 해안에 있는 도시는 바닷물 밑에 잠겨 있었던 셈이다. 이것은 해안지 방에서 발견되는 패총(貝塚)들을 이어 보아도 해안선이 조금씩 물러갔다는 것을 뚜렷하게 알 수 있다.

크게 달라질 지명

현재는 간빙기로 아직 3분의 1쯤 얼음이 남아 있다고 하니 앞으로 당분간은 바닷물은 느린 속도이기는 하지만 조금씩 불어간다. 그렇게 되면 우리나라의 해안지방에 있는 낮은 평야는 조금씩 바다 밑으로 잠겨 들어가게 된다.

그것은 앞으로 1,000년이나 2,000년 정도로는 눈에 보이지 않지만 1만 년, 2만 년이 지나면 꽤 달라져 있을 것이다.

5만분의 1 지도를 펼쳐 놓고 해안에서 50미터 안팎의 등고선을 훑어가면 앞으로 약 3만 년 후의 해안선을 상상할 수 있다.

그 무렵에는 청진이나 평양의 기온이 현재의 제주도쯤 되고, 서울의 기온은 남해안 지방쯤으로 따뜻해져 우리나라 각 지방의 산업도 퍽 달라질 것이다.

알래스카의 콜롬비아 빙하

그러고 나서 또다시 1만 년이나 2만 년쯤 지나면 이번에는 해안선이 조금씩 물러가게 된다. 빙기가 시작되고 얼음이 불어나기 때문이다. 그래서 현재의 해안까지 물러갔을 때 해안지방의 평야들은 어떻게 되어 있을까?

아무튼 2~3만 년 동안이나 바다 밑에 잠겨 있었으니, 토지의 성분이나 성질이 상당히 변해 있을 것이다. 그리고 천천히, 아주 천천히 평야를 개조해 갈 것이 분명하다. 그보다는 그 무렵의 인간사회는 어떻게 되어 있을 것인가가 문제이다.

지금으로부터 1만 년 전이라면 온 세계의 대부분이 아직 구석기시대였고, 그것이 1만 년 사이에 현재와 같이 변모했다.

특히 20세기 후반의 문화는 눈부시게 발전하고 있으며, 이런 속도로 발전해 나간다면 1만 년, 2만 년, 5만 년 후에는 어떻게 되어 있을 것인지……누구도 상상하기 어렵다.

그리고 그 후 다시 1만 년, 2만 년이 지나면 서울지방은 함경도보다도 더 추운 지방, 아마도 시베리아 같은 기후가 되어 있을지도 모른다.

물론 해안선은 훨씬 물러나 있고 흑산도는 평지 위에 서 있는 산이 될 것이다. 부산이나 인천은 해발 50미터에서 100미터나 되는 높은 지대에 있는 도시가 될 것이고 해안에서 멀리 들어간 내륙 도시가 될 것이다.

문화가 계속 발전하고 그만큼 사람들도 총명해져 평화가 계속되면서 지금은 바다 밑에 잠겼던 부분도 육지로 변하고, 그 지방을 사람들은 숲들이 울창한 꽃피고 새우는 아름다운 고장으로 가꿀 것이다.

인간이나 그 밖의 갖가지 동물들이 살아 있는 한 식물은 필요하다. 식물들이 아름답게 번식하기 위해서는 여러 가지 곤충이나 새들, 그 밖의 작은 짐승들도 있어야 한다.

만약 산업이나 토목기술 등은 발전하나 인간의 슬기가 그만큼 총명해지지 않는다면 평지에는 도시만이 무질서하게 뻗어나가고 공장들이 들어서 여전히 공기나 물을 더럽히고 말 것이다.

아니, 그보다도 지금의 상태대로 되어 간다면 다음 빙기가 오기 훨씬 전, 앞으로 100년이나 200년쯤만 지나도 지구는 육지나 바다 할 것 없이 생물이 살아 갈 수 없을 만큼 더러워질 것이 분명하다. 생물이 없으면 모든 것은 사막으로 변하고 더러워진 공기만 남는다. 그리고 바위와 돌과 모래 사이에는 플라스틱 쓰레기가 흩어져 있을 것이다.

그런 세계에 몇 만 년마다 역시 빙기와 간빙기가 되풀이되고 더러워진 바닷물만이 육지로 들어왔다 물러갔다 하게 될는지도 모른다.

if

18. 인공적으로 기상 조절을 할 수 있다면?

우리나라에는 매년 6월에서 7월에 걸쳐 장마철이 있고, 또한 가을에는 막대한 피해를 낳는 태풍이 온다.

게다가 해에 따라 기후가 순조롭지 않아 지나치게 춥거나 덥기도 하고, 비가 많이 내리기도, 적게 내리기도 해 농사에 영향을 미치기도 하고, 교통이나 사람의 생활에 불편을 주는 일이 많다.

만약 이런 것을 인공적으로 조절할 수 있다면 얼마나 편리할까? 과연 조절은 할 수 있을까? 그리고 할 수 있다면 지구 전체에 어떤 영향을 미칠까?

기상상태는 과학적인 근거에서

사람의 생활은 아득한 옛날 원시시대부터 기상의 변화에 좌우되어 왔다.

비가 너무 많이 내리면 홍수가 나고, 또 비가 오지 않으면 한발이 들어 사람들은 집을 떠내려 보내고 물에 빠져 죽기도 하고, 혹은 농작물의 수확이 없어 굶어 죽기도 했다. 아무튼 날씨는 옛날 사람들에게는 인력으로 어쩔 수 없는 운명 같은 것이었다.

날씨를 미리 예측하는 것은 말할 것도 없고, 더군다나 소원대로 비를 내리게 하거나 내리지 않게 하는 일 따위는 엄두도 내지 못했다.

그래서 사람들은 큰 비나 눈이나 가뭄을 하느님이 노하신 것으로 생각하고 무당들의 굿이나 기도로 하느님의 노여움을 풀어 소원을 성취하려 했다. 물론 오늘날에 있어서는 기상이라는 것의 정체는 알고 있다.

그것은 지구를 둘러싸고 있는 두터운 대기층 안에서 일어나는 갖가지 물리현상 때문인 것이다. 비도 바람도 태풍도, 그 밖의 모든 기상은 그 나름대로의 과학적인 근거가 있어서 일어나는 것이다.

이를테면 비는 해면이나 육지에서 태양열을 받아 데워져 올라간 수증기가 식어서 물이 되어 다시 지구로 떨어지는 현상을 말하며, 그것이 결정(結晶)해서 떨어지면 눈이 되고 얼음덩이인 채로 떨어지면 우박이 되는 것이다.

요즘에 이르러서 과학의 힘으로 이런 기상의 구조를 상당히 정확하게 알게 되었다.

그렇다면……그만큼 과학이 발달했으면, 그 지식과 기술을 이용해서 기상을 인간생활에 보다 더 편리하게 조절할 수 있어야 할 것 아닌가 하는 문제가 나온다. 이런 생각에서 출발한 것이 기상 조절이라는 분야이다.

얼마 전까지 미래의 과학기술의 발달을 예측하는 책들에는 다음과 같은 것이 곧잘 나왔다.

(1) 태풍의 원인이 되는 열대성 저기압이 남태평양이나 인도양, 카리브 해상에서 발생하면 그 세력이 아직 미약할 때에 약품을 뿌려 파괴해 버린다. 그러면 태풍 때문에 일어나는 모든 피해를 막을 수 있다.

(2) 베링 해협에 댐을 만들어 북극해에서 흘러나오는 한류(寒流)를 막아 동해나 오호츠크해에 면한 지역을 따뜻하게 만든다.

(3) 북극해 자체를 따뜻하게 바꾸어 얼음을 녹이고, 시베리아나 캐나다 북부의 기후를 고쳐 풍요한 토지로 만든다. 또한 6월에서 7월에 걸쳐 찾아오는 장마전선을 기상조절로 없애버리고, 습도가 높고 비가 많은 장마철 자체를 없애는 일들을 학자들은 생각해 보기로 했다.

그러나 이러한 생각들은 얼마 후에 아주 경솔한 생각이라는 것이 밝혀져 많은 기상학자나 지구물리학자들이 그 잘못을 지적했다.

왜냐하면, 만약 그런 식으로 마음대로 지구상의 기상을 건드리다가는 큰 일이 난다는 것을 알았기 때문이다.

이를테면 매년 우리나라를 찾아오는 태풍은 분명히 큰 피해를 가져오기는 하지만, 동시에 이 태풍들은 우리나라 전체에 내리는 강우량의 70퍼센트나 되는 비를 내리는 아주 중요한 자연의 선물이

태풍(NASA)

기도 하기 때문이다.

만약 태풍을 전부 없애버린다면 한반도는 물이 부족해져 음료수나 가정용수는 말할 것도 없고, 수력발전이나 공업용수, 도시용수가 모자라 도저히 사람이 살 수 없는 사막같이 되어버릴 것이다.

또한 태풍은 수소폭탄의 몇 백 배나 되는 엄청난 에너지를 가지고 있다. 따라서 만약 그 태풍을 파괴하는 데 실패한다면 그것은 방향을 바꾸어 중국이나 그 밖의 다른 나라로 상륙, 예기치 않은 큰 손해를 입혀 국제적인 분쟁이 일어날지도 모르는 일이다.

또한 베링 해협을 막아 댐을 만든다는 것도 생각해 봐야 할 문제이다.

균형을 유지하고 있는 지구의 대기

그렇게 큰 공사를 할 수 있느냐 하는 것은 별개의 문제로 치더라도, 만약 그렇게 해서 한류를 막고 북극해나 오호츠크해를 따뜻하게 만들면, 거기서는 전에 없이 많은 수증기가 올라가 습기를 띤 바람이 되어 동해지방에 큰 비나 눈을 내리게 할지도 모른다.

그뿐만이 아니다. 지구의 대기는 아주 미묘한 균형을 유지하고 있다. 온 세계의 바다나 육지에서 증발하는 수증기의 양과 눈이나 비가 되어 내리는 양은 거의 같다.

다시 말해 증발한 만큼 다시 본래대로 물로 되돌아가도록 자연이 잘 조절해 주고 있는 것이다.

태풍도 그런 자연의 조절작용의 하나이다. 먼저 태풍이 왜 열대지방에서 발생하는지를 생각해 보자.

지구에는 대량의 태양열과 빛에너지가 항상 내리쏟고 있다. 그 에너지는 적도 근처에 제일 강하게 쏟아지고 있기 때문에 이 지역에는 아주 큰 양의 열이 모인다.

토네이도

적도 아래에 있는 남양의 섬들이나, 아프리카, 남미, 인도, 오스트레일리아가 1년 내내 더운 것도 물론 그 때문이다.

만약 이 열이 아무데로도 발산되지 않고 그대로 있다면 어떻게 되겠는가? 열대지방의 습도는 맹렬히 올라가 도저히 사람이 살 만한 곳이 못 될 것이다.

그러나 다행히도 기체나 액체에는 대류현상이라는 것이 있다. 더워진 대기는 지구의 자전 때문에 커다란 소용돌이가 되어 적도에서 북극 쪽으로 이동해 가는데, 이것이 태풍인 것이다.

다시 말해 태풍은 적도 근처의 더운 열을 차가운 북반구로 날라 지구 전체의 대기온도를 평준화하려는 작용―바꾸어 말하면 균형을 잡으려는 작용을 하고 있는 것이다.

이것은 한국이나 일본으로 오는 태풍도 그렇고, 인도를 엄습하는 토네이도나 북미주에서 맹위를 떨치는 허리케인도 모두 마찬가지다. 또한 몬슨(monsoon, 季節風)이나 우리나라의 장마도 비슷한 역할을 하고 있다는 것이 차차 밝혀지고 있다.

이와 같이 자연은 아주 정교하게 지구 전체를 조절하고 있는 것이다. 이와 같은 자연의 조절작용을 멋대로 바꾸면 상상도 할 수 없을 만한 가공스러운 결과를 가져올 우려가 있다.

물론 그렇다고 해서 기상을 조절하는 것이 절대로 불가능하다거나 불필요한 것은 아니다.

지구에서 비가 오지 않기 때문에 농사도 지을 수 없고 사람도 살 수 없는 지역이 많이 있다. 이런 곳에 인공적으로 비를 내리게 해서 기름진 땅으로 바꾸어 나간다는 것은 언젠가는 할 수 있을 것이다.

또한 이상 기상으로 가뭄이 계속된다거나 할 때 농작물의 피해를 막기 위해서도 인공강우는 필요하며, 그런 연구는 실제로 진척되고 있다.

그리고 태풍의 세력이 너무 크거나 할 때에는 그 피해를 줄이기 위해 태풍을 약화시키는 기술도 절대로 필요하다. 이런 기술들은 이미 미국에서 큰 규모로 실험이 계속되고 있기 때문에 아마 멀지 않아 실용단계에 들어가게 될 것이다.

그러나 이런 기술을 잘 활용하기 위해서는 지구 전체의 기상 구조를 더 소상하고 정확하게 전체적인 연관 속에서 조사해야 한다.

천리안 기상위성

이러한 조사는 지금 여러 나라에서 진행되고 있다.

미국의 인공위성—특히 「넘버스」나 「타이펄스」 같은 기상위성도 그런 조사를 하는 위성이다. 이들 기상위성은 대기권 밖에서 레이더나 적외선 스코프를 사용해서 구름의 모양이나 태풍을 사진으로 찍어 그것을 지상에 있는 기상대로 보내온다. 기상대에서는 그것을 컴퓨터에 넣어 태풍의 진로나 크기, 속도 등을 계산해 내는 것이다.

이런 기상위성에서 보내온 정보 덕분에 현재는 재빨리 태풍경보나 폭풍 주의보를 내릴 수 있어 어선이나 태풍의 진행방향에 있는지역 사람들에게 피난 준비를 시켜 많은 인명이나 재산 피해를 막고 있다.

미국의 기상국에서는 이것들을 보다 대규모로 입체적으로 처리하는 「고스트(GHOST) 계획」을 추진하고 있다. 이것은 전 세계의 바다 위에 부이(buoy, 부표)를 띄우고, 공중에는 1,000미터, 2,000미터, 3,000~5,000미터까지 그 높이에 따라 관측기계와 통신기를 실은 기구를 띄워 놓는 것이다.

하나하나의 기구는 항상 자기의 위치와

비행기로 요드화 은을 뿌린다

요드화 은 입자가 목표 구름에 도달한다

요드화 은은 얼음 크리스탈 형성에 도움이 된다.

인공강우의 발전은 물이 부족한 아랍지역에 큰 기대를 걸고 있다.

고도·습도·풍속 등을 관측해서 그것을 끊임없이 대기권 밖에 있는 기상위성으로 통신한다.

기상위성에는 대형 전자계산기가 있어 전 세계 수천 개의 관측기구나 부이에서 보내오는 기상정보를 정리, 일정한 시간마다 입체적인 천기도를 만들어 그것을 전 세계의 기상대로 보낸다.

각 국의 기상대에서는 그것을 보고 아주 정확한 일기예보를 할수 있다. 더구나 기상이 시시각각으로 변하는 것까지 훤히 알 수 있는 것이다.

아랍에미리트(UAE)는 세계 담수화 수의 약 14%를 차지하는데, 이는 사우디아라비아 다음으로 담수 부족을 해결하기 위한 잠재적 방법으로 클라우드 씨뿌리기 기술을 활용하고 있다.

사우디아라비아의 리야드는 작년에 영국에서 강우량을 거의 20퍼센트 증가시키기 위한 구름씨뿌리기 프로그램을 승인했다. UAE에서는 2017년 정부가 9개의 우천 강화 프로젝트에 거액을 투자하면서 이 작업이 더 일찍 시작되었다.

과학자들은 실험적인 드론 기술을 사용하여 적운(積雲)에 전기충격을 전달하여 적운에 뭉쳐 강수량을 발생시킴으로써 인간이 만든 폭우를 만들 수 있다.

유엔의 가프(GARP, 지구 대기 조사계획)가 세계기상을 계획하고 있는 기구이다.

이 계획은 각 나라가 자기 나라 주변을 분담해서 상세한 기상 상태를 조사하고 그것을 종합해서 온 세계에 기상예보를 하자는 것이다.

이것이 궤도에 오르면 세계의 기상예보는 현재보다 훨씬 정확해질 것이다. 뿐만 아니라 이런 계획이 순조로이 발전해 나가면 언제인가는 더욱 진보된 기술—기상 조절을 할 수 있는 첫걸음이 될 것이다.

그러기 위해서는 모든 나라 간의 협력이 필요하다. 그리고 이런 협력이야말로 세계화를 이룩해 가는 길로 이어지는 지름길인 것이다.

if

19. 지구 상공에 전리층이 없어진다면?

「전리층이 태양흑점의 증가로 이상을 일으켜 델린저 현상(Delli
nger phenomena, 단파에 의해 국제통신이 일시적으로 두절되는
현상)을 일으켰다」, 「단파통신이 끊겼다」하는 말을 들은 적이 있
을 것이다.

본 일도 없고, 물론 눈에 보이지도 않지만, 전리층이라는 대기층
이 지구의 상공에는 있다. 사람들은 전리층이 있는 것을 어떻게 알
았는가, 또한 그것은 어떤 역할을 하고 있는 것인가?

만약 전리층이 없었다고 가정해서 생각해 보자.

델린저 현상

「안테나를 더 높여 봐. 전력이 더 강해야 해.」, 「감도가 좋은 수
신기가 필요해.」

무선통신 장치가 갓 발명된 19세기 말부터 20세기 초에 걸쳐 기
술자들은 먼 곳과 통신할 수 있는 파장이 긴 전파연구에 열중하고
있었다.

1899년에는 영국과 프랑스를 잇는 도버해협을 횡단하는 51킬로미터의 통신에 성공했고, 이어 1901년에는 대서양을 횡단하는 3,540킬로미터를 잇는 데도 성공했다. 큰 전력을 써서 장파로 통신 거리를 연장해 나간 것이다.

그런데 1921년 「햄」이라고 불리는 아마추어 무선사들이 약한 전력으로 아주 먼 거리까지 전파를 보내어 전문적인 무선통신 기사들을 깜짝 놀라게 했다. 햄들이 사용한 전파는 단파였다. 단파는 파장이 짧은 것이다.

그러면 어떻게 해서 단파는 멀리까지 가는가, 또한 어떻게 둥근 지구의 뒤쪽까지 가는가?

그것은 지구의 상공에 전리층(電離層, ionosphere)이라는 대기층이 있어 전파가 거기에 반사되어 온다고 설명되었다.

전리층에 반사되는 단파

또한 햇빛을 받고 있는 지구의 반쪽에서 모처럼 멀리까지 가는 단파가 갑자기 약 10분에서 수십 분 동안 두절되는 일이 있는 이유도 태양면의 활동으로 전리층의 전자 밀도가 불어나 전파가 흡수되기 때문이라고 한다. 이것은 1935년에 미국의 물리학자인 델린저가 확인했기 때문에 「델린저 현상」이라고 한다.

파장이 긴 장파의 전파는 땅의 표면을 따라가는데, 가는 동안에 땅에 흡수되어 약해진다.

중파의 전파는 공중으로 나간 전파가 전리층에서 반사되어 오는 일도 있어 지표파(地表波)와 공중파가 섞여 「페이딩(fading)」이라고 하는 전파가 약해졌다 강해졌다 하는 현상이 일어난다.

파장이 짧은 전파는 땅을 따라가는 쪽은 땅 속으로 흡수되어 버리지만, 공중으로 나간 공중파는 전리층에서 반사되어 돌아온다. 이것이 지면에서 반사되어 다시 전리층으로 가고 하는 것을 되풀이하기 때문에 지구의 뒤쪽과도 통신을 할 수 있다.

초단파(VHF, Very High Frequency)는 전리층까지 가기 전에 반사·굴절·산란해서 보이지 않는 곳까지 가기는 하지만 단파 정도는 아니다. 극초단파(Ultra High Frequency)의 경우는 전리층을 뚫고 나가기 때문에 위성중계에 사용되고 있다.

「만약 전리층이 없으면 단파 통신을 할 수 없다.」, 「국제적인 통신에 불편하다.」, 「아니, 페이딩 현상이 일어나지 않으니 중파가 깨끗이 들린다.」 등등 전기통신 면에서 여러 가지로 생각할 수 있다. 그러나 대충 말해서 전리층이 없으면 상당히 곤란해질 것 같다.

방사선이 거침없이 지구에 쏟아져

그리고 그뿐이 아니다. 지구의 상공에 있는 대기는 수십 킬로미터 이상이 되면 태양에서 오는 자외선, 엑스선의 방사를 받아 산소나 질소 속의 일부 전자가 떨어져 나간다.

이것을 「전리(電離)했다」거나 「이온화했다」고 하며, 또한 이것

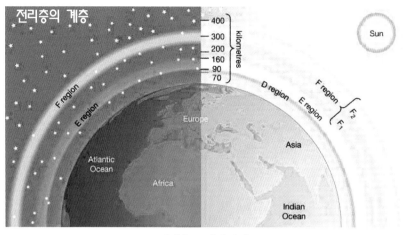

전리층(브리태니커)

이 전파를 굴절 반사하는 원인이 된다. 높이로는 지상 80~85킬로
미터에서 가장 전리가 심한데, 이것을 D층이라고 부른다. 또한 그
위쪽으로는 E층이라는 전리층이 있고, 그 위쪽이 F층이다. E층은 지
상 100킬로미터 안팎이며, F층은 200킬로미터 이상이다.

인간이 관측하고 관찰해서 기술상의 곤란을 뛰어넘으려다가 그
존재를 알게 된 전리층에 구애되어 「전리층이 없으면 통신에 불편
하다.」고만 말하고 있다가는 진짜로 중요한 문제를 놓쳐버리게 될
것 같다.

대기나 태양은 원래부터 있었다. 대기도 있고 태양도 있기 때문
에 전리층도 생긴 것이니, 만약 전리층이 없다고 치면 그 중 하나나
양쪽이 없다는 것이 된다.

태양도 대기도 있는데 전리층만 없다고 가정해 보자. 그러면 태

양에서 오는 자외선이나 엑스선, 그리고 그 밖의 방사선이 거침없이 쏟아져 내려올 것이다. 이것은 아주 위험한 일로 아마도 사람들의 생명에 중대한 영향을 미칠 것이다.

또한 생명에 큰 지장을 받지 않고 지구 위에 있는 생물들이 대체로 현재와 같이 발생하고 진화해 와서 인간이 살고 있다고 해도 가지각색의 전파가 뒤섞여 지상의 전기 통신은 상당히 어려울 것이다.

if

20. 빛이 직진하지 않는다면?

빛이 없었더라면 우리 인간은 말할 것도 없고, 우리를 둘러싼 우주 자체가 존재하지 않았을 것이다. 빛은 그만큼 중대한 것이기 때문에 오히려 우리는 그 본질에 대해 깊이 생각하지 않는 것인지도 모른다.

이를테면 빛의 가장 기본적인 성질인 빛의 직진성이 없다면 세계는 어떻게 될까? 그런 일이 일어날 것 같지는 않지만, 그런 만큼 또한 상상도 할 수 없는 괴상한 세계가 될 것이 분명하다.

빛의 기본적인 성질

여러분은 학교에서 「빛의 반사」라든가, 「굴절」을 배웠을 것이다.

빛이 물체에 부딪쳐 어떤 각도로 반사해서 우리 눈에 들어와 눈의 렌즈(수정체)에서 굴절, 눈 속에 상을 만들기 때문에 우리는 물체를 볼 수 있는 것이다. 이러한 작용의 바탕이 되는 빛의 성질은 물론 직진한다는 것이며, 이 성질 없이는 빛에 관해서 생각할 수 없다.

그러면 이러한 빛의 가장 기본적인 성질을 뒤엎어 빛이 「직진하지 않는다」―다시 말해서 어떤 방향으로도 제멋대로 돌아서 간다면 도대체 이 세상은 어떻게 될까?

우리의 주위에서 이따금 일어나는 현상으로 그와 비슷한 것을 찾아보면, 안개가 끼었을 때의 상태를 생각해 볼 때 어느 정도의 상상이 가능할 것이다.

안개는 아주 작은 물방울이 공기 속에서 떠서 부유하고 있는 상태이며, 여기서는 직진해 오는 빛이 물방울에 부딪쳐 반사하거나 굴절해서 방향을 바꾸어 사방으로 흩어져 버린다.

안개가 엷게 끼었을 때에는 그래도 물방울 사이를 빠져나오는 빛이 있기 때문에 물체의 윤곽만은 어슴푸레 보이지만, 안개가 짙게 끼었을 때에는, 이를테면 자동차의 헤드라이트처럼 강한 빛발로 비추어도 그쪽이 그저 희미하게 밝아 보일 정도밖에 안 된다.

만약 빛이 직진하지 않는다면 아무리 공기가 맑아도 이런 상태가 될 것이다.

물체의 형태를 판별하기 어렵고

강한 빛을 내는 것이 있어도 그 빛은 주위의 온 공간으로 틀어져 버리며, 특별히 강한 빛이면 그쪽이 약간은 밝게 보일는지는 모르겠지만, 반사광 때문에 보이는 물체 따위는 전혀 형태를 판별하는 것조차 어려울 것이다.

우리의 주위는 마치 해가 뜨기 직전의 새벽녘이나, 해가 진 직후의 저녁같이 희미한 밝음이 어디에서 오는지도 모르게 끼어 밝게 빛나지도 않고 그림자도 없이 우유의 바다 속을 떠돌아다니는 듯한 분위기가 될 것이다.

첫째, 태양이나 별빛도 그 빛이 우주 전체에 제멋대로 흩어져 버리기 때문에 지구까지 도달하는 빛은 훨씬 약해지며, 태양이나 별의 모습도 안 보이고 그저 낮에는 하늘 전체가 희미하게 밝을 것이며, 밤에는 온 천지가 캄캄해질 뿐일 것이다.

만약 우주가 처음부터 이런 것이었다면 이 지구상에 생명이 태어났을지 어땠을지 극히 의문이다.

눈 대신 다른 기관이

그 까닭은 생명이 태어나기 위해서는 빛의 에너지가 큰 역할을 했을 것이라는 생각이 현재의 과학이 도달한 결론이기 때문이다. 따라서 「만약 빛이 직진하지 않는다면 이 세상은 어떻게 될까?」하는 것을 생각한다는 것 자체가 우습다면 우스운 일이기도 하다.

하지만 아무튼 그러한 지구상에 무언가 생명이 싹터 동물 비슷한 것이 진화한다면 그것은 어떤 동물일까?

우선 그 동물은 빛으로 물체를 본다는 것이 불가능한 셈이니, 빛을 느끼는 눈이 없으며, 그 대신 물체의 존재를 느낄 수 있는 다른

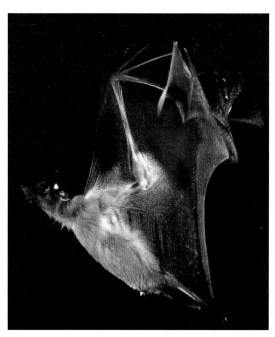

기관을 가질 것이 분명하다.

이를테면 캄캄한 동굴 속을 나는 박쥐는「찌이 찌이」하는 높은 소리를 내어 이 소리 속의 초음파가 물체에 부딪쳐 되돌아 나오는 것을 느껴서 부딪치지 않고 피해 가며 날 수가 있는 것이다.

초음파를 발사해서 사물을 구별하는 박쥐

텔레파시 능력이 발달할지도

또한 깊은 바다 속에 사는 심해어는 눈이 거의 쓸모없게 되어버려 물의 진동으로 다른 물체의 존재도 알고 움직이기도 하는 것 같다. 빛이 직진하지 않는 세계에 사는 동물은 원래부터「눈」이라는 것을 갖지 않은 채 진화를 계속할 것이다.

가장 흔한 것은 공기(만약 있다면)의 진동으로 물체를 느끼거나 박쥐처럼 특별한 음파나 전파를 발신해서 물체를 알아내는「레이더 동물」이겠지만, 그 밖에도 생물의 몸에서 나오는 열선을 느끼거나 냄새를 맡는 데 엄청나게 민감하거나 하는 다른 방법으로 상대를 알아내는 동물도 있을 것이다.

하지만 빛이 직진하지 않는 세계에서는 어쩌면 전파나 음파도 역시 직진하지 않을는지 모른다. 그런 세계에서 살아 나가는 생물은 역시 텔레파시의 능력(마음을 읽어 내는 힘)이 발달해서 마음으로 직접 사물을 「보는」 수밖에는 방법이 없을 것이다.

if

21. 이 세상에서 인력이 없어진다면?

물질들 사이에는 서로 당기는 힘이 생긴다. 그것을 인력(引力, attractive force)이라고 한다. 물체가 높은 곳에서 아래로 떨어지는 것도, 물이 낮은 곳으로 흐르는 것도 모두 인력 때문이다.

또한 공같이 생긴 지구에서 사람이나 물체가 우주공간으로 떨어져 나가지 않는 것도 지구의 인력 때문이고, 물체에 무게가 있는 것도 물론 인력으로 인한 것이다. 인력은 어떤 때에는 아주 유익하게 작용하고, 어떤 때에는 거꾸로 아주 불편한 것이기도 하다.

그러면 이 인력이 없어진다면, 혹은 없앨 수 있다면 어떻게 될까?

아직 확실히 알 수 없는 인력의 정체

인력이라는 것은 누구나가 잘 알고 있는 것처럼 생각하지만, 실은 정체를 알 수 없는 신비로운 힘이다. 우리는 누구나 물건이 떨어지는 것은 인력 때문이라는 것을 알고 있다. 우리는 태어나면서부터 죽을 때까지 잠시도 쉬지 않고 인력의 영향을 받고 있다.

과학이 발달하기 시작한 후 우리는 인력에 관해서 여러 가지를 알게 되었다. 인력은 그 행성의 크기, 질량에 따라 각각 다르다는 것도 알았다.

목성이나 토성 같은 큰 행성이 지구의 2배 반이나 되는 인력을 가지고 있다는 것, 반대로 달은 지구의 6분의 1, 화성은 3분의 1의 인력밖에는 가지고 있지 않다는 것도 알았다.

이러한 인력의 법칙을 응용해서 천문학은 굉장한 발달을 해 태양계의 모든 행성의 운동을 손바닥 들여다보듯이 알 수 있게 되기도 했다. 그러나 인력의 정체가 과연 무엇인가 하는 것은 아직 확실하게 알 수가 없다.

인력은 빛이나 열, 전기, 자력(磁力) 따위와는 전혀 다르다.

빛이나 열, 전기, 자력은 여러 가지 방법으로 만들어낼 수 있으며, 또한 빛을 열로, 전기를 자력으로 바꿀 수도 있다. 그러나 인력만은 만들어낼 수가 없다. 더구나 인력은 다른 물리적인 작용과는 전혀 관계없이 그저 거기에 있다고 밖에는 느껴지지 않는다.

인력은 또한 절대로 없앨 수도 없다.

우주선이 엔진을 끈 다음 우주비행사들이 풍선처럼 선실 속에 떠오른 것은 사실이다. 그리고 카메라나 펜 그 밖의 여러 가지 도구들도 마치 마법에 걸린 듯이 선실 속의 공간을 떠돌고, 컵 속의 물도 둥근 덩어리가 되어 떠오른다.

그러나 이것은 인력이 없어졌기 때문이 아니다. 우주선은 이때

무중량상태(weightlessness state) 훈련

틀림없이 지구의 인력에 붙잡혀 있다. 다만 이 경우는 무게가 없어져 있는 것뿐이다. 즉 무중량상태(無重量狀態, weightlessness state)인 것이다.

무게와 인력은 전혀 다른 것이다

지구의 인력은 500~600만 킬로미터쯤 떨어지면 거의 무시해도 괜찮을 만큼 적어진다. 그러나 엄밀하게 따진다면 어디까지 가도 인력이 없어지지는 않는다.

그리고 지구의 인력은 줄어들어도 태양의 인력이나, 또는 거의 알 수 없을 만큼 작기는 하지만 전 우주의 인력이 우주선에 영향을 미치고 있는 것이다.

하물며 지구의 주위를 돌고 있는 정도의 우주선에서는 지구의 표면에서 느끼는 인력의 90퍼센트 이상의 인력이 작용하고 있는데도 불구하고 무게는 없어져 버리고 만다.

이상하다, 영문을 모르겠다고 느끼는지?

하지만 이것은 조금도 이상한 일이 아니다. 그 이유는 무게와 인력이 사실은 전혀 다른 것이기 때문이다. 인력이 없어도 무게를 느낄 수는 있다. 무게는 눌러 내리는 것이 있기 때문에 느끼는 것이다. 아무것도 눌러 내리는 것이 없으면 무게는 느껴지지 않는다.

궤도에 들어간 우주선 속에서 무게가 없어지는 것은 그 우주선이나 안에 있는 우주비행사도 계속 자유로이 떨어지고 있어 눌러 내리는 것이 없기 때문에 무게가 없어지는 것이다.

무게는 없앨 수도 있고 만들어낼 수도 있다.

엘리베이터를 타고 올라가기 시작했을 때라든가, 자전거로 갑자기 달리기 시작했을 때에 눌러 내리는 듯한 느낌을 받는 것이 무게이다.

인력을 조절해 보려는 인류의 욕망

우주비행사들의 훈련소에 있는 원심가속기도 마찬가지다.

이것은 길따란 막대 같은 장치의 한쪽 끝에 사람을 태우고 다른 한쪽 끝을 중심으로 뱅뱅 돌리는 기계이다. 원심가속기를 돌리면 사람이 탄 부분에는 강한 원심력이 작용해서 사람의 몸을 좌석에 밀어붙인다. 그 밀어붙이는 힘이 무게인 것이다.

이와 같이 인력과 비슷한 무게는 만들어내는 것도 없애는 것도 간단히 할 수 있지만, 인력 그 자체는 현재의 과학으로는 아직 만들어낼 수도 없앨 수도 없다. 그러나 만들어낼 수도 없앨 수도 없기 때문에 더욱 인류는 옛날부터 인력을 조절해 보고 싶은 욕망을 가져왔던 것이다.

H. G. 웰즈

그런 욕망 중의 하나가 「반중력(反重力) 조절」이라는 생각이다. 이런 생각을 처음으로 소설로 쓴 사람이 공상과학소설의 선구자로 유명한 H. G. 웰즈라는 것은 여러분도 잘 알고 있을 것이다. 그 소설이 「달세계 최초의 인간」이다.

이 책 속에서 웰즈는 주인공인 과학자에게 「케이버라이트」라는 중력을 통과시키지 않는 합금을 발명시킨다.

주인공은 이 케이버라이트로 만든 셔터로 지구의 인력을 막아 공중으로 떠올라 간다. 그리고는 달의 인력만을 받도록 셔터를 조절해서 달까지 날아가는 것이다.

그러나 이런 아이디어가 실현되느냐 안 되느냐 하는 문제보다 여러분은 이 아이디어가 이치에 맞지 않는다는 것을 먼저 발견할 수 있을 것이다.

왜냐하면 반중력 작용을 가진 합금은 만들어낸 순간에 지구에서 떨어져 나갈 것이기 때문이다. 그것을 지구에 붙잡아 두기 위해서는 보통물질을 우주공간으로 쏘아 올릴 때와 꼭 같은 에너지가 필요하다.

하지만 중력을 조절해서 자유로이 날아다닌다는 아이디어만은 굉장한 매력이 있었던 것 같아 웰즈 이후의 수많은 공상과학 소설가들이 여러 가지 새로운 아이디어를 덧붙여서 소설을 계속 써 내고 있다.

만약 이런 방법이 실현된다면 반중력을 붙잡아두기 위해 특별한 힘을 사용하지 않아도 되니 확실히 편리할 것이다.

한때 공상과학소설에 잘 나온 허리에 두르는 반중력 벨트라든가, 반중력 엔진을 가진 우주선 등은 모두 그런 생각에 바탕을 둔 것이다.

이 밖에도 반중력 빔(전파의 다발)이라든가 반중력 파괴장치 같은 것도 곧잘 등장한다.

이것은 일종의 무기나 대규모 토목기계로 사용된다.

반중력 빔을 목적물에 비추면 그 부분만 중력을 막기 때문에 마치 거대한 칼로 도려낸 것처럼 깨끗이 떨어져 나가버린다.

또한 반중력 파괴장치는 방해가 되는 행성 등에 장치해 스위치 하나로 그 행성을 산산조각 내는—다시 말해 반중력을 사용하는 다이나마이트 같은 것이다.

그 밖에도 곧잘 화제에 오르는 비행접시(Flying Saucer)도 반중력 엔진을 갖고 있을지도 모른다고들 말하고 있다. 그 까닭은 비행접시가 별안간 직각으로 돌기도 하고, 보통 방법으로는 할 수 없는

현재 나사(Nasa)는 원반모양의 저밀도 초음속 감속기를 시험할 준비를 하고 있는데, 이 장치는 언젠가 화성에 착륙할 수 있기를 기대하고 있다.

급상승이나 급강하를 하기도 하고, 때로는 공중에서 정지하기도 하는 데서 나온 이야기다.

그런 묘한 방법으로 날아다닐 수 있는 것은 중력을 조절하는 기술 없이는 불가능하기 때문이다. 실화라고 전해지는 기현상 중에도 반중력과 관계되는 듯한 이야기가 꽤 있다.

이를테면, 남미의 어떤 지방에 있는 비탈길에서는 내려온 자동차가 도로 올라가 버린다고 한다. 다시 말해 여기서는 중력의 법칙이 빗나가 있는 것이다.

또한 미국 북부의 어떤 산 위에서는 중력이 다른 데처럼 정상적으로 작용하지 않아 그 때문에 거기서는 아무리 튼튼한 집을 지어도 얼마 못 가서 모래처럼 부서져버린다는 것이다.

하지만 이런 이야기들은 확인된 이야기가 아니며, 인력이라는 것은 지금까지의 설명으로 알다시피 물질과는 끊으려야 끊을 수 없는 관계에 있다. 물질이 있는 곳에는 반드시 인력이 있는 것이다. 따라서 인력을 없앤다거나 인력이 없어지면 어떻게 될까 하고 생각한다는 것은 실로 무리한 이야기다.

그러나 만약 그렇게 된다면 지구는 어떻게 될까?

우리는 우주비행사들처럼 기분 좋게 공중을 떠돌아다닐 수 있을까?

그렇게 될 수는 없다. 만약 갑자기 중력이 0(제로)이 되면 지구상에 있는 것은 전부 대폭발이나 일어난 것같이 우주공간에 내동댕이

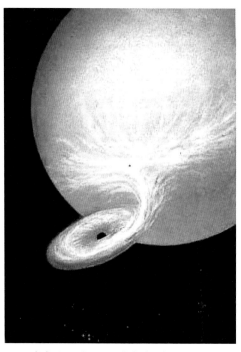

바닷물도 우주로 날아가 버리고……

쳐진다. 이것은 지구가 시속 1,600킬로미터라는 음속 이상의 속도로 자전을 하고 있기 때문이다.

지상에 있는 것은 이것저것 할 것 없이 원심력 때문에 내동댕이쳐지는 것이다. 지상뿐이 아니다. 바닷물도 마치 금붕어 어항을 흔들어 돌렸을 때처럼 한꺼번에 우주로 뛰쳐나가 버린다.

우리가 이렇게 아무 일 없이 살아가고 있는 것도 인력 덕분이다. 하기야 먼 앞날에도 절대로 인력을 조절할 수는 없느냐 하면 그것은 아직 뭐라 말할 수가 없다.

실제로 구소련에서는 상당히 오래 전부터 극저온(極低溫)을 사용한 중력 조절법을 연구하고 있다는 소문도 있다.

인류는 지금까지 많은 「불가능」을 「가능」토록 해왔다.

중력도 예외는 아닐지도 모른다.

if

22. 이 세상에서 마찰작용이 없어진다면?

우리는 인간관계가 원만하게 진행되지 않을 때 곧잘 「마찰 (friction)이 잦다」고 한다. 이것은 우리가 「마찰이라는 것은 불쾌하고 거추장스러운 것」이라고만 생각하고 있기 때문일 것이다.

그러나 길바닥에 떨어져 있는 바나나껍질을 밟아서 미끄러졌을 때 우리는 아픈 엉덩이를 만지면서 마찰이 없는 것도 곤란하구나 하고 생각할 것이다.

만약 이 세상에 마찰작용이 없어진다면 어떤 뜻밖의 일이 일어날까? 그것은 편리한 일일까, 아니면 불편한 일일까?

정지 마찰력과 운동 마찰력

우리 주위에서 운동하고 있는 물체는 그것이 다른 물체와의 마찰로 이루어지고 있다는 것을 알고 있을 것이다.

그리고 또 물건을 움직이려고 할 때, 맨 처음에 제일 힘이 들고, 움직이기 시작하면 힘이 덜 들게 되는 것은 정지 마찰력이 운동 마찰력보다 크기 때문이라는 것도 학교에서 배웠을 것이다.

뿐만 아니라 바퀴를 사용하면 무거운 것을 가볍게 움직일 수 있는 것은 구름마찰이 미끄럼마찰보다 마찰이 작기 때문이라는 것도 물론 알고 있을 것이다.

실제로 마찰은 우리의 눈에 닿지 않는 데에서도 큰 힘으로서 작용하고 있다. 이를테면 높은 하늘을 날아가는 제트기는 강력한 제트엔진으로 기체를 앞으로 밀어내고 있는 것인데, 이런 힘을 필요로 하는 가장 큰 원인은 비행기의 표면과 주위 공기와의 마찰 저항이다.

제트기와 같은 날씬한 기체가 공기 속을 음속에 가까운 속도로 날아갈 때 그 전진을 방해하는 저항력의 대부분이 공기와의 마찰에 의한 것이라는 말을 들으면 놀라는 사람도 있을 것이다.

길따란 미끄럼틀을 타고 내려오면 엉덩이가 뜨거워지는 것을 여러분은 경험해 보았을 것이다.

공기처럼 눈에 보이지도 않고, 손에 잡히지도 않는 것도 속도가 빨라지면 역시 마찰 때문에 열이 나서 초음속 여객기 콩코드가 마하 2.2(마하 1은 음속과 같은 초속 약 340미터)로 날고 있을 때에는 그 기수 부분이 공기와 마찰 때문에 실로 153도라는 굉장한 열을 낸다.

만약 마하 3으로 난다면 기수 부분은 330도 이상이 된다고 한다. 이래서 마찰이라는 것이 엄청난 것임을 알 수 있을 것이다.

이처럼 마찰의 힘은 우리 주위의 모든 운동을 방해하고 있는 가장 큰 힘이기 때문에 움직이는 기계나 물체를 움직이게 하는 장치들은 모두 이 마찰의 힘을 줄이기 위해 여러 가지로 궁리되어 있다.

만약 모든 마찰의 힘이 없어진다면 운동이라는 것은 아무것도 방해하는 것이 없어지는 셈이니 편해질 것은 뻔하다.

그렇게 되면 물론 미끄럼마찰이나 구름마찰의 차이도 없어지는 셈이니 바퀴를 달 필요도 없어지며, 이를테면 자동차는 적당한 추진력만 있으면 바퀴 없는 상자라도 잘 달리게 된다(물론 아래쪽이 반반한 지면으로 가정하고 하는 이야기다).

마찰이 없어지면 우선 타이어와 지면과의 마찰로 달리는 자동차는 마치 얼음 위에서처럼 타이어가 겉돌아 전혀 달릴 수가 없을 것이다. 그러니 그런 쓸모없는 자동차보다는 간단한 제트엔진을 붙인 상자가 훨씬 자동차답게 달릴 것이다.

바퀴가 겉돈다는 문제에 관해서는 재미있는 이야기가 있다.

증기기관차가 나오게 될 무렵, 어떤 발명가는 「쇠 레일 위를 쇠바퀴로 달리려고 하면 겉돌아서 앞으로 가지 않을 것」이라면서 톱니바퀴로 톱 같은 레일 위를 달리는 기관차를 생각했다.

요즘 같으면 여러분도 마찰력은 무게에 비례한다는 것을 알고 있을 테니까 이 발명가를 비웃겠지만, 만약 마찰이 없는 세상이 된다면 이와 같은 톱니 레일 위를 달리는 톱니바퀴 식 기관차가 필요해질 것이다. 이런 기관차는 별로 빠르지는 않겠지만, 속력을 자유롭게 조절할 수 있는 기차로 꽤 편리할 것 같다.

마찰이 없는 세상에서는 기차나 자동차는 속도 조절에 곤란을 겪게 될 것이다.

우리가 현재 살고 있는 마찰이 있는 세상에서는, 이를테면 자전거 브레이크는 바퀴에 고무를 밀어붙여 그 마찰로 회전을 멈추게 하고 있다. 이처럼 브레이크는 마찰을 응용한 것이 대부분이니, 마찰이 없는 세계에서는 거의가 다 한 번 달리기 시작하면 멈추기가 어려워질 것이다.

속도 조절을 위해서는 역추진 로켓을

역추진 로켓(retro-rocket)이 있다. 추력(推力)은 진행방향과 반대가 되어 속도를 줄이기 때문에 비행체의 감속용(減速用) 로켓이라고 할 수 있다.

감속용 로켓을 그 목적만을 위해 특별히 설비하는 경우는 드물고, 대부분 비행체 전체의 방향을 반대로 해서 보통의 추진용 로켓을 그대로 사용한다.

이 로켓은 인공위성을 그 궤도로부터 지표를 향해 강하경로(降下經路)로 옮길 때나 달 표면에 연착륙(軟着陸)할 때 등에 사용된다.

우주선이 도킹할 때 속도를 조절하듯 역추진 로켓(retro-rocket)을 분사해 속도를 떨어뜨리는 방법도 떠오르지만, 그것만 해도 상당히 까다로운 일이다.

차뿐만 아니라 우리가 걷는 것도 쉽지는 않을 것이다. 사람이 걸

역추진 로켓(retro-rocket)

어가는 모습은 롤러스케이트를 신고 얼음 위를 걷는 것과 비슷할 것이다. 그러니 바나나껍질을 밟은 것쯤은 문제가 되지 않는다.

그래도 사람이 살아가자면 걸어 다녀야 하니 도로를 철판으로 포장해서 구두 바닥에 자석을 붙인다거나 해야 할 것 같다. 무거워서 걷는 꼴이 이상해지겠지만, 길이 들면 좀 나아지지 않을까?

철판으로 포장한 도로라면 자동차(라기보다는 자동상자)도 바닥에 브레이크용 전자석(電磁石)을 붙여 놓으면 멈추고 싶을 때에 제트엔진을 멈추면서 동시에 전자석에 전기를 넣으면 자동상자는 정지하게 될 것이다. 이와 같은 이점이 있으니, 마찰이 없는 세계에서는 아무래도 철판 포장도로가 필요할 것 같다.

그런데 지금까지 우리는 움직이는 것만 생각해 봤지만, 사실은 우리 주위에서 마찰이 하고 있는 역할은 물체를 움직이지 않는다는 쪽이 훨씬 중대하다.

우리는 무거운 물건을 어디에다 두면 움직이지 않고 그 자리에 있는 것을 당연한 것으로 생각하고 있지만, 실은 이것도 마찰이 없으면 손끝만 약간 닿아도 아무리 큰 장롱이라도 쉽게 미끄러져 가 버리고 만다.

물건을 놓을 때는 접착제를 사용

그러니 마찰이 없는 세계에서는 크거나 작거나 간에 물건을 놓을 때는 반드시 접착제 같은 것으로 고정해 두었다가 움직일 때는 그것을 일일이 떼어내야 할 것이다.

이런 말을 하면 여러분 중에는 접착제를 쓰지 않아도 매직테이프나 지퍼 같은 것으로도 고정시킬 수 있지 않느냐고 생각할 사람이 있겠지만, 실은 매직테이프도 지퍼도 모두 마찰을 이용해서 만든 것이기 때문에 마찰이 없는 세계에서는 아무 소용이 없다.

그 외에도 뜻밖의 일은, 마찰이 없는 세계에서는 전혀 못을 쓸수 없다는 것이다. 못은 박힐 때 그 주위에서 압력을 가해서 생기는 마찰의 힘으로 빠지지 않기 때문에 마찰이 없는 세계에서는 역시 쓸모가 없어진다.

따라서 이를테면 두 장의 판자에 구멍을 뚫어 볼트와 너트로 연결하면 되지 않겠느냐고 말할는지 모르지만, 그것도 역시 소용없다. 틀어박은 너트가 볼트에서 빠지지 않는 것도 역시 마찰 때문이다.

따라서 이런 경우에는 두 장의 판자를 접착제로 붙이거나 못으로 박은 후에 화약의 폭발로 못 끝이 사방으로 퍼져 빠지지 않게 되는 못을 박을 수밖에는 없다.

볼트, 너트가 쓸모가 없다면 우리 주위에서는 곤란한 문제가 많이 일어난다. 가스나 수도꼭지는 어떻게 하면 안전할까? 일일이 자물쇠라도 걸어야 할까? 하지만 그 자물쇠도 마찰을 응용하지 않은 전자(電磁) 자물쇠가 아니면 소용이 없다. 그것뿐만이 아니다.

우리는 눈이 나쁘면 안경을 쓰고, 글을 쓸 때에는 펜을 쥐고 쓰지만, 펜을 쥐는 것도 손과 펜과의 마찰 때문에 되는 것이고, 마찰이 없으면 안경도 코 위에 얹혀 있지는 않는다. 그러면 머리에 붙잡아 매야 할까? 아니, 그래도 마찰이 없으면 끈으로 매어도 끈은 미끄러져 빠져나가듯이 풀려버린다.

그러니 마찰은 역시 우리 생활에 없어서는 안 되는 귀중한 것임을 알 수 있을 것이다. 우리는 슬기롭게 인간관계의 마찰이나 줄여 나가도록 힘쓰는 것이 바람직할 것 같다.

if

23. 전기가 일어나지 않는다면?

전기가 없는 세계—그것은 상상할 수조차 없다. 원시시대에도 벼락은 있었고, 마찰전기는 어디에서나 일어나고 있다.

우선 인간이나 동물의 몸속에 전기가 있다.

살아 있는 사람이 주위의 물체를 느끼고 손발을 움직이는 활동에는 반드시 전기가 관계하고 있다. 그런데도 우리는 전기가 일어나지 않는다거나 전기를 일어나지 않게 한다는 말을 쓴다. 그 말은 어떤 것을 가리키는 것일까?

전기의 발생은 이 세상 어디에서나

「전기가 일어나지 않는다」는 말은 물리실험 등에서 잘 쓰이는 말이다. 이를테면 발전기 세트를 조립한 후 회전자(발전기의 중심에 있는 회전하는 부분)를 돌려도 작은 전구가 켜지지 않을 때 이런 말을 하게 된다.

이 경우는 그 발전기 세트 속에서 전기가 일어나지 않았거나, 전기는 일어났는데 전구까지 흐르지를 않고 다른 데로 달아났거나,

전구가 끊어졌거나 그 중 하나일 것이다.

이럴 때는 전선에 이어진 부분을 잘 살펴봐야 한다. 실험용 세트에서는 극히 적은 전기밖에는 일어나지 않기 때문에 틈이 조금만 있어도 안 된다. 납땜질로 잘 이어두어도 안 될 때에는 자석과 회전자가 너무 떨어져 있거나 어딘가가 접촉하고 있는 것일 게다.

또한 유리나 에보나이트 막대를 문질러 마찰전기를 일으킬 때에도 아무리 문질러도 검사기의 바늘이 끄떡도 하지 않는 수가 있다. 이런 경우는 대개 막대기나 문지르는 베가 젖어 있는 것이 원인이다. 전기는 수분을 타고 도망해 버리는 것이다.

우리가 지구상에서뿐만 아니라 더 범위를 넓혀 우주 어디에서든지 간에 전기가 옮겨가지 않는 경우는 있어도 전기가 일어나지 않는 일은 없다.

그 까닭은 사람이나 돌이나 물, 직물……등 모든 것이 원자로 되어 있기 때문이다. 그 원자는 양자(proton)와 전자(electron)로 되어 있다.

양자는 플러스 전기, 전자는 마이너스 전기를 갖고 있어 양자와 전자가 결합해서 하나의 원자를 만들면 플러스와 마이너스 전기가 붙어버리기 때문에 전기가 없는 상태가 된다. 따라서 양자와 전자를 떼어놓은 상태가 되었을 때 전기가 일어났다고 한다.

이때 양자와 전자는 서로 붙으려고 잡아당긴다.

그래서 양자와 전자가 결합할 수 있도록 길을 터주면 양자나 전

전기가오리 : 조수 웅덩이와 같은 용해된 산소가 거의 없는 환경에서 살아남을 수 있다. 광선은 물속의 산소 분압이 10-15 Torr 이하로 떨어질 때 완전히 호흡을 멈추고, 적어도 5시간 동안 그러한 상태를 유지할 수 있다.

자는 서로 움직여 간다. 이것이 전류이다.

이상은 전기를 일으키는 주요한 원리이지만, 실제로는 이 지구상에는 양자나 전자가 서로 떨어져 있는 상태에 있는 것이나, 떨어지기 쉬운 상태에 있는 것이 많기 때문에 전기는 일어나기 쉽다.

이와 같이 전기는 언제 어디서나 쉽게 일어나기는 하는데, 그것을 목적에 맞게 쓸 수 있도록 하는 것이 아주 까다로운 일이다. 무엇이건 타고 옮겨 달아나려고 하기 때문이다.

이와 같이 전기는 아무거든 옮겨 통해서 달아나는 성질이 있는데, 다만 전기를 잘 전하는 것과 잘 전하지 않는 것이 있다.

유리나 플라스틱은 잘 전하지 않는다. 물은 그것도 섞여 있는 혼합물이 많을수록 전기를 잘 전하기 때문에 사람이나 동물의 몸은 전기를 잘 전한다. 금속도 잘 전하는 물질이다.

발전소의 발전기에서 공장이나 가정으로 전기를 끌 때에는 전기를 잘 전하는 물질과 잘 전하지 않는 물질로 길을 만든다.

그것은 수도 파이프와 비슷하다. 전선의 중심에 구리선이 있는 것은 전기가 잘 통하도록 만든 길이다. 그리고 그 둘레를 싸고 있는 것은 엉뚱한 데로 전기가 빗나가지 않도록 하는 전기가 잘 통하지 않는 물질이다.

공기도 전기를 잘 통과시키지 않는 물질이니 구리선을 그대로 두어도 상관은 없지만, 그 구리선에 사람이 닿으면 사람 쪽으로 강한 전기가 왈칵 흘러 들어와 위험하기도 하고, 구리선에 다른 물건들이 닿으면 갖가지 사고가 일어난다. 따라서 아주 특수한 장소 외에는 구리선만을 사용하지는 않는다.

플라스틱은 마찰 전기를 쉽게 일으키는 물질 중의 하나이다. 플라스틱의 일종인 화학섬유로 만든 옷을 입고 다니면 마찰 전기로 옷감과 옷감이 붙어서 옷 모양이 일그러져 난처할 때가 있다.

이런 일을 막기 위해서 전기를 잘 통과시키도록 가공한 실을 섞어서 옷감을 짜는 둥 머리를 짜내고 있다.

그러면 전기가 전혀 안 일어나는 일도 있을까?

이를테면 양자만의 세계, 전자만의 세계를 만들 수 있다고 하자.

그러나 그래도 전기는 일어날 것이다. 양자나 전자는 보다 더 작은 입자들로 구성되어 있다. 그러니 양자가 있으면 그 양자가 가지고 있는 플러스 전기의 영향으로 주위에 작은 입자들이 모여 와서 양자와 맞먹는 전자가 생겨나기 때문이다.

그렇다면 전기가 없는 세계는 만들 수 없을까?

그것도 안 될 것이다. 아무리 완전한 진공상태를 만들었다 해도 그 진공의 공간을 무엇으로 둘러쌀 수 있겠는가.

유리나 콘크리트라도 원자는 쉽게 뛰쳐나간다. 거기다 아무리 진공상태를 만들어도 빛이나 전파 등의 전자파는 들어가게 마련이다. 전자파가 들어가면 전기가 없는 세계라고는 말할 수 없다.

if

24. 시간 그 자체가 어긋나 버린다면?

시계가 틀린 것도 아니고, 약속 시간을 어긴 것도 아닌데 시간 그 자체가 어긋나 버린다면?

인간은 시간에 눈금을 만들어 쓰기 쉽도록 궁리를 거듭해 왔다. 그런데 지금 시간에 관한 새로운 생각이 나는 것이 당연하게 되어 버렸다. 「상대성 원리」의 입구를 살짝 들여다보는 데까지 생각해 보기로 하자.

지구의 자전을 바탕으로 정한 하루

만약 시간이 어긋난다면 여러 가지 곤란한 일이 일어날 것이다. 시계는 정확하지 않으면 안 되고, 시간 약속은 지키지 않으면 안 된다—이것은 생활의 상식이다.

일상생활에 있어서 시간이나 혹은 시계가 틀렸다는 것은, 지구의 자전을 바탕으로 해서 정확한 하루를 24시간으로 쪼개고, 그것을 다시 분, 초로 쪼갠 시간을 바탕으로 하여 약속으로 정한 한국표준시에 맞춘 것이 어긋났다는 뜻이다.

세계 각지의 표준시는 영국의 그리니치(Greenwich Observatory)를 기준으로 경도 15도마다 1시간의 차이가 나도록 되어 있다.

따라서 세계 각국에서 사용하는 시각의 차이는 항상 일정하기 때문에 나라마다 시각의 차이가 있

영국 런던의 그리니치 천문대(Greenwich Observatory)

어도 이것은 별 문제가 될 것이 없다.

따라서 일상생활 속에서 시간이 틀렸다면 대개는 그 사람의 탓이거나, 시계가 고장 났다고 밖에는 생각되지 않는다.

오래 전 우리나라에는 시간 약속을 잘 지키지 않는 사람이 많아 한때「코리안 타임」이라는 불명예스런 말까지 있었다.

어떤 한 사람이 모임에 30분 늦게 나가고 스무 명이 정시에 와 있었다면 이 한 사람 때문에 스무 명은 각각 30분의 시간낭비를 해 도합 20명에게 10시간을 낭비시키게끔 강요한 셈이 된다.

뿐만 아니라 나머지 사람들 중에는 그 모임이 끝난 후의 스케줄

을 짜 놓고 있는 사람들도 많이 있을 테니, 지각하는 사람은 남에게 큰 죄를 짓는 격이다. 그러니 여러분은 약속한 시간만은 어떤 일이 있어도 지켜야 한다.

그건 그렇고—시간이라는 것은 과거에서 미래 쪽으로 한 방향만으로만 흘러 되돌아가지는 않는다.

원래는 시간에 연·월·일이나 몇 시, 몇 분이라는 눈금은 없었는데, 이것은 사람들이 편리하도록 만들어낸 것이다. 날이 밝아 낮이 계속되고, 해가 져서 밤이 계속되며, 다시 아침이 찾아드는 것—이것은 지구가 자전을 하고 있기 때문이지만, 이렇게 한 번 돌아오는 것을 하루로 정한 것이다.

또한 봄·여름·가을·겨울의 계절도 차례로 돌아온다.—이것은 지구의 공전 때문인데, 이것을 1년으로 하자고 정한 것이다. 그래서 사람들은 이것으로 과거 시간의 어떤 한 점에서 세어 얼마만한 시간이 흘렀는지를 나타내게 된 것이다.

2000년이라는 것은 예수 그리스도가 태어난 때부터 세어서 2000년째라는 뜻이다(최근 그리스도가 태어난 해가 계산이 잘못 되었다는 것이 거의 확실해졌지만, 오랫동안 써 온 달력을 그대로 쓰고 있는 것이다).

시간에 눈금을 긋는 것뿐만 아니라, 모두가 같은 눈금을 사용하느냐, 아니면 다른 눈금을 쓸 때에는 이 눈금과 얼마만큼 차이가 나는가 하는 것을 분명히 해두려고 인간은 오랫동안 머리를 많이 짜

내고 있었다.

사냥이나 낚시질로 살아갈 때에는 시간은 그다지 중요하지 않았
겠지만, 식물을 재배해서 농사를 짓게 되면서부터는 시간은 아주
중요하게 되었다. 씨는 언제쯤 뿌려야 되고, 언제쯤 홍수가 나는지
를 알기 위해 달력을 만들지 않으면 안 되게 된 것이다.

그리고 사회생활이 복잡해질수록 더욱 시간은 정확하지 않으면
안 되게 되었다. 이 때문에 요즘은 천체 관측을 하고 서로 약속을
해서 시간을 정확하게 정해 놓고 있는 것이다.

평균 태양일이라고 하는 것

옛날에는 달력이 점점 어긋나가서 현실과 맞지 않는 일이 곧잘
일어났다. 그러나 지금은 온 세계에서 지구의 자전, 공전에 관계있
는 시간을 사용하고 있으니, 그처럼 달력이 빗나갈 걱정은 없어졌
다.

하루의 길이는 지면에 수직으로 세운 막대기의 그림자 길이가
가장 짧아지는 시각, 다시 말해 태양이 정남에 있는 시각에서 다음
날 같은 시각까지를 말하지만, 실은 이것도 주기적으로 변화한다.

이것은 지구가 공전하고 있는 궤도가 타원형이며 지구 자신이
비스듬하게 돌기 때문인데, 그래서는 곤란하다고 해서 평균해서
「평균태양일(mean solar day)」이라는 것을 생각해 냈다. 평균태
양일을 24등분한 것이 1시간이며, 8만 6,400분의 1로 쪼갠 것이 1

초이다.

그런데 이것은 지구가 한 바퀴 도는 시간을 기준으로 하고 있으며, 그 기준이 생활에 불편이 없다는 점이 전제가 되어 있다.

하지만 이 기준은 정말 조금도 빗나가는 일이 없을까?

실은 지구의 자전속도는 해마다 극히 조금

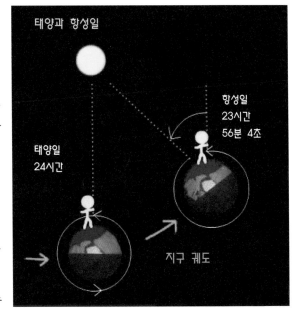

태양과 항성일

항성일
23시간
56분 4초

태양일
24시간

지구 궤도

평균태양일(mean solar day)

씩이기는 하지만 늦어지고 있다. 그리고 또 조석작용(潮汐作用)이나 계절적인 대기나 해수의 이동, 혹은 그 밖의 돌발적인 이유로 자전속도가 늦어지는 정도에는 변화가 생긴다.

이를테면, 1956년 초부터 1957년까지의 2년 사이에 하루의 길이가 10,000분의 8초만큼 길어진 일도 있었다.

지구는 먼 훗날에는 현재의 47일에 한 번 회전할 운명에 있다. 그 까닭은 조석작용이 브레이크를 걸고 있기 때문이라고 한다.

그 밖에도 지구 내부의 액체 같은 것의 영향으로 불규칙적으로 빨라졌다 늦어졌다 하기도 하고, 또한 계절 별로 주기적으로 속도

Solar & Lunar Year Calendars

가 달라지기도 한다. 이것은 대기나 조석과 관계가 있다고 한다.

일정한 원자의 진동 수

그래서 아무래도 믿음직스럽지 않아 1초는 1889년 12월 31일 정오(세계표준시 : 우리 시간으로는 오후 9시) 때의 1태양년(solar year)의 3,155만 6,925.9747분의 1로 정해 놓았다.

그러나 이 새로운 초의 길이는 이론으로는 일정불변하고 이상적이지만, 정확하게 측정하는 데 지나치게 많은 시간이 소요되었다.

원자의 진동수는 각 원자에 따라 정해져 있어 외부의 변화에 영향을 받지 않는다. 그래서 원자가 내는 빛(전자파)을 증폭해서 진동

원자시계(atomic clock)

수를 세어 그 주기를 시간이라는 눈금의 자로 사용하는 것이다.

자, 이러면 이제는 안심이다. 시간이 어긋날 일이 없다고 말할 수 있을 것 같지만, 현대물리학에 의하면 시간의 흐름이 모든 것에 대해 공통되는 것은, 서로가 상대방에 대해서 정지해 있을 경우뿐이라고 한다. 반대로 상대적으로 운동하고 있는 것끼리는 시간의 흐름이 달라지는 것이다.

이렇게 되면 원자시계(atomic clock)도 믿을 수 없다. 빗나가는 일이 일어날 수도 있다는 이야기가 된다.

이를테면 사이크로트론(cyclotron)으로 만들어진 파이 중간자는 속도가 광속의 99.5퍼센트나 된다. 파이 중간자의 반감기—수명에 속도를 곱해 어디까지 날아가는지를 계산하면 5미터쯤이 된다. 그런데 실제로 관측해 보면 50미터 이상이나 날아가는 것이다.

광속에 가까운 속도였기 때문에 「시간이 연장되었다」―다시 말해 어긋난 것이다. 광속에 가까운 우주여행을 하고 돌아오면 로켓에서의 시간보다 지구의 시간이 빨리 지나가 있으리라는 것은 과학적으로 인정되고 있다.

아인슈타인의 상대성원리에서

운동하는 것끼리의 사이에서는 공통의 시간이 흐르지 않고 어긋나는 것이다. 이것은 아인슈타인이 생각해 낸 「상대성 원리 (principle of relativity)」―현대 물리학의 기틀과도 같은 이론에서 상세히 설명되고 있다. 이러한 시간의 착오는 우리들의 일상생활에서는 거의 문제가 되

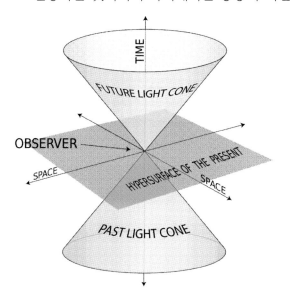

상대성 원리(principle of relativity) (Wikipedia))

지 않지만, 그렇다고 해서 중요하지 않은 것도 아니다.

시간이 어긋난다거나 어긋나지 않는다거나 하고 말하는 것은 절대로 변화하지 않는 시간이 있다고 생각하기 때문인데, 실제로는 우주 속에서 가장 믿음직스럽게 변하지 않는 것은 빛의 속도뿐이다. 시간은 불

아인슈타인

변일정(不變一定)한 것이 아님을 알게 된 것이다.

시간은 이 밖에 일상생활 속에서도 어긋난 것같이 느껴질 때가 있다.

그것은 인간의 감각의 문제로, 초조하거나 불안하거나, 따분하다든가, 기다린다든가 할 때에는 긴장감이 높아져 시간은 길게 느껴진다. 또 무거운 것을 들었을 때, 열이 있을 때, 각성제를 마셨을 때도 길게 느껴진다.

반대로 마취를 걸었을 때, 잘 잤을 때, 진정제를 마셨을 때에는 짧게 느껴진다.

또한 지나간 과거의 시간은 갖가지 일이 있었을 때는 길게 느끼

고, 없으면 짧게 느껴지는 것이다. 이러한 심리학적인 현상도 일종의 시간이 어긋나는 현상이기는 하다.

시간을 늘리거나 줄이거나 하는 것을 사람은 자유롭게 할 수 없지만, 앞서 말한 심리적인 느낌 같으면 약물을 먹고 신축할 수도 있고, 필름을 고속도로 촬영해서 보통 속도로 영사하면 시간을 늘려 볼 수도 있다. 반대로 느린 속도로 영사하면 긴 시간을 줄여 볼 수도 있다.

if

25. 타임머신이 실용화될 수 있다면?

타임머신이라든가, 타임터널(time tunnel)이라는 기계장치를 써서 현대인을 과거의 세계나 미래의 사회로 보낸다고 하는 이야기나 영화가 만들어져 관심을 모으고 있다.

과연 인간은 시간을 뛰어넘을 수가 있을까?

만약 있다면 어떤 일이 일어날까?

이것은 공상에 지나지 않지만, 이런 이야기들을 단지 즐기기보다는 과학적으로 음미해 보는 것도 재미있을 것이다.

과거와 미래의 세계로 안내

신사복을 단정하게 입은 미국 청년이 기계장치들이 꽉 들어찬 방의 맨 안쪽에 있는 무거운 철문을 연다. 어둑한 굴 같은 복도를 걸어가서 반대편에 있는 문을 열고 돌계단을 올라가면 거기는 큰 바위산의 동굴로 되어 있다.

동굴을 빠져나오자 눈에 보이는 것은 온통 사막뿐이다. 얼떨떨해 있는데, 별안간 하얀 옷을 입은 아라비아인들이 나타나 청년을 붙

타임터널(time tunnel) 상상도

잡아 그들의 지도자 앞으로 끌고 간다.

「당신은 어디서 온 사람인가?」

「나는 미국 사람이다. 여기 신분증도 가지고 있다」

아라비아의 학자들이 불려 나온다. 그들은 이 세상에 미국이라는 나라는 없다고 말한다. 그리고 도대체가 이 청년이 입고 있는 옷은 본 적도 들은 적도 없다. 이건 틀림없이 자기들의 보물을 노려 몰래 침입한 백인 스파이라고 여겨 돌로 만든 감방에 집어넣는다.

이 청년은 500년 전의 아라비아에 있었던 것이다. 이로부터 재미있는 여러 가지 사건들이 시작되어 나간다.

또한 굴을 빠져나간 데가 100년 전의 미국 서부 인디언 부락일 수도 있고, 5000년 전의 이집트 피라미드 속일 수도 있고, 혹은 300년이나 1000년 후의 미래의 나라일 수도 있다.

이와 같이 현재 살아 있는 사람을 과거나 미래의 세계로 데리고 가는 기계장치를 타임머신 혹은 타임터널이라고 한다.

다만 이러한 기계장치들은 소설이나 영화, 텔레비전 따위의 공상적인 이야기 속에서만 나오는 것으로 실제로는 없다. 그런 기계를 만들어 보려고 진정으로 연구하고 있는 과학자도 없을 것이다.

그러나 현대인은, 역사책에서 읽은 옛날 사회를 보고 싶다, 옛날의 유명한 사람들은 만나고 싶다, 미래의 세계는 어떻게 되어 있는지 직접 내 눈으로 한번 보고 싶다는 꿈을 가지고 있다.

이런 꿈을 성취시켜 주면 인기를 끌 수 있을 것이라고 생각한 사람들이 바로 공상과학 소설가들이다.

작가들은 이야기를 실감 있게 꾸며내기 위해서 타임머신이나 타임 터널이라는 기계장치를 고안해 낸 것이다. 과거나 미래의 세계로 사람을 데리고 가는 소설은 인기를 얻어 영화, 텔레비전 등으로 드라마화 되어 온 세계 사람들에게 즐거움을 주었다.

더구나 갖가지 기계들이 발달한 현대인만큼 타임머신이라든가 타임터널이라는 그럴싸한 기계장치는 제법 진짜 같은 기분을 일으키기도 한다. 아마도 200년이나 100년 전만 하더라도 기계장치로는 실감이 나지 않았을 것이다.

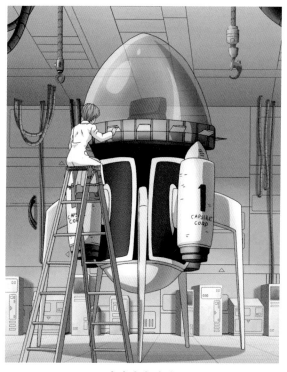

타임머신(만화)

기계보다는 마법사를 따라간다거나, 큰 새에게 납치되어 간 곳이 보지도 듣지도 못해 본 나라……옛날 나라거나 미래의 나라 아니면 신선들이 사는 나라였다는 줄거리가 더 적합했을 것이다.

아무튼 옛날 사람들이 살고 있는 나라나, 미래 사람이 살고 있을 나라에 우리가 간다는 것은 아무리 기계문명이 발달해도 불가능한 이야기다. 그러니 소설가나 영화, 텔레비전 제작자들은 마음 놓고 여러 가지 재미있는 장면들을 꾸며내는 것이다.

그렇지만 여태까지 만들어진 이야기 중에는 미래 이야기보다는 과거의 세계로 되돌아가는 것이 더 실감 있게 제작되어 있다. 과거에 대한 것은 많은 기록이 남아 있어 그만큼 만들기가 쉽기 때문이다. 대신 기록에 남아 있는 것은 고칠 수가 없기 때문에 터무니없는 이야기들을 꾸며낼 수 없다.

모든 사건에는 인과율(因果律)이

이를테면 삼국통일을 하기 직전의 신라시대의 농민들은 어떤 생활을 하고 있었는가 하는 것도 기록에 남아 있는 약간의 자료, 고고학상의 자료와 어긋나게 만들 수 없으며, 또한 글로 쓰기는 비교적 쉬워도 영화나 텔레비전으로 재현하기는 어렵다.

나무를 벨 때는 어떻게 했는지, 나무와 나무를 이을 때는 무엇을 사용했는지, 농사는 어떻게 짓고 있었는지 하는 것을 상세히 알 수 없는 것들이 많기 때문이다. 만약 정말로 타임머신이 있다면 그런 것은 당장 알 수 있으니 역사학자들은 만세를 부를 것이다.

또한, 만약 타임머신이 생겨 현대인이 과거의 세계로 들어갔다고 해도 그저 구경만 한다면 별 문제가 없다. 하지만 현대인이 과거의 세계 속에서 어떤 일을 한다든지 하면 여러 가지 골치 아픈 사건들이 벌어질 것이다.

왜냐하면 모든 사건에는 원인이 있고 반드시 그 원인에는 결과가 따른다는 인과율(因果律) 때문이다.

이를테면, 현대인이 옛날 원시사회로 들어갔다고 치자. 그러면 현대인은 불을 지피는 데도, 사냥을 하는 데도, 혹은 씨를 뿌리거나 물건을 나르는 것도 신경질이 나서 가만히 보고 있을 수가 없을 것이다. 그래서 현대인이 현대식으로 발달된 방법으로 밭도 갈고 비료도 주고 물건을 나르는 수레도 만들어 준다면 큰일이다.

원시인들의 문명이 한꺼번에 몇 천 년분이나 발달해 버리게 되는 셈이 된다. 그렇게 되면 그 후의 역사의 전개가 달라져 실제의 인류가 걸어온 과거의 역사와 딴판이 되어야 한다는 이야기가 된다.

즉 현대의 기술자나 군인들이 과거의 세계로 들어간다면 신라나 고려가 망하지 않았을 수도 있고, 고려의 충신 정몽주가 이성계의 아들 이방원에 의해 암살되지 않았을지도 모른다.

그리고 현대인이 도와주었다면 어린 단종이 숙부 세조에게 왕위를 빼앗기고 쫓겨나야 했던 일도 피할 수 있었을 것이다.

또 이런 일이 있을 수도 있다. 가령 과거를 여행하는 자가 길가의 돌을 발로 걷어찼다고 하자.

그 돌에 채인 말이 놀라 마차가 전복된다. 거기서 젊은 승객이 사망했다면……그 승객의 자손, 게다가 현재 살아 있는 자손은 어떻게 될 것인가?

그 승객이 만일 콜럼버스의 선조이기라도 했다면? 지금에 와서 미국의 역사와 현상은 바뀔 것인가?

혹은 종두를 발명한 제너의 부친의 젊었을 때였다면? 많은 천연두에 걸리지 않고 살아남은 선조들의 자손들이 순식간에 사라져 없어져버릴 것인가?

생각만 해도 큰일이 아닐 수 없다.

만약 그 젊은이가 레오나르도 다빈치의 선조였다면 마차가 뒤집

히는 순간에 이 세상에 있는 모나리자의 모든 그림—복사본으로 인쇄된 것이나, 모방본 등 모두—은 증발한다는 것인가?

이와 같이 과거의 세계에 현대인이 등장하면 현대인들은 좀이 쑤셔서 가만히 있지를 못해 반드시 무슨 일을 저지를 것이다. 그렇게 된다면 그 후로부터는 역사가 자꾸 바뀌므로 현대인이 타임머신에 들어갈 때마다 역사책을 다시 써야 하니, 일정한 역사라는 것은 없어져 버리게 된다.

끊임없이 변화하는 과거, 그리고 현대인이 갑자기 사라져버리기도 하고, 누군가의 자손이 갑자기 나타나기도 하니 묘한 일들이 일어날 것이다.

더욱 우스운 일은 타임머신으로 10년 전의 세상으로 되돌아갔다고 하자, 그러면 어떻게 될까?

10년 전에 나이가 10살 많은 자기가 나타나야 할까? 혹은 현재보다는 10살이 어린 자기가 나타나야 할까?

10년 전이니 지금보다 10살 어린 자기가 나타났다고 하자.

그리고는 예를 들어 약을 먹고 죽었다면 현재의 자기도 같이 죽는다는 이야기가 된다. 그러면 그 후에 실제로 살아 온 10년은 어떻게 되는가 하는 문제도 나온다. 그러니 여러 가지로 복잡하고 골치 아픈 일들이 일어나게 된다.

그래서 과거의 역사를 바꾸지는 않고 구경만 하면 되지 않겠느냐 하는 생각에서 고안된 것이 초광속(超光速)을 다루는 기계이다.

이것은 빛의 속도(1초에 30만 킬로미터)보다 훨씬 빠른 속도로 우주를 날아다니면서 빛보다 훨씬 빠른 전자파(電磁波 : 빛이나 전파)를 내보내기도 하고 받기도 하는 기계장치이다.

스위치를 넣으면 이 초광속 장치는 우주로 뛰쳐나간다. 빛의 10배, 100배, 1,000배, 10,000배……로 속도를 올려 가면 지구에서 나가는 보통 빛을 자꾸 앞질러 가게 되는데, 이래서 지구에서 약 10조 킬로미터 떨어진 곳에 도달하면 약 1년 전에 지구에서 나온 빛을 따라잡게 된다.

더욱 속력을 내어 75년 전(2020년에서 계산)의 빛을 따라잡았다고 하자. 거기서 75년 전의 빛을 모아 그 빛을 광속의 몇 억 배나 되는 빠른 속도로 지구로 보내면 지구에 있는 브라운관에는 해방이 되어 온 국민이 기쁨에 넘쳐 거리를 메우는 광경이 나타난다는 이론이 성립된다.

또한 더 멀리 나가 1,300여 년 전의 빛을 모으면 김유신 장군과 합심해서 삼국통일을 한 무열왕(김춘추)이 당나라 군사를 몰아내고 있는 광경도 볼 수 있을 것이다. 그 밖에 초상화가 없어 여러 가지 얼굴로 그려지고 있는 민족적 영웅 이순신 장군의 진짜 얼굴도 알 수 있을 것이다.

빛은 초속 30만 킬로미터로 달리기 때문에 빛을 모을 때에는 이 기계도 초속 30만 킬로미터로 날면서 모아야 한다. 그러나 모을 수 있는 빛은 지상에서 우주로 뛰쳐나간 것뿐이기 때문에 나무그늘이나 집 안의 광경은 이 기계로는 재현시킬 수 없다. 집 안의 빛은 난반사(亂反射)를 하기 때문에 우주에서 붙잡을 수 없는 것이다.

빛보다 빠른 속도

만약 이러한 초광속 기계장치를 만들 수 있다면 지구상의 역사는 아주 소상하고 정확한 것이 될 것임에 틀림이 없다. 그러나 초광속 기계장치도 역시 공상에 지나지 않는다.

현재 지구상이나 우주에 있는 물체에 어떤 힘을 가해도 빛보다 빠른 속도를 낸다는 것은 이론상 불가능하기 때문이다.

인간은 빛의 속도를 이용할 수는 있다. 옛날의 봉홧불이나 거울을 이용한 빛 통신들이 그것이다. 그리고 전파를 이용한 전화나 텔레비전, 라디오도 물론 그렇다. 이것들은 빛이나 전파가 원래 초속 30만 킬로미터의 속도를 가지고 있는 것을 이용한 것이다.

따라서 빛이나 전파를 더 느리게 달리도록 할 수는 없다. 목적지에 늦게 도착시키기 위해서는 무엇인가에 반사시켜 가면서 빙빙 둘러가도록 할 수밖에는 없다. 설령 그런 방법을 쓰더라도 1초 동안에 지구를 일곱 바퀴 반이나 도는 빛이나 전파를 단 3초만 늦추기 위해서도 엄청난 설비를 만들지 않으면 안 된다.

그렇다면 빛이나 전파에 무엇이든 유익한 것을 실어 나르도록 할 수는 없을까? 있다. 실은 전화나 텔레비전이 그것이다.

다시 말하면 정보를 운반하고 있는 것이다.

아니 그게 아니고 더 큰 것을, 이를테면 로켓 같은 것을, 하고 생각해 본 것이 로켓 엔진에 빛을 채우는 광자(光子) 로켓(photon rocket)이다.

광자 로켓은 광자의 분출반동을 이용해서 추진되는 로켓이다.

빛의 속도는 초속 30만km이므로 광자의 분출반동으로 추진되는 로켓 이상으로 빠른 로켓은 이론상 존재할 수 없다.

이 같은 로켓은 1953년경 독일의 O. 젠겔이 제안한 것인데, 그 구상은 꼬리에 거대한 반사경을 장치하고 그 초점에 해당하는 부분에서 특수한 핵반응을 일으키게 하여 대단히 농밀한 빛의 빔을 만

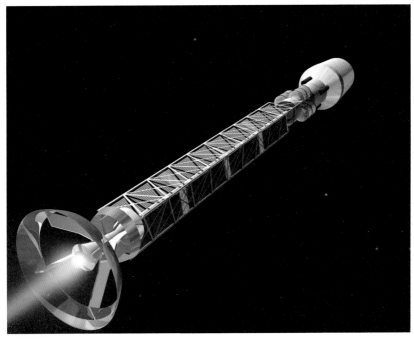

반물질(반물질 추진 시스템) 로켓(antimatter rocket) 제안도

들어 그 반동으로 추진시킨다는 것이었다.

그러자면 완전한 반사율을 가진 반사경이라든가, 반응에 관여하는 물질의 거의 전 질량(全質量)이 광자로 전환하는 핵반응이 필요한데, 현재로서는 실현 가망이 없다. 그러나 이론적으로는 태양계를 벗어나 다른 항성까지 여행을 할 수 있는 꿈의 로켓이다.

인간의 슬기는 어떻게 해서든지 속도를 올리려고 갖가지 고안을 하고 연구를 거듭해 현재의 수준에 도달했지만, 빛보다 빠른 속도를 낸다는 것은 될 것 같지가 않다. 하물며 시간을 뛰어넘

달 광자 로켓(Lunar Photon Rocket)

는다는 것은 더욱 안 될 것 같다.

그렇다면 빛의 속도보다 더 빠른 속도라는 것은 절대로 없는 것일까? 반드시 없다고 단언할 수는 없는 모양이다. 최근 천문학이나 물리학에서는 빛보다 빠른 속도를 가지고 있는 것도 있다는 문제에 관해 여러 가지 생각들이 발표되고 있다.

우주가 빛의 속도로 팽창하고 있다는 일반적 이론은 잘못된 생각이다.(NASA)

빛보다 빠르게 이동하는 물체가 존재할까?

과학에는 절대적으로 진실한 몇 가지 진술이 있다. 그러한 진술 중 하나는 빛의 속도보다 더 빠르게 이동하는 것은 없다는 것이다.

그러한 주장은 종종 표현되지 않는 가정에 의해 뒷받침된다. 빛의 속도에 대한 진술이 어떻게 혼동될 수 있는지 알아보자.

진공에서 빛보다 빠르게 가는 것은 없지만, 입자가 유리와 같은 매질을 통해 물질에서 빛보다 빠르게 움직이는 것은 꽤 쉽다. 광자 빔과 고에너지 뮤온(muon) 빔이 같은 방향으로 가고 빛과 같은 속도로 이동한다고 가정하자.

비록 빛의 속도가 유리 안에서 느려진다는 것이 밝혀졌지만, 뮤온은 유리를 통과할 때 느려지지 않고 여전히 내부의 빛의 속도를 유지한다.

황산에 용해된 우라늄 염을 다루
는 동안, 파벨 체렌코프(Pavel Alek
seevich Cherenkov)라는 젊은 러시
아 물리학자는 빛나는 빛을 발견했
다. 처음에, 빛은 방사능에 직접적
으로 기인했지만, 체렌코프가 그 효
과를 분리하려고 했을 때, 그는 방
사능이 황산을 빛나게 한다는 것을
깨달았다.

파벨 체렌코프

마침내 그는 많은 방사선이 있는 곳에서는 물조차도 빛난다는
것을 보여줄 수 있었다. 학자의 이름을 딴 체렌코프 방사선은 전
하를 운반하는 입자가 유리와 같은 광학적으로 투명한 매질을
통해 빛보다 빠르게 이동할 때 발생한다. 이 입자들이 더 빨리
이동할 때, 유리는 놀랍지만 위험한 파란색을 내뿜는다.

if

26. 광속보다 빠른 운반체를 만들 수 있다면?

화성이나 목성, 토성으로, 혹은 태양계에서 빠져나가 은하계 우주를 보다 가까이서 구경해 보고 싶다. 거기서는 성운(星雲)의 소용돌이 속에서 새 별들이 태어나고 있을 것이다.

태양과 같은 별이 두 개 나란히 서로를 돌고 있는 모습도 볼 수 있을 것이고, 지구와 같은 행성을 만나 우주인과 인사를 나눌 수 있을는지도 모른다.

이것은 광속보다 몇 백, 몇 천 배나 빠른 우주 여행선을 만들 수 있다면—하는 꿈이다.

광속보다 더 빠른 속도

「삼촌! 이미 초음속 여객기 콩코드와 투폴레프가 취항하고 있는데, 이제 초음속 비행기가 성공했으니 다음은 초광속 비행기, 아니 초광속 로켓 차례 아녜요?」

「아니, 그렇게 쉽게야 되지 않지. 음속은 1초 동안에 약 340미터, 빛은 1초 동안에 30만 킬로미터거든. 차이가 너무 커. 이 지구 위에,

허블(Edwin Powell Hubble)

아니 우주에는 그렇게 빠른 속력을 낼만 한 에너지가 없어—」

「전파도 빛과 같은 속도로 달리잖아요? 그럼 로켓에서 빛이나 전파를 뿜어내도록 하면 그만한 속력이 나오지 않을까요?」

천문학에 흥미를 갖고 있는 사람이면 누구나 한 번은, 아니 몇 번씩이나 초광속 로켓의 꿈을 꾸어 봤을 것이다.

아무튼 우주라는 것은 어떻게나 넓은지 지구에서 만들어내는 운반체로는 도무지 별 쓸모가 없다.

우주의 거리를 나타내는 단위를 10광년이니 100광년이니 해서 빛이 1년간 달리는 거리를 쓰고 있는 판이니, 아무래도 광속의 몇 배, 몇 십 배, 몇 백 배나 되는 빠른 운반체를 꿈꾸게 되는 것이다.

하지만 1905년 독일의 아인슈타인이라는 학자가 우주에는 광속 이상의 속도는 있을 수 없다는 학설을 발표한 후 아직까지 그 학설을 뒤집어엎을 학설은 나오지 않았다.

그런데 최근 들어 천문학의 세계에서 하나의 의문이 생겼다.

우주는 점점 더 퍼져 나가고 있고, 멀리에 있는 섬우주(island

universe, 은하계와 외부 은하가 우주에 산재하는 모습을 큰 바다에 떠 있는 섬에 비유하여 이르던 말)일수록 더 빠른 속도로 멀어져 가고 있다는 것이 약 80여 년 전 미국의 허블(Edwin Powell Hubble, 1889~1953)이라는 천문학자에 의해 발견된 것이다.

그것을 천문대의 정밀한 관측장치로 조사하고 있는 동안에 우주의 지평선, 다시 말해 백억 광년 근처에 있는 섬우주는 아무래도 광속이나 그 이상 빠른 속도로 멀어져 가고 있는 것이 아닐까 하는 의문이 생겨나게 된 것이다.

또한 물리학의 세계에서도 광속 이상의 속도로 날아다니는 입자

섬우주일수록 더 빠른 속도로 멀어져가고 있다는 것이 허블에 의해 발견되었다.

가 있을지도 모른다고 말하는 학자가 나타났다.

만약 그런 입자가 있어도 현재로서는 확인하기가 어렵다.

현재 사용되고 있는 기계들은 아무리 정밀한 것이라도 전기를 쓰고 있다. 그 전기보다 더 빨리 움직이면 그 기계로는 관측할 수가 없게 되는 셈이다.

이 밖에 중력파(重力波)가 발견되었다는 기사가 신문에 난 일도 있다.

이와 같이 천문학 애호가들의 꿈을 불러일으키는 뉴스가 최근에는 하나 둘 전해지고 있다. 그러나 실제로는 어떤 로켓을 고안해 낸다고 해도 그 속도는 음속의 몇 배, 몇 십 배, 몇 백 배라는 식으로 음속을 단위로 삼아야 할 정도에 불과할 것 같다.

이래서야 사람이 평생 걸려 우주여행에 나서도 기껏해야 태양계의 목성이나 토성 정도밖에는 갈 수 없다.

천문학 애호가들의 꿈은 태양계 밖으로 뛰쳐나가 은하계 우주(은하수)의 소용돌이를 보고 싶다든가, 대성운 속에서 별이 탄생하는 것을 보고 싶다든가, 나아가서는 범위를 넓혀 안드로메다 성운(Andromeda galaxy) 같은 은하계 우주 밖의 우주에 가 보고 싶다든지 하는 엄청나게 큰 것이다.

그런 꿈을 이루기 위해서는 아무래도 광속의 몇 백 배, 몇 천 배도 더 되는 터무니없이 빠른 초광속 로켓이 필요하다. 그래서 천문학 애호가들은 실제로는 만들 수 없는 로켓—이를테면 마음대로 중

안드로메다 은하

력을 뿌리칠 수도 있고 혹은 받아들일 수도 있는 장치를 가진 우주선을 공상으로 만들어 우주여행을 떠나는 것이다.

이 우주여행선은 로켓 같은 모양을 가질 필요가 없다. 지구의 중력을 뿌리칠 수만 있다면 비행선처럼 떠오르기 때문에 현재의 로켓과 같이 로켓 안의 90퍼센트가 연료인 것과는 사정이 다르다. 그리고 대기층을 빠져나갈 때는 로켓처럼 빨리 빠져나갈 필요도 없으니 포탄 같은 유선형이 아니더라도 된다.

그리고 광속보다 훨씬 빠른 속도를 낼 수 있더라도 우주는 넓으니 여행은 아무래도 몇 년씩 걸리게 된다. 따라서 우주여행선은 생

미국 그린 뱅크에 있는 비어드(Robert C Byrd) 전파망원경으로, 구경이 100
m에 이른다.

활하기 편리하도록 설계되기 마련이다.

기계 장치는 중력—다시 말해 인력을 뿌리치는 장치와 인력으로
가속하는 장치가 그 중 중요한 것들이고, 그 밖에 광전지(光電池)

같은 생활에 필요한 동력장치, 통신기, 광학망원경과 전파망원경(radio telescope) 따위이다.

출발 스위치를 넣는다. 지구의 중력을 뿌리치는 장치가 움직여 우주여행선은 풍선처럼 지면을 뜨기 시작한다. 우주선 속은 무중력 상태가 된다. 다음 스위치를 넣으면 달을 향해 달리기 시작한다. 그러면 우주선 속에서는 무중력 상태가 끝나고 달의 방향이 아래쪽이고 지구가 위쪽 같은 느낌으로 변한다.

하시만 달의 인력은 아직 약하기 때문에 우주선 속에서 활발하게 돌아다닐 수는 없다.

중력도, 그리고 공기와의 마찰도 없어지면 속도는 점점 빨라진다.「관성의 법칙」에 따라 갈수록 빨라져 음속의 5배, 10배, 100배……로 속도는 올라간다. 주위가 완전히 밤의 세계로 변하고 달이 점점 가까워져 크레이터가 뚜렷이 보이기 시작할 무렵 달의 인력을 끊고 화성의 인력을 받도록 스위치를 돌린다.

이렇게 해서 얼마 후 화성으로 다가갔을 때엔 이번에는 태양계의 인력을 끊어버리고 태양계에서 제일 가까운 켄타우루스자리 알파별의 인력을 받게 한다.

점점 젊어지는 지구

태양계를 빠져나갔을 무렵에는 우주선의 속도는 1초에 30만 킬로미터, 이때 망원경을 지구 쪽으로 돌리자 이상한 일이 일어났다.

지구 위에 있는 모든 것이 마치 컬러 사진처럼 조금도 움직임이 없어 보인다.

그럴 수밖에는 없다. 우주선은 지구에서 나온 빛과 같은 속도로 날고 있기 때문에 지구에서 온 빛은 우주선 속에서 정지하고 있는 것이다.

더욱 재미있는 일은 우주선이 광속을 넘은 순간부터 망원경에 비치는 지구도 젊어지기 시작했다. 그 이유는 우주선이 어제의 지구 빛, 사흘 전의 빛, 1주일 전의 빛을 따라잡아 앞지르기 시작했기 때문이다.

더 크고 정밀한 망원경이 있다면 앞으로 갈수록 아버지나 어머니의 어렸을 때 모습이 보이게 될 것 같다.

우주선의 속도가 광속을 좀 넘어 봤자 켄타우루스자리의 알파별까지의 거리는 4.3광년이니 아직도 4년은 걸려야 도착하게 된다. 그래서 속도를 더욱 더 올린다. 태양은 금성만한 작은 빛으로 보이고 지구는 망원경으로 보지 않으면 보이지도 않는다. 그 대신 앞쪽으로 밝은 별이 보이기 시작했다. 켄타우루스자리의 알파별이다 이 별은 태양과 비슷할 정도의 밝은 별이다.

여기서 켄타우루스자리의 인력을 끊고 은하계의 중심으로부터 인력을 받는다. 이것은 엄청나게 큰 인력이기 때문에 속도는 얼마든지 올릴 수 있다. 초속 9,500,000,000,000킬로미터—다시 말해 1광년의 거리를 1초면 날아가는 속도이다.

켄타우루스(Hubble Space Telescope)

이 속도로 가면 은하계 우주―은하수의 끝에서 끝까지 가는 데 30시간이 걸린다. 그러나 은하수 속을 지나가는 것은 위험하다. 온도가 아주 높고 별이나 성운이 꽉 차 있기 때문에 그 바깥쪽을 크게 한 바퀴 도는 것이 안전할 것이다. 그러면 지름이 30시간 걸리는 거리의 원주(圓周)를 한 바퀴 도는 셈이니 100시간은 걸린다.

은하수 밖을 크게 돌면서 보면 지구에서 익힌 별자리는 하나도 보이지 않는다. 그럴 수밖에 없다. 지구에서 본 별자리는 하늘의 벽

별의 탄생

에 붙은 벌떼같이 평면으로 보이지만, 가까이 가 보면 한 별자리의 별들이 저마다 입체적으로 흩어져 있고, 거리도 지구에서 보는 것과 다르다.

그리고 지구에서 볼 때에는 3등성이던 것이 1등성보다도 더 크고 밝은 별도 있다. 그러니 우주에 나가서 보면 시리우스가 어느 별인지 알데바란이 어느 것인지 도무지 알 수 없게 되어버린다.

우주여행선은 은하수를 한 바퀴 돌고 태양계를 향해 돌아가기로

스피처 우주 망원경(Spitzer Space Telescope) 삽화

했다. 은하계 우주를 빠져나가 안드로메다 성운으로 다가가 보았자 은하수를 보는 것과 비슷할 것이 분명하기 때문이다.

지구에서 익힌 별자리나 아름다운 이름을 가진 별들이 도대체 어느 것인지 알 수가 없으니, 마치 미지의 다른 세계에 온 것 같은 기분이다. 이런 우주선은 천문학자가 오랫동안 타서 우주를 관측하고 연구해야만 진짜 가치가 있다는 것을 알았다.

이렇게 해서 우주여행선이 무사히 지구로 돌아왔다고 하자.

그래서 「모처럼 은하수를 한 바퀴 돌고 왔으니, 별의 탄생이라든지 성운의 모양 같은 것을 상세히 보고해 주어야 할 게 아니냐」

는 말을 들었지만, 그것은 무리한 주문이었다.

하나의 별이 탄생하는 데에는 적어도 몇 만 년, 몇 십만 년, 혹은 몇 억 년씩이나 걸리기 때문이다.

100여 시간의 견학 여행은 우주같이 큰 것에 대해서는 정말 눈 깜짝할 일순간에 지나지 않는다.

성운의 소용돌이도 지구에서 보는 여름철의 적란운(積亂雲)의 움직임보다도 더 느리게 밖에는 보이지 않았다.

그렇다면 많은 행성 중에서 지구와 같은 행성을 갖고 있는 것도 있었느냐―그것도 있었던 것 같다고 밖에는 대답할 수 없다.

우주망원경

미국 항공우주국(NASA)의 스피처 우주망원경이 16년간 외계 행성과 우리 태양계, 멀리 떨어진 은하를 연구한 끝에 2020년 1월 30일 퇴역했다.

적외선, AKA 열을 감지하기 때문에 스피처의 능력은 NASA의 관측 임무에 매우 중요했다. 그 기구들은 과학자들이 보통 성간 가스와 먼지로 인해 흐려진 우리 우주의 영역으로부터 데이터를 수집할 수 있게 해주었다.

25년간 13조원 투입된 제임스웹 망원경 허블 망원경 성능의 100배

제임스웹 망원경은 「우주망원경」의 대명사인 허블 우주망원경

NASA가 11일 제임스웹 우주망원경이 포착한 첫 컬러 은하 사진 「SMACS 072 3」을 공개했다. 제임스웹 우주망원경은 허블 우주망원경의 100배에 달하는 성능에 적외선으로 우주 가스와 먼지구름을 뚫고 빅뱅 이후 초기 우주의 1세대 은하를 관측하며 「SMACS 0723」은 지구에서 약 40억 광년 떨어져 있다.

의 뒤를 잇기 위해 지난 1996년부터 개발돼왔다. 25년 간 약 100억달러(약 13조 원)를 투자하고 나사, 유럽우주국, 캐나다우주국이 힘을 모은 끝에 지난해 12월 25일 마침내 우주를 향해 발사됐다.

막대한 비용·시간·노력이 든 천문학 사상 최대의 프로젝트의 산물인 만큼 제임스웹 망원경은 허블보다 약 100배, 사람의 눈보다 약 100억 배에 달하는 성능을 자랑한다.

특히 제임스웹 망원경은 기존의 망원경이 관측할 수 없을 정도로 멀리 떨어진 섬우주를 관측하는 것이 목표인 만큼 가시광선이 아닌 「적외선」으로 천체를 본다. 우주에도 파장을 감쇠하는 먼지 등이 존재하기에 가시광선보다는 적외선이 이런 방해물을 뚫고 더 멀리까지 관측하기 용이하기 때문이다.

주로 가시광선을 통해 우주를 관측하던 허블 망원경과 제임스웹 망원경을 비교해보면 허블은 지름 2.4m의 단일 반사경을 사용한 반면 제임스웹 망원경은 1.3m 크기의 정육각형 반사경 18개로 구성된 지름 6.5m의 반사경을 사용한다. 집광 면적도 허블에 비해 7.3배 더 넓은 수준이다. 4개의 적외선 관측장비도 탑재됐다. 다만 제임스웹 망원경은 적외선을 통해 우주를 보는 만큼 지구에서 발생하는 적외선의 영향을 최소화하고자 훨씬 먼 곳에서 활동하고 있다. 지구에서 약 150만km 떨어진 라그랑주점의 L2 지점으로, 허블망원경 고도의 2,680배에 육박하고 지구—달 거리보다도 3.9배 멀다.

라그랑주점[Lagrangian point 또는 칭동점(秤動點)은 공전하는 두 개의 천체 사이에서 중력과 위성의 원심력이 상쇄되어 실질적으로 중력의 영향을 받지 않게 되는 평형점을 말한다. 18세기 말, 프

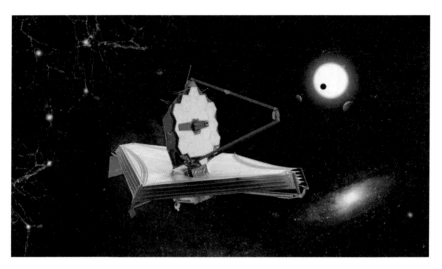

우주에서 관측 활동 중인 제임스웹 우주망원경 상상도(나사 제공)

랑스의 수학자이자 천문학자인 조제프 루이 라그랑주(Joseph Lou
is Lagrange)가 발견하여 그의 이름을 땄다.]는 태양과 지구 같은
두 천체 사이에서 중력과 위성의 원심력이 상쇄돼 실질적으로 중력
의 영향을 받지 않게 돼 안정적인 궤도를 형성할 수 있는 지점이다.
총 5곳의 지구—태양 라그랑주점 가운데 L2를 선택한 이유도 L2
지점이 지구의 그림자 위치에 해당해 온도가 낮고 적외선을 포착하
기 용이하기 때문이다.

초기 우주 관측부터 외계 생명체 탐색까지…
제임스웹 망원경의 「4대 테마」

나사에 따르면 제임스웹 망원경은 지구에서 150만km 떨어진

곳에서 초기우주, 은하의 변천과정, 별의 생명주기, 외계 등을 관측하는 임무를 수행하게 된다.

우주는 약 138억 년 전 대폭발인 빅뱅 이후 시작됐다는 게 학계의 중론이다. 나사는 제임스웹 망원경을 통해 약 136억 년 전의 우주의 모습을 관측함으로써 우주 형성 초기의 현상을 관찰할 수 있을 것으로 기대하고 있다.

제임스웹 망원경의 주 용도 중 하나는 외계 행성의 대기를 연구해 우주의 다른 곳에 있는 생명체의 구성 요소를 찾는 것이다. 이 또한 적외선 관측의 장점 중 하나인데, 적외선 파장은 외계 행성 대기가 보이는 분자 스펙트럼의 특징을 관측하기 수월하다. 이를 통해 지구와 비슷한 대기를 가진 행성을 찾아내는 게 제임스웹 망원경의 궁극적인 목표다.

우리가 살고 있는 태양계의 관측도 중요 임무 중 하나다. 제임스웹 망원경은 기존 망원경으로 관측이 어려웠던 카이퍼벨트, 소행성, 태양계 소속 행성, 각 행성의 위성들을 탐색하고 태양계 소속 천체들의 대기 분석 등도 진행하게 된다.

제임스웹 우주망원경의 4가지 임무 테마

한편 나사는 이날 공개된 풀컬러 우주 사진에 이어 제임스웹 망원경이 촬영한 우주 천체의 모습을 추가로 공개할 예정이다. 제임스웹 망원경이 찍은 사진들은 한국 시간으로 이날 오후 11시 30분

메릴랜드 주 고다드 우주센터에서 웹사이트 방송과 각종 소셜 미디어(SNS) 생중계를 통해 공개된다.

웹 망원경이 포착한 목성

제임스 웹 우주망원경(JWST)이 「첫 빛(first light)」 이미지에 이어 태양계 내에서는 최초로 목성과 그 주변을 포착한 선명한 이미지를 공개했다.

「첫 빛」 이미지 네 장이 지난 12일 시작된 본격적인 과학 관측에 맞춰 최강 적외선 망원경의 성능을 보여주는 데 목적을 두고 먼 우주에 초점을 맞춰 심혈을 기울인 것과 달리 이번 목성 이미지는 과학 장비를 점검하는 과정에서 성능 시험용으로 촬영한 것이다.

그런데도 목성은 물론 주변의 위성과 고리, 소행성까지 선명하게 포착됐다.

이 이미지와 분광자료는 우주망원경과학연구소(STScI, Space Telescope Science Institute. 우주망원경 과학연구소. 허블 우주망원경과 제임스웹 우주망원경을 이용해서 우주를 관측하고 연구하는 과학연구소)의 「미쿨스키 우주망원경 아카이브」를 통해 공개됐다.

미 항공우주국(NASA)은 이 자료들이 태양계 내 천체도 관측해 전례 없이 상세한 이미지와 분광 자료를 제공할 수 있는 웹 망원경의 능력을 입증하는 것이라고 밝혔다.

웹 망원경의 근
적외선카메라(NI
RCam)와 단파장
(2.12㎛) 필터를
이용한 관측에서
는 목성 특유의 줄
무늬인 띠와 지구
를 삼키고 남을 대
형 폭풍우 지역인
대적반 등이 선명
하게 드러나 있다.

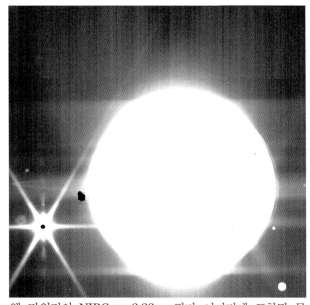

웹 망원경의 NIRCam 3.23㎛ 필터 이미지에 포착된 목
성의 고리 (STScI 제공)

또 목성의 위성
유로파와 테베, 메티스 등도 포착됐다. 두꺼운 얼음 아래에 바다를
가진 것으로 알려진 유로파는 NASA 탐사선 「유로파 클리퍼」가
찾아갈 곳으로, 대적반 왼쪽에 음영이 잡혀 있다.

3.23㎛ 필터를 적용한 NIRCam 이미지에서는 목성의 일부 고
리도 포착됐다.

이런 점은 웹 망원경이 밝은 천체 주변의 고리와 위성을 포착
할 수 있는 능력을 보여주는 것으로, 유로파나 토성의 위성 엔
켈라두스 등에서 내부 물질을 내뿜는 기둥을 포착할 수 있을 것

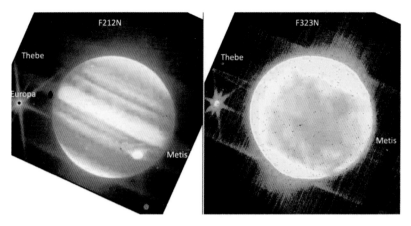

웹 망원경 NIRCam이 2.12μm 필터로 포착한 목성과 유로파[NASA, ESA, CSA, and B. Holler and J. Stansberry (STScI) 제공

이라는 기대를 심어줬다.

고더드 우주비행센터의 행성과학 담당 웹 프로젝트 과학자인 스테파니 밀람은 "모든 것을 그처럼 분명하게 본다는 것을 믿을 수 없었다."면서 "태양계 안에서 웹 망원경으로 이 기둥을 포착할 수 있다면 가장 멋진 것 중의 하나가 될 것"이라고 했다.

웹 망원경은 또 3차례에 걸친 관측에서 망원경의 시계(視界)에서 목성과 유로파가 이동하는 이미지를 확보했는데, 이는 망원경이 밝은 목성의 주변에서 별을 찾아 추적할 수 있다는 점을 입증하는 것이라고 NASA는 설명했다.

한편 웹 망원경은 화성과 목성 사이 소행성대에 있는 소행성 「6481 텐징(Tenzing)」을 이용해 이동하는 천체를 얼마나 빠르게 추적할 수 있는지를 확인하는 시험에서도 합격점을 얻었다.

당초 화성과 비슷한 초당 30밀리초각(1천분의 1초각)의 이동 천체를 추적할 수 있게 설계됐으나, 소행성 추적 시험에서는 이의 두 배가 넘는 최대 67밀리초각까지 추적하며 의미 있는 관측 정보를 확보한 것으로 나타났다.

　NASA는 이런 성능이 1.6km 밖에서 기어가는 거북의 사진을 찍는 것과 비슷하다고 했다.

if

27. 극초음속 여객기가 취항하게 된다면?

  120여 년 전만 해도 사람들은 경부선 천릿길을 한 달씩이나 걸려 걸어서 다녔다.

  그러나 지금은 고속버스로 3~4시간이면 오갈 수 있고, KTX를 타면 두 시간이면 갈 수 있다.

  하늘의 여행도 현재 마하 2(음속의 2배)의 초음속 여객기가 나타나고 있지만, 이것이 마하 5, 마하 10이 될 날도 올 것이다. 그때 세계여행은 어떻게 달라질까?

대량수송과 고속수송 시대

  대형 점보여객기 보잉 747이나, SST(supersonic transport, 초음속 여객기) 콩코드 같은 이름은 여러분도 잘 알 것이다. 미래의 항공수송은 점보가 상징하는 대량수송과 콩코드가 상징하는 고속수송시대가 될 것이라고 예상하고 있다.

  점보기는 속도는 여태까지의 다른 제트 여객기와 비슷한 마하 0.8~0.9(마하 1은 음속, 다시 말해 초속 340미터) 정도지만, 대신

한 대로 종전의 다른 비행기보다 2~3배나 승객을 더 태움으로써 한 사람당 운임을 싸게 먹히도록 하는 것이며, SST는 운임은 현재보다 비싸질 것 같지만, 대신 출발해서 도착까지의 시간을 종전보다 반이나 3분의 1로 줄이려는 것이다.

현재의 제트기 정도로 빠르고 객실이 넓어 편하기도 하며, 거기다 운임까지 싸다면 점보기면 충분하지 뭐 비싼 운임을 내고 조금 더 빨리 갈 것까지는 없지 않느냐는 사람도 있을 것이다.

하지만 스피드에 대한 인간의 동경심이란 놀라울 정도여서 실제로 SST가 취항하게 되면 대단한 인기를 모을 것이다.

이와 같은 좋은 예는 1959년 9월 미국의 팬 아메리칸 항공의 태평양 횡단 항로에 제트기를 사용하기 시작했을 때에 볼 수 있었다.

이때 제트기는 운임을 더 받는다는 항공사들 사이의 약속이 있어 일본의 항공사에서는 값싼 4발 프로펠러기로 충분히 경쟁해 나갈 수 있을 것으로 내다봤다.

그런데 팬 아메리칸 항공의 제트기가 취항하자마자 손님들은 거의가 다 비싼 운임을 내고라도 제트기를 타겠다고 그쪽으로 몰려 일본의 항공사는 1년 후에 제트기를 취항시킬 때가지 영업 성적이 엉망이었다.

이런 이유로 영국과 프랑스가 콩코드를 이미 개발했고, 이어서 소련이 투폴레프 TU144라는 마하 2.2의 SST를 개발하기 시작하자, 미국도 잇달아 보잉 2707이라는 마하 2.7, 300인승 SST개발을

프랑스의 콩코드 여객기

1962년부터 고 케네디 대통령의 지시로 시작해 1969년에는 시작기(試作機)가 날 예정이었는데, 몇 번씩이나 예정이 연기된 후 끝내 실물 제작을 착수해 보지도 못한 채 1971년 5월에는 그 개발 계획이 중지되어 버린다는 뜻밖의 일이 일어나 세계의 SST시대는 한발 멀어져 간 느낌이다.

지금부터 18여 년 전인 2003년 11월 26일, 스물일곱이라는 짧은 생을 마치고 역사 속으로 사라진 존재가 있다. 동료들에 비해 속도가 2배나 빠르지만 식성도 2배가 넘으며 너무 시끄러워서 요주의 대상이기도 했다. 새로운 세계를 열었다는 격찬을 받았으면서도 결국엔 사람들의 외면을 받아 조용히 사라져야 했던 비운의 주인공, 세계에서 가장 빠른 초음속 여객기 「콩코드(Concorde)」다.

세계대전이 끝난 후에는 최초의 초음속 전투기를 제작하고 세계 여객기 시장의 대부분을 차지하는 등 미국의 비행기 산업은 급속도로 팽창하기 시작했다. 이에 영국항공기법인(BAC)과 프랑스 쉬드아비아시옹(Sud-Aviation)사는 1962년 11월 양국 정부의 지원을 받아 초음속 여객기를 개발하기로 결정했다.

역사적으로 다툼이 그치지 않았던 영국과 프랑스지만, 미국의 독주를 막고 유럽의 자존심을 지키기 위해 손을 잡은 것이다.

이듬해 샤를 드골 프랑스 대통령은 비행기의 이름으로 「조화, 협력, 화합」이라는 의미를 지닌 단어 「콩코르드(Concorde)」를 제안했고, 영국의 의견을 반영해 결국 끝의 e가 빠진 영어 단어 「콩코드(Concord)」로 확정됐다가 나중에 다시 e가 붙었다. 양국의 풍성한 지원과 연구진의 왕성한 의욕이 만나면서 콩코드 개발도 구체화됐다.

1966년 최초의 시험용 모델 「콩코드 001」이 탄생했고 1969년 3월에는 29분 동안의 비행 테스트를 무사히 통과했다. 한 달 후에는 두 번째 모델 「콩코드 002」도 비행에 성공했다.

그러나 그보다 몇 달 앞선 1968년 12월에 러시아의 초음속 여객기 「투폴레프(Tupolev) TU-144」가 140명의 승객을 태우고 음속보다 2배 빠른 마하 2의 속도를 돌파하자, 콩코드 연구진의 마음이 급해졌다. 개발을 서두른 끝에 1969년 10월에 마하를 돌파하고 11월에는 마하 2에 도달할 수 있었다.

정식 항공기는 1971년 9월에 등장했다. 두 대의 버전 중 「콩코드 101」은 영국에서, 「콩코드 102」는 프랑스에서 사이좋게 제작됐으며, 1973년 시험비행도 나란히 무사통과했다. 이름 그대로 양국의 조화와 협력 하에 최고의 초음속 여객기가 탄생한 것이다.

마침내 콩코드의 전성시대가 열렸다. 1973년에는 「콩코드 001」이 기존 비행기가 가지 못하는 고도 2만m까지 올라가는 데 성공했고, 1974년에는 「콩코드 101」이 마하 2.23에 도달했으며, 1976년 1월 21일에는 세계 최초로 초음속 여객기의 상업 운항을 시작하는 등 기존의 기록을 속속 갈아치웠다.

안전성 면에서도 세계 최고였다. 1979년 착륙 중에 조종사의 실수로 타이어에 펑크가 난 것을 제외하고는 심각한 기체 결함이나 사고를 겪은 적이 없었다.

콩코드의 특징적인 모습으로는 화살처럼 기다란 몸체와 삼각형 모양의 날개가 꼽히기도 하지만, 가장 눈에 띄는 것은 독수리처럼 날카롭게 구부러진 앞코 부분이다.

공중으로 떠오르는 양력을 유지하기 위해서는 앞부분을 길게 설계할 수밖에 없었는데, 활주로에 뜨고 내릴 때는 시야를 가리는 단점이 있었다. 이를 보완하기 위해 이착륙 때는 아래쪽으로 구부러지는 형태로 만들었고 콩코드의 개성으로 자리 잡았다.

독수리처럼 날카롭게 구부러진 콩코드의 앞코 부분

그러나 콩코드에게도 단점은 있었다. 일반 비행기보다 2배 빠른 속도로 2배 높이 날아올라 평균 8시간 넘게 걸리는 파리~뉴욕 구간을 3시간대에 주파했지만, 비싼 요금이 문제였다.

몸체가 좁고 길어서 이코노미 좌석 4개를 옆으로 간신히 배치시킬 여유밖에 없어 몸을 구겨 넣어야 하는데도 요금이 일반 항공편의 퍼스트클래스보다 3배 이상 비쌌고 이코노미석 요금의 15배에 달했다. 돈이 아깝지 않은 부자들이나 시간에 쫓기는 글로벌 기업의 CEO만 타는 비행기라는 비아냥거림을 들을 수밖에 없었다.

가장 큰 위기는 2000년에 찾아왔다. 7월 25일 파리 샤를드골 공항을 출발하던 뉴욕 행 콩코드가 이륙 중 갑작스레 폭발해 100명의 승객과 9명의 승무원 전원이 사망한 것이다.

몇 분 전 출발한 비행기가 떨어뜨린 금속 조각이 활주로를 달리던 콩코드의 타이어를 파열시켰고, 이때 튀어나간 조각이 연료통에 구멍을 내어 결국 폭발로 이어진 것이다. 기체 결함이나 조종사의 실수로 보기 어려운 우연이었지만, 100명에 달하는 고위층과 부자들이 한 날 한 시에 유명을 달리함으로써 세계 언론의 관심이 쏠렸고 부정적인 시각이 급팽창했다.

그로부터 1년이 흐른 2001년 9월 11일 콩코드는 운항을 재개했으나 승객 수는 좀처럼 늘어나지 않았다. 유지비를 감당하지 못한 영국항공(BA)과 에어프랑스(Air France), 세계 각국의 항공사를 대상으로 매각 협상을 벌였지만 결렬됐고, 결국 2003년 11월 26일 영국 브리스톨 공항 착륙을 마지막으로 상업 운행에서 물러나 은퇴의 길에 들어섰다.

한때 세계에서 가장 빠른 여객기로 정상의 지위를 누리던 초음속 비행기 콩코드, 한창 때의 몸값이 2,300만 파운드로 우리 돈 2천억 원에 달했지만, 27년이라는 짧은 청춘을 마친 지금은 영국, 프랑스, 미국의 박물관에 전시된 채 쓸쓸한 노년을 보내고 있다.

화성으로 사람을 보내는 프로젝트까지 진행되는 시대지만, 콩코드의 뒤를 이을 차세대 초음속 여객기의 등장은 기약이 없는 상태다. (KISTI의 과학향기 칼럼)

또 미국의 SST 계획이 중지된 이유는 우선 이 계획에 필요한 수십억 달러의 대부분을 국가예산, 다시 말해 국민의 세금에서 낸다는 것에 반대하는 국민 여론이 높아져 끝내는 의회에서 SST 예산안을 부결했기 때문이다.

이것은 아폴로계획이나 월남 전쟁으로 세금 부담이 커져 생활이 어렵게 된 미 국민의 불만 때문인데, 그 밖에 작용한 또 하나의 힘은 SST 공해에 대한 반대가 높아진 데 있다.

SST의 공해로서 제일 먼저 손꼽히는 것은 비행 중에 발생하는 충격파가 지상에 미치는 영향이다. 비행기가 음속을 넘으면 공기가 압축되어 눈에 보이지 않는 충격파라는 것이 발생, 이것이 지상에 도달하면 마치 벼락이 떨어진 듯한 폭발소리를 내어 창이나 문을 진동시키고, 인체에도 나쁜 영향을 미친다고 한다.

이 때문에 현재는 군용기도 부득이한 경우가 아니면 사람들이 살고 있는 육지 상공에서는 초음속으로 나는 것이 금지되어 있지만, 여객기로도 육지 상공에서 초음속을 낼 수 없다면 SST의 가치가 없다.

또한 최근의 연구로는 고도 2만 미터의 상공을 나는 SST가 대량의 산소를 빨아들여 이산화탄소나 아주 작은 티끌을 내뿌리게 되는데, 그것이 계속되면 지구상의 기후에 중대한 영향을 미친다는 학설이 발표되었다.

이 때문에 초음속 여행 시대는 크게 제자리걸음을 해서 이제는 현재 이상으로 빠른 여객기를 취항시키지는 못하게 될 것이 아닌가 하는 비관론도 일부에서는 나오고 있는데, 반대로 한편에서는 이로써 SST를 훨씬 뛰어넘는 마하 5~10의 HST(hypersonic airplane, 극초음속 여객기)의 출현이 오히려 더 빨라지지 않을까 하는 사람들도 있다.

원래 HST는 SST계획이 차질 없이 1970년대에 실용화가 되면 약 20년 후인 1990년대에 SST의 후계자로 250인승, 마하 6 정도의 HST가 나타나고, 2000년대에 들어가서 마하 10정도, 다시 말해 시속 약 1만 킬로미터의 HST가 취항하게 될 것으로 예상하고 있었다. 그러나 지금까지도 HST는 고사하고 SST의 운항도 실행되지 않고 있는 실정이다.

HST는 기술적으로는 현재 해결할 수 없는 문제가 하나도 없다고 한다. 또한 비행 고도는 3만 미터 이상(SST는 기껏해야 2만 미터)이기 때문에 지상에 닿는 충격파는 SST보다 훨씬 적으며, 또한 엔진도 SST처럼 제트 연료를 쓰지 않고 액체수소나 산소를 사용하게 될 것이므로 탄소화합물이나 티끌도 발생하지 않아 공해는 SST에 비교해서 훨씬 적어질 것이다.

문제는 개발에 필요한 방대한 비용인데, 이것도 세계에 평화가 계속되어 군사 예산이 줄어들면 여러 나라가 협동으로 개발할 날이 올 것이다.

서울에서 하와이까지 한 시간 20분

자, 그러면 이제 그 HST가 실제로 취항했을 때의 일을 생각해 보기로 하자.

영국 런던에서 미국 뉴욕까지 90분, 한국 서울에서 미국 로스앤

미 공군은 대통령 전용기의 극초음속(SST) 가능성을 평가하고 있다

젤레스(LA)까지 3시간이면 날아갈 수 있는 극초음속 여객기가 미국에서 개발 중이라고 한다.

음속의 다섯 배인 마하 5(시속 약 5천km)로 나는 여객기를 2029년 시험 운항을 목표로 개발 중이다.

이 속력은 현재 운항 중인 국제선 여객기의 5～6배 정도다.

한편으로 각지의 시각을 생각해 보자. 여러분도 잘 알다시피 지구는 약 24시간에 한 번 자전을 하기 때문에 경도가 60도 떨어져 있으면 4시간씩의 시차(時差)가 생긴다.

이를테면 서울이 정오일 때 하와이 서쪽에 있는 미드웨이는 오후 4시, 미국의 중부는 오후 8시, 브라질은 밤 12시, 유럽은 오전 4시이다.

그러면 이렇게 시차가 있는 두 지점 사이를 HST로 날아다니면 어떤 일들이 일어날까? 이를테면 호놀룰루에 사는 교포가 아침 7시에 서울로 출장을 떠났다고 하자.

만약 마하 10의 HST를 타면 서울에 도착하는 시각은 오전 3시 40분이다(4시간의 시차가 있으니).

그러니 하와이를 떠날 때에는 날이 훤했는데 서울로 오는 동안에 하늘은 점점 어두워지고 하늘에 떠 있는 해는 동쪽 하늘로 지게 된다. 서울에 도착하면 아직 날이 새려면 한참은 더 있어야 할 지경이다.

할 수 없이 이 교포는 옛날 가본 일이 있는 해장국집에 가서 해장국을 한 그릇 먹고 목욕도 한 후 볼일을 보고 오전 10시 HST로 호놀룰루로 돌아갔다고 치자.

그러면 호놀룰루 도착은 서울에서의 날짜로 전날의 오후 2시 40분이 된다. 전날이 되는 것은 도중에 날짜변경선이 있기 때문이다. 그러니 서울에 도착한 날짜는 호놀룰루를 떠난 다음날이었던 것이다. 그러므로 이 사람의 일기는 다음과 같이 씌어질 것이다.

9월 10일 오전 7시~오후 2시 40분 서울 출장.
9월 11일 오전 3시 40분~오전 10시 서울에서 해장, 목욕, 용무.

이 일기의 뜻을 해석해 보자. 만약 이 사람이 국제적인 범죄를 저질렀다면 이 일기를 보고 어떻게 알리바이를 무너뜨리겠는가?
이런 HST가 실용화될 날도 멀지 않을 것이다.

if

28. 광합성의 초록색 인간을 만들 수 있다면?

인간은 생물계의 왕이다. 어떤 생물도 결국은 인간의 지배하에 놓인다고 우리는 믿고 있다. 그러나 인간이 생물을 지배한다는 것은 그만큼 인간이 그들 생물에 의지하고 있다는 뜻이기도 하다.

농작물이나 가축도 인간에 의해 지배되고 보호되고 있지만, 동시에 인간은 이들 생물 없이는 생활을 할 수가 없다. 따라서 큰 가뭄으로 이들 생물이 전멸해 버린다면 결국은 사람도 그들과 같은 운명이 될 수밖에는 없다.

이러한 위기를 극복할 수 있는 구세주야말로 광합성의 기능을 갖춘「초록색 인간」이다.

초록색 식물의 광합성

「지구는 초록색 베일로 덮여 있다」는 말이 있다.

이것은 초록색 식물이 지표에 무성하게 자라고 있는 것을 가리키는 것인데, 아득한 옛날부터 지구가 그렇게 초록빛 베일로 덮여 있었던 것은 아니다.

아득한 옛날 지구 위에 생명이 어떻게 해서 태어났는가 하는 데 대해서 구소련의 생화학자 오파린(Aleksandr Ivanovich Oparin, 1894년~1980)이 유명한 <생명의 기원>에 관한 학설에서 쓰고 있다.

오파린에 의하면 아직 지구가 뜨거웠던 시절에 메탄가스 같은 것이 바탕이 되어 아미노산이 생기고 그것이 많이 붙어서 단백질로 되었다.

이 단백질 속에 「효소」라고 해서 다른 단백질을 합성하거나 연결시키는 작용을 하는 것이 나타나고, 이것들의 종합 작용으로 바다 속에 시원생물(始原生物, archeorganism, 지질시대의 지구상에 최초로 출현한 생명을 가진 유기체로 생물의 원시적인 조상이라고 생각되는 것이다.)

A. I. 오파린에 의하면 코아세르베이트(Coacervate)라는 단백질로 된 죽 모양의 물질 속에 「살아 있는 물질」이 생겼다고 하며, 이 것을 시원생물이라 하였다. 한편, 바이러스 모양의 생물을 시원생물이라고 하는 견해도 있고 DNA를 주체로 하는 유전자적인 것을 시원생물이라고 생각하는 학자도 있다.

코아세르베이트(Coacervate)란 물 위에 기름을 떨어뜨린 듯한 모양의 단백질 화합물이라고 생각하면 된다. 이 코아세르베이트가 바다 속에서 영양분을 섭취해서 자라나 증식하는 작용을 갖게 되어 생명체의 바탕이 되었다.

오파린의 생각은 이런 것이지만, 생물학자들은 이 최초의 생명이라고 할 이 생물을 「시원생물」이라고 부르고 있다. 시원생물은 지구상에 이미 만들어져 있는 「음식」을 먹고 생활하고 있었으니, 이들 생물의 생명활동의 에너지는 원래부터 지구가 가지고 있었던 에너지이다.

그런데 그 후 생물은 넉넉지 않은 지구상의 음식을 섭취하는 대신 지구로 내리쏟는 태양광선을 붙잡아 그것을 몸 안에 빨아들여 당류(糖類)의 화학구조 속에 화학 에너지로 축적하는 데 성공했다.

이것이 초록색 식물에 의해 행해지는 「광합성(光合成, photosynthesis)」이라는 현상이다. 광합성은 생물 진화의 역사상 일대 혁명으로 평가되고 있다.

왜냐하면 이때부터 생물은 지구상의 넉넉지 않은 에너지를 받아 생물의 몸을 만들어내기 위해, 혹은 갖가지 행동을 하기 위해 이용할 수 있게 되었기 때문이다.

이때부터 지구상에 있는 생물들의 반영구적인 번영의 기초가 닦여진 것이다.

광합성을 할 수 없는 생물, 특히 일반 동물과 인간은 이 녹색식물이 만든 유기물(탄소를 뼈대로 한 화합물)을 몸 안에 섭취해서 자기들의 몸이나 운동에 알맞은 음식물로 다시 만들어 그것으로 생명활동을 해나가고 있다.

따라서 초록색 식물이 이 세상에서 사라지면 인간도 또한 결국에는 멸망한다는 것은 두말할 나위도 없다.

이와 같은 만일의 경우에 대비해서 살아 나갈 수 있는 방법은 인간 스스로가 광합성 생물이 되는 일이다.

만약 이것이 가능하다면 다른 생물이 만든 영양분을 빼앗을 필요가 없어질 뿐 아니라, 살아가기 위해 밖에서 몸 안으로 받아들이는 것은 미네랄워터 같은 것과 탄산가스만으로 충분하다는 이야기가 된다.

음식물에 관한 한 적어도 남의 신세를 지지 않고 자급자족이 되는 셈이다.

이렇게 되면 현재 우리의 식생활에 없어서는 안 될 것으로 생각

광합성(photosynthesis) 과정

되고 있는 밥이나 빵, 고기, 생선, 우유, 야채 과일 등 식품이라고 불리는 것은 거의가 다 필요 없게 된다.

식탁에는 여러 가지 음식 대신에 질소, 칼슘, 인, 철분 기타 몇 종류의 무기염류를 넣은 조미료병 같은 것들과 물이 들어있는 컵만 차려 놓으면 될 것이다.

탄산가스는 공기 속에 많이 들어 있을 뿐 아니라, 호흡을 하면 체내에 당(糖)의 분해 산물로서 자연히 축적되기 때문에 전혀 걱정할 필요가 없다.

그러나 여기까지는 광합성 인간이란 좋은 점도 있겠지만, 한편 생각하면 처음에는 광합성 인간이 되고 싶다고 생각했던 사람도 꽁무니를 빼기 시작할는지 모르겠다.

왜냐하면 맛있는 음식이 차려져 있지 않은 식탁을 대하고 마음 상쾌하게 느끼는 사람은 전혀 없을 것이 분명하기 때문이다.

인간은 처음에는 아마도 틀림없이 살기 위해 그 생명활동의 원천으로서 음식물을 찾았겠지만, 요즘 사람들이 정말로 그런 기분만으로 음식을 대하는 사람이 얼마나 있을까 하는 점이다.

필요 이상으로 맛있는 음식을 먹어 도리어 위장병에 걸리기도 하고, 별로 영양분이 되지 않는 것이거나 몸에 해로운 것이라도 입맛을 만족시킬 수 있는 것이면 위험을 무릅쓰고라도 먹으려는 것이 요즘의 인간이 아닌가…….

이와 같이 우리의 식생활은 반드시 살기 위한 절대가치 이상의 즐거움을 얻기 위하여 추구하는 것이 현실인 것 같다. 따라서 음식이 풍부한 문화국가에서는 광합성 능력을 가진 인간문제는 도시 논의의 대상조차도 안 된다.

그러나 현재와 같은 심한 인구증가율이 앞으로도 오랫동안 계속된다면 먹을 것의 부족으로부터 오는 큰 재난에 대비하기 위하여 인간 개조를 한 번쯤 생각해 보는 것도 결코 헛된 일은 아니라는 생각이 든다.

그러면 광합성을 하는 인간이란 도대체 어떤 인간이겠는가?

아마도 그것은 현재의 초록색 식물의 광합성 기관인 엽록체이거나, 아니면 그것과 비슷한 구조를 몸 표면의 세포에 가진 인간일 것이다. 엽록체는 엽록소라는 초록색의 색소를 가지고 있으므로 이 사람은 초록색을 한 「초록색 인간」이라고 할 수가 있다.

그러나 몸 전체가 초록색이어야 할 필요는 없이 팔이나 다리 같은 옷 밖에 나오는 부분이 엽록체를 가지고 있는 것만으로 충분할는지도 모른다.

만약 몸 전체가 광합성을 해야만 할 경우는 빛이 통과하는 얇은 옷을 입어야 할 것이다. 그렇게 되면 거리에서도 현재와 같은 식당들은 자취를 감추고 무기염류를 파는 비료가게 같은 식료품가게가 늘어날 것이다.

하기야 오늘날 먹고 있는 갖가지 음식에 대한 사람들의 애착심을 이용하여 영양분은 빼고 현재의 음식 맛이나 향내만을 가진 가짜 음식을 만들어 파는 회사들이 판을 칠는지도 모른다.

하지만 어떤 경우이든 간에 광합성 인간의 위장이나 소화능력은 퇴화해 버렸을 테니 위에 부담을 주지 않는 것으로 가짜 음식을 만들어야 할 것이다. 그러나 「초록색 인간」이 되는 데에는 또 하나 문제가 있다.

인간은 광합성기관인 엽록체나 거기에 포함되는 엽록소를 스스로 만들 수 있을까 하는 문제이다.

이것은 아주 어려운 문제로 생각된다. 왜냐하면 초록색이 아닌 시원생물로부터 초록색 식물이 지구상에 나타나기까지에는 수억 년의 세월이 필요했기 때문이다.

인간이 지금부터 진화해서 몸 안에 엽록체와 같은 작은 기관을 분화시키기까지에는 역시 비슷한 세월이 흘러야 할 것이다.

그러는 동안에 인류가 멸망할 만한 대변동이 지구상에 안 일어난다고 장담할 수도 없다. 이래서는 광합성 인간은커녕 정상적인 인간도 없어져 버리고 말 것이다.

따라서 더 가까운 시일 안에 어떻게 해서든지 초록색 인간을 만들어내는 방법을 생각해내야 한다.

여기에 좋은 아이디어가 하나 있다.

엽록체를 표피조직에 이식

그것은 엽록체를 가지고 있는 생물, 혹은 세포를 인간의 표피조

직에 이식하거나, 직접 엽록체를 표피세포에 주사해서 증식시키거나 하는 방법이다.

이것은 터무니없는 것으로 느껴질는지 모르겠지만, 전혀 꿈같은 이야기는 아니다. 그 까닭은 녹색식물과 비녹색식물, 녹색식물과 동물이 같이 살고 있는 실례가 있기 때문이다.

고산식물의 표피에 붙은 지의류(地衣類) 식물은 얼핏 봐서는 하나의 생물 같지만, 실은 엽록체가 없는 균류(菌類)와 엽록체를 가진 조류(藻類)와의 공생체인 것이다.

말미잘이라는 바다 동물 중에는 녹조(綠藻)와 공생하고 있는 것이 있다.

최근 엽록체에 관해 재미있는 생각이 학자들 사이에 토론되고 있다.

다세포의 녹색식물의 엽록체는 이 식물이 진화해 가면서 스스로 만들어낸 것이 아니고, 아득한 옛날 단세포의 녹조 중 어떤 것이 비녹색의 식물체 세포 속에 들어가 같이 살게 되었다. 그리고는 이 녹조는 점점 독립된 개체로서의 성격을 잃어가 마치 숙주(宿主)의 세포 속 한 작은 기관같이 변화해서 현재의 엽록체가 되었다는 생각이다.

이에 관해서는 다음과 같은 증거를 들고 있다.

그 하나는 유전자가 엽록체 속에도 있어 세포핵의 유전자와 같이 살고 있는데, 그 화학구조는 세포핵의 유전자와는 아주 다르다는 점이다.

아무튼 「초록색 인간」이 만들어지면 식물연쇄(食物連鎖)의 관계가 완전히 바뀌게 될 것이다. 지금까지 녹색식물을 밑변으로 하고 인간을 제일 높은 자리에 둔 식물연쇄의 피라미드는 자취를 감추고 초록색 인간을 중심으로 한 전혀 새로운 식물연쇄의 체계가 이루어지게 될 것이다.

if

29. 인간이 파충류와 같은 변온동물이었다면?

SF(공상 과학) 소설이나 TV에서 심심찮게 방영되는 공상 영화에서 곧잘 다른 행성의 생물로서 곤충이나 파충류가 진화한 「우주인」이 등장한다.

우리 지구인은 포유류, 다시 말해 항온동물(恒溫動物 : 온혈동물)에서 진화되었는데, 만약 「SF 우주인」처럼 파충류 같은 변온동물(變溫動物 : 냉혈동물)에서 진화한 「도마뱀 인간」이나 「뱀 인간」이었다면 어떻게 될까?

일상생활은 지금과 같은 것일까? 아니면 현재와 같은 인간이 될 수 있었을까?

온혈동물과 냉혈동물

현재 지구상에 있는 많은 생물의 분류 방법은 여러 가지가 있지만, 그 중에 척추동물을 인간이나 새와 같은 「항온동물」과, 뱀이나 물고기 같은 「변온동물」로 분류하는 방법이 있다는 것은 여러분도 알고 있을 것이다.

「항온동물」은 바깥세계의 온도가 조금쯤 변화해도 그것과는 관계없이 자기의 체온을 일정하게 유지하는 작용을 갖추고 있다. 따라서 혈액이 항상 따뜻하다는 뜻에서 「온혈동물」이라고도 한다.

이에 비해 「변온동물」은 체온을 일정하게 유지하는 기관이 발달되어 있지 않아 바깥세계의 온도가 바뀌면 이에 따라 체온도 바뀌기 때문에 우리가 만지면 차게 느끼게 된다. 그래서 「냉혈동물」이라고도 한다.

현재 이 지구상에서 가장 힘이 있는 것은 포유류(그 중에서도 인간)를 중심으로 하는 항온동물이다.

하지만 여러분도 잘 알다시피 1억 년 이상 전에는 지구는 거대한 공룡을 대표로 하는 파충류—다시 말해 변온동물의 천지였다.

그것이 나중에 말하는 여러 원인들이 쌓이고 쌓여 잠깐 동안에 멸망해 버리고 포유류와 자리를 바꾼 것이다. 만약 파충류가 멸망하지 않고 그대로 발전해 왔다면 과연 우리 같은 높은 문명을 쌓아올린 「도마뱀 인간」이나 「뱀 인간」이 되어 있을까?

우선 파충류가 나타나기 전의 지구를 생각해 보기로 하자.

그 무렵에는 육상은 식물과 곤충의 천하로 아직 척추동물은 거의 없었다. 거기에 물을 떠나서 처음으로 육상에서 생활할 수 있게 된 파충류가 나타난 것이다.

따라서 육상에서는 파충류에게는 전혀 적이 없었다고 해도 괜찮을 것이다. 그래서 파충류는 처음에는 바다나 늪 근처에서 숲이나

파충류

초원으로 진출해 나갔고, 동시에 종류도 많이 불어났다. 몸도 점점 커지고 그 큰 파충류를 먹고 사는 강한 파충류도 생겨났다. 그리고는 드디어 공룡이 나타나 그야말로 「지구의 지배자」가 된 것이다.

그런데 한 시절 지상에 넘쳐흐르듯이 많았던 공룡은 얼마 후 갑자기 줄어들기 시작, 믿을 수 없을 만큼 짧은 기간에 완전히 멸망하고 말았다. 그리고 공룡 대신 지상에 나타난 포유류가 계속 늘어나면서 진화하기 시작, 이윽고 인간이 출현하게 된 것이다.

왜 그처럼 번영했던 공룡이 멸망해 버렸는지는 옛날부터 생물학의 수수께끼로 불렸는데, 지금은 대충 다음과 같이 상상하고 있다.

공룡화석(Wikipedia)

　파충류가 판을 치고 있었을 때의 지구는 현재와는 바다와 육지의 비율이 전혀 달라 바다는 지금보다 훨씬 넓었고 육지도 지금보다는 훨씬 평탄했던 것 같다.

　그리고 지구상의 기온과 습도는 현재보다 훨씬 높아 요즘 인간들이 살기에는 지나치게 무덥고 불쾌지수가 높은 상태였던 것이다. 그리고 계절이나 기후의 변화도 별로 없이 1년 내내 비슷한 날씨가 계속되고 있었다.

　그런데 점점 지구의 변화가 일어나기 시작, 대륙도 올라오고 바다는 조금씩 넓이가 줄어들기 시작했다. 육지는 넓어지고 높은 산이나 계곡이 생겨 지형도 험난해졌다.

습도가 내려가고 비도 줄어들고 그 전까지 육지에 많이 있었던 호수나 늪도 줄어들어 기후의 영향을 제일 받기 쉬운 식물이 잇달아 변해 갔다.

이와 같이 지형이나 기후가 변하고 식물의 종류가 달라진다는 것은 식물을 주식으로 하고 있던 공룡들에게는 아주 난처한 일이었다.

우선 살아 나가는 땅이 좁아졌고 입에 익은 식물이 줄어들고, 게다가 기후조차 바뀌었으며, 기온이 내려가면 변온동물인 공룡은 체온이 내려가 동작이 둔해진다.

특히 밤에는 기온이 많이 내려가기 때문에 거의 활동을 할 수 없게 되어버렸을 것이다. 땅이 좁아지고 음식이 줄어든 데다 동작까지 둔해져서는 그렇게 큰 몸을 유지해 나갈 만큼의 음식을 얻기는 어려워진다.

설상가상으로 그 무렵부터 불어나기 시작한 포유류는 아직 작고 힘이 약하기는 했지만, 항온동물이라는 이점으로 밤이나 낮이나 조금쯤 추워도 예사로 활동을 계속해 공룡들의 음식인 나무나 풀을 먹어치울 뿐더러 밤에는 공룡의 새끼나 알까지도 먹었을는지 모른다.

이렇게 해서 공룡은 먼저 대형의 식물식성(植物食性)의 종류부터 멸망하기 시작했을 것이다. 그렇게 되면 육식성 공룡도 음식이 없

공룡시대

어지는 셈이니 역시 살아 갈 수는 없게 된다.

이런 과정을 밟아 그처럼 크고 강했던 공룡들은 잇달아 멸망해 버렸을 것이다. 다시 말해 공룡은 변온동물이었기 때문에 지구의 지형이나 기후의 변화를 따라가지 못했다고 해도 좋을 것이다.

도마뱀 인간의 운명

하지만 만약 공룡시대와 같은 상태가 지구상에 1억 년쯤(다시 말해서 현재까지) 더 계속되었더라면 파충류는 더욱 더 진화해서 현재의 인간같이 지성을 갖추어 그 나름대로의 문명을 쌓아 올리지 않았을까 하고 생각해 볼 수도 있는 문제이다. 그랬다면 현재의 「도마뱀 인간」의 상황은 다음과 같은 것이 될 것이다.

알기 쉽도록 「도마뱀 인간」은 거의 우리와 같고(얼굴까지 같을지 어떨지는 모르겠지만), 다만 변온동물이고 알을 낳는다는 점만 다르다고 치자.

그리고는 지구의 변동이 닥쳐와 기후는 점점 추워지고 바다나 호수는 좁아져 들어가고 산은 험해지며 항온동물—다시 말해 포유류가 차차 세력을 증대해서 힘 드는 상대가 되어 가고 있다.

바꾸어 말해서 공룡이 멸망한 무렵과 같은 시대가 시작되었다고 치자.

아무튼 지구의 역사상 이런 변화가 온다는 것은 빠르거나 늦어지거나 간에 피할 수는 없는 일일 것이다.

그때의 공룡은 무지해서 아무런 대책도 세우지 못하고 멸망해 버렸지만 「도마뱀 인간」은 여태까지 쌓아올린 기술과 문명을 총동원해서 어떻게든 살아남으려고 궁리를 할 것이다.

그러기 위해서는 먼저 집안의 온도와 습도를 조절하고 밖에서는 우주복 같은 방호복(防護服)을 입고 행동하게 되겠는데, 마치 현재의 남극의 관측기지를 크게 만든 것처럼 보였을 것이다.

그러나 그보다도 더 좋은 방법은 지하에 도시를 건설해서 밤이나 겨울 동안 거기서 살도록 하는 것이다.

다시 말해서 뱀이나 도마뱀이 동면하는 것을 더 규모를 키워 겨울 동안에도 활동을 계속할 수 있는 설비를 스스로 만드는 것이다.

동물원의 파충류관 같은 것을 여러 수만 배로 키운 듯한 설비를 파충류 자신들이 지하에 건설한다고 생각하면 되겠다.

그러나 지구의 변동이 갈수록 심해져 대지진이나 분화활동이 끊임없이 일어나면 지하도시도 대부분은 무너져 안심하고 살아갈 수는 없게 될 것이다.

그렇게 되면 「도마뱀 인간」들은 기후나 기온의 변화가 심한 토지는 점차 버리고 열대지방으로 옮겨갈 것이다. 마치 현재의 열대지방이 뱀이나 악어의 천국이듯이 말이다.

그리고 「도마뱀 인간」들이 버리고 간 지방에는 새로 포유류들이 번성하기 시작, 그 중에서 가장 앞선 고등동물은 수백만 년 사이에 「도마뱀 인간」들에게 벅찬 상대로 진화해 갈 것이다. 바꾸어 말하면—바로 호모 사피엔스(인류)의 탄생이다.

결국 역사는 오늘날의 그것과 같은 것이 되고 말아 버렸다.

변온동물의 천하는 그것이 공룡시대에 끝났느냐 「도마뱀 인간」시대까지 계속되었느냐의 차이뿐으로 어차피 멸망하고 포유류의 천하로 바뀌어버렸을 것이다.

if

30. 인간이 고릴라와 같은 네발짐승이었다면?

동물 중에서 항상 뒷다리로만 서서 걷는 것은 인간뿐이다.

동물원에 가 보면 알 수 있듯이, 인간과 가장 가까운 고릴라나 침팬지(Chimpanzee)조차 거의 앞발을 땅에 디디고 걷고 있고, 캥거루나 왈라비(wallaby)는 앞다리는 쓰지 않지만, 굵다란 꼬리로 몸을 지탱하고 있다.

인간만이 뒷다리로 서게 된 것은 도대체 행복한 일이었을까, 아니면 불행한 일이었을까?

네발짐승인 채로는 인간은 인간이 되지 못했을까?

인간과 다른 동물의 차이

인간이 포유동물 가족이라는 것은 누구나 다 알고 있을 것이다. 그러나 현재 세계에 있는 1,300종 이상의 포유동물 중에서 인간은 아주 유별난 동물이다.

차이 가운데서 가장 큰 것 중 하나가 동물 중에서(현재 살아 있는 동물뿐만 아니라, 화석으로 발견된 고대의 동물 전부를 포함해

고릴라

서) 두 다리만으로 서서 걸어 다니는 것은 인간밖에는 없다는 사실
이다.

　동물들이 모두 모여 박쥐를 보고, 「너는 우리 친구가 아니다」라
고 괴롭히는 이야기가 있지만, 그 때 어째서 인간도 박쥐와 함께 괴
롭힘을 당하지 않았는가가 이상할 정도이다.

　인간이 원숭이의 친척에서 갈라져 발달하기 시작한 것은 지금으
로부터 2,500백만 년 이상이나 전의 일이라고 생각되는데, 원숭이
와 인간의 중간 동물에 해당하는 화석이 발견되지 않았기 때문에
인간이 정말로 두 다리만으로 걷기 시작한 것이 언제부터인지, 그
리고 왜 그렇게 되었는지를 아직은 확실히 알 수 없다.

아무튼 현재까지 알려져 있는 가장 오래된 인간의 조상은 동아프리카에서 발견된 오스트랄로피테쿠스 아프리카누스(Austral opit hecus africanus)라고 불리는 화석인데, 이것은 약 200만 년 전의 것으로 생각된다.

이것은 원인(猿人) 오스트랄로피테쿠스 아프리카누스 화석

으로 불리는 부류에 속하며, 그래도 극히 원시적인 석기를 만들었다는 것이 알려져 있기 때문에 이미 두 다리 생활을 하고 있었던 것으로 해석되고 있다.

포유류의 역사는 약 6,000만 년이라고 한다. 따라서 인류의 역사를 가령 200만 년이라고 한다면 포유류는 네 발로 5,800만 년 발달해 온 후에 겨우 두 다리로 일어난 셈이다.

이것을 사람의 일생에 비유한다면 58살 때까지는 기어 다니다가 겨우 일어서서 비틀비틀 걸어 다니기 시작한 지 2년밖에는 안된 상태인 셈이다.

바꾸어 말하면 포유류의 몸의 구조는 5,800만 년 동안이나 네 발로 걸어 다녔기 때문에 완전히 기어 다니는 생활에 알맞도록 굳어져 버려 두 발로 서서 살기에는 별로 편리하게 되어 있지 않다는 이야기가 되는 셈이다.

그것은 인간의 몸, 특히 몸을 지탱하는 골격의 구조를 다른 동물과 비교해 보면 잘 알 수 있다.

다른 동물은 몸의 무게를 두 개의 앞다리와 두 개의 뒷다리로 평균해서 지탱하고 있기 때문에 척추는 가볍게 위쪽(등쪽)으로 굽어 있을 뿐인 간단한 모양이며, 그것이 가슴이나 뱃속의 내장을 매달고 있다.

고릴라 같은 유인원도 머리를 지탱하는 경추(목뼈)가 조금 뒤쪽으로 굽어 있을 따름이며 그 밑의 척추는 대체로 곧다.

그런데 인간은 갓 태어난 아기는 1년쯤은 네 발로 엎드려서 걷고(기고), 그 다음부터 비틀비틀하면서 서서 걷게 되고, 점차 어른처럼 곧바로 서서 걷게 된다.

그 사이에 아기의 척추가 어떻게 변화하는지를 잘 관찰해 보면 인간이 어떻게 해서 두 다리로 걷게 되었는가 하는 진화과정을 대체로 상상할 수 있다.

갓 태어난 아기의 척추는 다른 동물과 마찬가지로 가볍게 뒤로 굽은 간단한 모양을 하고 있다. 그러다가 태어난 지 3, 4개월이 지나 고개를 들게 되면 목뼈가 뒤로 굽어「목이 튼튼해졌다」는 말을 듣게 된다.

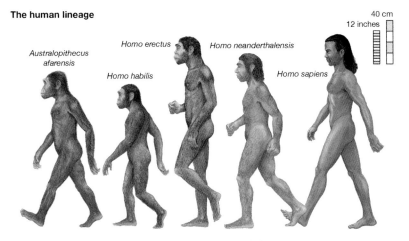

The human lineage

40 cm
12 inches

Australopithecus
afarensis

Homo erectus

Homo habilis

Homo neanderthalensis

Homo sapiens

인류의 진화 (브리태니커)

　그 다음에 아기가 앉게 되면 척추의 가슴 부분(胸椎)이 뒤로 굽어 늑골과 함께 가슴의 뼈대(胸廓) 위치를 뒤쪽으로 이동시킨다. 이 때문에 아기는 처음에는 앉혀 놓아도 앞쪽으로 넘어져 버리던 것이 점점 상반신을 허리 위에 안정시켜 앉을 수 있게 된다.

　이 무렵의 척추의 모습은 고릴라 따위와 아주 비슷하다. 따라서 아기가 처음 걷기 시작할 무렵의 걸음걸이는 마치 동물원의 침팬지처럼 허리와 무릎을 굽히고 몸을 구부정하게 해서 걷는다.

　아기의 기분 같아서는 만약 팔이 침팬지처럼 길고 힘이 있다면 이따금 땅을 짚어 몸을 지탱하고 싶을 것이다.

　아무튼 아기가 이렇게 해서 서서 걷기 시작하면 척추의 허리 부분(腰椎)이 가슴 부분과는 반대로 점점 앞쪽으로 굽어져가 배를 내밀고 엉덩이를 뒤로 빼는 모양이 된다.

이렇게 해서 인간은 선 자세가 옆에서 보면 머리도 가슴도 뱃속의 내장도 대체로 일직선이 되어 안정된 자세로 두 다리로 걸을 수 있게 되는 것이다. 하지만 이 때문에 척추는 옆에서 보면 S자 모양으로 복잡하게 굽어버렸다. 이런 이상한 척추를 가지고 있는 동물은 인간뿐이다.

이런 이상한 척추에는 어딘가에 무리한 힘이 가해지기 마련이다. 그 중에서 제일 무리가 가해지는 곳이 요추로 지나치면 근육이 엉겨 아프기도 하고(腰痛) 척추를 잇는 연골(軟骨)이 부풀어 나오기도 하고, 척추 자체가 앞으로 빗나가기도 하는(디스크) 등 여러 가지 병을 일으킨다.

이러한 병들은 다른 동물들에게는 없는 것으로 인간이 두 다리로 걸어 다니기 때문에 일어난 병이라고 단언해도 좋다. 또한 인간의 내장도 서서 걷게 되었기 때문에 아주 나쁜 영향을 받고 있다.

폐나 심장은 딱딱한 늑골 속에 단단하게 싸여 있으니까 그래도 괜찮은 편이지만, 위나 장, 콩팥 같은 뱃속의 내장들은 모두가 뱃속의 뒤쪽 벽에 매달려 있기 때문에 위에서 가해지는 무게에 대해 아주 약하다.

다른 동물들같이 네 발로 걸어 다닌다면 내장이 등 쪽에 가까운 벽에 매달려 있다는 것은 편리하다 할 수가 있다. 그러나 인간의 내장은 조금만 지탱하는 힘이 약하면 곧 아래쪽으로 처져버리기 쉬워 활동에 지장을 받기도 하고 통증이 일어나기도 한다.

침팬지

「위하수(胃下垂)」같은 증상은 다른 동물들에게는 절대로 없으며, 장이 아랫배의 약한 부분에서 비어져 나오는 「탈장(헤르니아)」같은 병도 다른 동물들에게 전혀 없는 것은 아니지만, 인간에게는 비교도 안될 만큼 많다.

또한 여자가 임신했을 때의 고통도 네발짐승보다 두 발로 서서 다니는 인간 쪽이 비교도 안될 만큼 크다.

임신해서 커진 자궁은 다른 동물들 같으면 배가 커지는 것 정도로 다른 내장을 그다지 압박하지는 않겠지만, 인간은 그 무게가 전부 아래쪽으로 가해져 장을 압박해서 변비를 일으키기도 하고 하반신의 혈액순환을 방해해서 다리가 붓기도 한다.

인간의 여성이 몸을 가누기는 정말 예삿일이 아닌 것이다.

또한 심장이 피를 온 몸에 돌리는 데에도 두 발로 서 있는 자세로서는 상당히 무리를 하고 있는 셈이 된다. 네발짐승들의 경우는 몸의 대부분이 심장과 비슷한 높이에 있기 때문에 혈액은 쉽게 온 몸을 돌지만, 인간은 심장이 몸의 중심보다 상당히 위쪽에 있어 혈액을 아래위로 크게 돌려야 하기 때문이다.

이 때문에 머리 쪽에 있는 피는 아래로 떨어지려 하고 하반신의 피는 아무래도 발 쪽에 고이게 되기 쉽다.

그러나 조금만 심장의 힘이 약해지거나 혈관의 조절이 잘 되지 않으면 뇌에 피가 부족해져 이른바 「뇌빈혈」이라는 증세가 일어나기도 하고, 다리에 피가 괴어 붓기도 한다.

이와 같이 인간이 두 다리로 서 있기 위해서는 몸의 각 부분에 상당히 무리가 가서 이 때문에 일어나는 병도 많이 있다.

따라서 몸만을 생각한다면 포유동물은 역시 네 발로 걷는 것이 훨씬 자연스럽고 건강을 위해서도 좋은 것이다.

그러면 왜 인간만 이처럼 부자연스럽게 두 발로 걸어 다녀야 하는 것일까? 두 발로 걸어 다니게 되어 어떤 이익이 있었던 것일까?

머리와 손이 발달

우선 맨 먼저 생각할 수 있는 것은 손을 자유로이 쓸 수 있게 된 것을 들 수 있을 것이다. 유인원까지는 손이나 발이 같은 모양을 하고 있어서 발로도 여러 가지 간단한 일을 할 수는 있었으나, 손으로는 까다로운 일은 못했다.

그런데 인간은 발을 걷는 데에만 쓰게 되어 손과는 완전히 그 모양이 달라져 버렸을 뿐 아니라, 물건을 잡거나 하는 작업을 못하게 된 대신 손은 굉장히 발달해 감각도 날카로워져서 다른 동물이 할 수 없는 까다로운 일을 할 수 있게 되었다.

그 밖에 다른 동물과 비교해서 인간의 뇌가 엄청나게 크고 무거워 지혜가 발달한 것도 역시 두 발로 다닌 덕택이라고 할 수 있다.

하마를 보면 알 수 있듯이, 네발짐승은 머리가 크고 무거우면 이것을 지탱하기가 힘이 들어 둔한 동물이 되어버리지만 인간같이 척추 전부로 머리를 받치고 있는 모습이면 크고 무거운 머리라도 쉽게 지탱할 수 있다.

인간이 다른 동물들과 다른 제일 큰 차이점은 도구를 만들어내어 그것을 잘 이용하고 있다는 점이다. 인간 이외의 어떤 동물도 할 수 없는 일을 인간만이 할 수 있는 것은 동물 중에서는 오직 인간 혼자가 두 발로 생활하게 되었다는 점과 깊은 관계가 있는 것이다.

다시 말해 인간은 몸이 약간 불편해지는 대신 머리와 손의 발달을 택한 것이라고 할 수 있다.

이렇게 생각해 보니 우리 인간은 머리와 손을 충분히 활용하지 않으면 무엇 때문에 일부러 두 발로 걸어 다니게 되었는지 알 수가 없다.

그러므로 여러분도 네발짐승으로 돌아가기 싫으면 머리와 손을 충분히 활용하도록 노력하여야 할 것이다.

if

31. 인간에게 날개가 있다면?

하늘을 마음대로 날아다니고 싶다는 것은 옛날부터 인류의 동경이었다.

세계 어느 민족의 신화나 전설에도 날개를 가진 신이나 슈퍼맨이 나온다.

천국은 하늘 저 멀리에 있고, 마음이 착한 사람은 날개를 가진 천사가 된다고도 한다.

만약 정말로 인간이 날개가 있는 생물이었다면 우리는 천사처럼 행복할까, 아니면 도리어 불행했을까?

인류의 문화는 지금보다 앞서 있을까, 혹은 뒤떨어져 있을까?

작은 생물일수록 날기에 편리

인간에게는 왜 날개가 없을까, 왜 하늘을 날 수 없을까?—하고 누구나가 한 번쯤은 생각해 보았을 것이다.

하지만 정말로 「왜?」하고 깊이 생각해 본 사람은 별로 많지 않을 것이다.

자연계를 둘러보면 하늘을 날 수 있는 생물은 많이 있다.

우선 누구나가 생각하는 것은 새인데, 포유류에서도 박쥐가 날 수 있고, 더군다나 잊어서는 안 될 일은 곤충은 거의 모두가 날 수 있다는 점이다.

이것을 생물의 크기라는 점에서 생각해 보자.

포유류 가운데에도 코끼리나 고래처럼 큰 것에서부터 쥐같이 작은 것까지 여러 가지가 있고, 새나 곤충도 큰 것 작은 것이 있지만, 평균해서 제일 크고 무거운 것은 포유류이며, 다음이 새, 곤충이 제일 작고 가볍다고 할 수 있다.

그런데 가만히 하늘을 날 수 있는 동물을 살펴보면 작은 생물일수록 하늘을 날아다니는 종류가 많다는 것을 알 수 있다. 이것은 우연일까?

여기서 어떤 새와 그보다 키가 2배 큰 새를 비교해 보자. 그러면 키가 2배면 무게는 부피에 비례하므로 2의 세제곱, 다시 말해 $2 \times 2 \times 2 = 8$배가 된다. 그리고 그 무게를 지탱하는 날개의 넓이는 2의 제곱 $2 \times 2 = 4$, 즉 4배가 된다.

이것을 정리해 보면 어떤 새보다 키가 2배 되는 새는 무게가 8배가 되는 데 비해 날개의 넓이는 4배밖에 안 된다는 결론이 나온다.

따라서 8배의 무게를 4배의 날개로 감당하기 위해서는 날개는 원래의 새보다 2배의 일을 하지 않으면 그와 같이 날 수는 없다는 이야기가 된다.

거꾸로 말하면, 크기가 반이 되면 몸의 무게는 8분의 1이 되는데, 날개의 넓이는 4분의 1이 되기 때문에 날개가 감당해야 하는 무게의 비율은 반이 되는 것이다.

날개가 감당해야 하는 무게의 비율이 2분의 1이 된다는 것은 같은 넓이의 날개를 움직여서 내는 부력(浮力 : 뜨는 힘)이 원래의 2분의 1이면 된다는 뜻이므로 날개를 움직이는 힘도 대체로 2분의 1이면 된다는 이야기가 된다.

그러므로 작은 생물일수록 나는 것이 편한 셈이다.

하늘을 나는 생물 중에는 그리 큰 것이 없는 이유는 이것으로 설명이 될 수 있을 것이다.

포유류 중에서는 박쥐만이

포유류 가운데서 단 하나 하늘을 날 수 있는 동물인 박쥐는 제일 큰 것이라 해도 겨우 큰 쥐만 하다. 그리고 새 중에서도 가장 큰 독수리나 콘도르(condor)도 무게는 기껏해야 10킬로그램 정도이다.

새는 날개를 펴면 상당히 크게 보이지만, 보기에 비해서는 그 무게는 가벼워서 흔히 볼 수 있는 청둥오리나 갈매기는 기껏해야 체중이 500그램 이하이며, 까마귀는 100그램 정도이다.

곤충은 엄청나게 가볍고 작아 아주 형편없이 보이는데, 앞서 말한 것처럼 작은 것일수록 조그마한 힘으로 날 수 있는 것이다. 꿀벌은 0.06그램쯤이고, 파리는 0.01그램 정도, 모기는 파리의 3분의 1

포유류 가운데 유일하게 날 수 있는 박쥐

에서 4분의 1 정도밖에는 되지 않는다.

여기서 파리와 갈매기의 모습을 비교해 보자.

양쪽이 다 두 개씩의 날개를 가지고 있지만, 파리는 둥글고 살이 찐 몸뚱이에 비해 날개가 작은데, 갈매기는 몸뚱이에 비해 긴 날개를 갖고 있어 아주 날씬하다.

그런데 날개가 감당해야 하는 무게를 비교해 보면 파리는 체중 0.01그램쯤인 데 대해서 날개의 넓이는 0.25평방센티미터 가량이며, 갈매기는 체중이 400그램쯤인 데 대해 날개의 넓이는 1,000평방센티미터쯤이기 때문에 파리의 날개는 넓이 1평방센티미터 당 0.04그램의 무게를 감당하고 있고, 갈매기 날개는 1평방센티미터 당 0.4그램, 즉 파리의 날개보다 10배나 되는 무게를 감당하고 있는 셈이다.

보기와는 아주 딴판이라는 것을 이것으로도 알 수 있을 것이다.

몸무게의 비행 한계

이야기가 조금 까다로워진 것 같은데, 결국 생물은 크고 무거워질수록 몸의 비율보다 더 큰 날개를 갖지 않으면 안 되고, 그래도 아직 작은 생물보다 훨씬 더 큰 힘을 쓰지 않고서는 날 수 없다는 이야기가 되는 셈이다.

하늘을 나는 생물 중에서 제일 큰 것이 체중 10킬로그램 정도라는 것은 이 정도가 생물의 몸무게의 비행 한계라는 것을 나타내고 있는 것은 아닐까?

그러면 여러분은 「옛날에는 라돈같이 하늘을 나는 공룡이 있었잖느냐?」고 반론을 제기할는지도 모르겠다.

하지만 지금으로부터 7,000만 년쯤 전에 살았던 익룡(翼龍)들은 여러분이 생각하는 것처럼 그렇게 큰 것은 아니었다. 가장 컸던 프데라노돈(Pteranodon)도 날개를 폈을 때 8미터 정도 되는 것도 있었지만, 날개에 비해서 몸은 작아 기껏해야 유치원에 다니는 어린아이 정도였던 것 같다.

좀 가볍기는 하지만 인간의 체중을 50킬로그램이라고 치면 도대체 얼마만한 날개가 있으면 날 수 있을지 같이 계산을 해보자.

익룡 프데라노돈

날개가 감당하는 무게

갈매기의 날개는 앞서 말한 것처럼 1평방센티미터 당 0.4그램, 다시 말해 1평방미터 당 4킬로그램의 무게를 감당하고 있는 셈이니까, 갈매기와 같은 힘을 가진 날개로 50킬로그램의 무게를 가진 인간을 감당하려면 12.5평방미터나 되는 넓이를 가진 날개가 필요하다.

그러니 폈을 때의 폭은 적어도 10미터는 되어야 한다는 계산이다. 그러니 그림에 흔히 나오는 천사들처럼 등에 귀여운 두 개의 날개를 달고 있는 것 정도로는 도저히 날 수가 없다.

하기야 이 계산에는, 이를테면 날개가 생겨도 체중이 불어난 것으로 계산되어 있지는 않고, 또한 앞서도 말했듯이, 체중이 무거운 것일수록 날개의 넓이에 비해 무거운 중량을 감당하고 있다는 것도 고려하지 않고 있다.

이러한 여러 가지 문제들을 고려한다면 체중 50킬로그램(날개의 무게까지)의 생물에게 알맞은 날개의 크기는 넓이가 5평방미터, 폈을 때의 폭은 7~8미터 정도가 될 것 같다.

하지만 이 날개로 하늘을 마음대로 날기 위해서는 현재와 같은 인간의 몸으로는 안 된다.

인간의 몸 가운데서 제일 큰 근육은 허벅다리의 근육인 것으로도 알 수 있듯이, 인간의 몸은 다리로 땅 위를 걷도록 되어 있기 때문에 하늘을 날기 위해서는 전혀 다른 몸이 되지 않고는 무리다.

비둘기나 참새를 보면 알 수 있듯이, 새는 다리가 작으며 근육은 거의가 가슴 주위에 모여 날개를 움직이는 데 쓰이고 있다.

잘 나는 새, 이를테면 제비 같은 새의 다리는 거의 땅위를 걷지 못할 만큼 약해져 있다.

날개가 없는 것이 다행

인간이 낼 수 있는 힘은 보통 어른이 기껏해야 1마력쯤이며, 그 것도 1분 동안도 계속되지 못한다. 그러나 하늘을 날기 위해서는 아마 그것보다는 5배 이상의 힘으로 날개를 움직이지 않으면 땅에서 날아오를 수도 없을 것이다.

다시 말해서 인간이 하늘을 날기 위해서는 현재 다리를 움직이는 근육보다 5배 이상의 근육을 어깨나 가슴 주위에 갖고 있어야 한다는 이야기가 된다.

그렇게 되면 그 근육의 무게만큼 몸의 다른 부분이 가벼워지지 않으면 안 되는 셈이니까, 배나 내장이나 뇌는 지금보다 훨씬 작아지거나 가늘어져야겠다.

새를 잘 관찰하고 있으면 하루 종일 먹고 있는 것을 볼 수 있다. 그것은 몸을 가볍게 하기 위해 음식이 몸 안에 모이지 않도록 위나 장이 짧아져 있기 때문에 먹고는 배설하고 또 먹고는 배설하고 하는 것이다.

사람도 위궤양 같은 것으로 위의 일부를 잘라내면 하루에 세 끼가 아닌 여섯 끼나 일곱 끼를 조금씩 먹게 된다. 그러니 위나 장이 짧은 새가 하루 종일 조금씩 먹고 있는 것은 하늘을 날기 위해서는 어쩔 수 없는 일인 것이다.

자, 그러면 어떻게 될까?

팔 대신에 양쪽 폭이 7~8미터나 되는 날개를 갖고 몸의 대부분은 날개를 움직이기 위한 근육이며 머리는 작고 뼈는 가늘고 하루 종일 먹을 것을 찾아다니는 생물—만약 인간이 그런 생물이었다면 현재와 같은 문명을 쌓아올릴 수 있었을까?

어쩌면 훨씬 옛날에 멸망해 버리지는 않았을까? 역시 인간은 날개가 없었던 것이 다행이라고 생각되지 않는가?

if

32. 아기가 울지 않는다면?

아기가 울기 시작하면 어머니는 아기를 안아들고 울음을 멈추도록 달래면서 이것저것 살펴본다. 기저귀가 젖어 있지는 않은지, 배가 고파 젖이 먹고 싶은 것인지 하고.

그래도 그치지 않으면 어딘가 몸이 편찮은 것은 아닌가 하고 어머니는 걱정한다. 아기는 태어나서 처음 호흡을 할 때부터 큰 소리로 우는데, 왜 그럴까?

짐승의 새끼는 별로 안 울어

여러분이 친척이나 친구 집에서 겨우 젖을 뗀 강아지를 얻어 왔을 때, 이 강아지가 밤새 귀찮게 울어댄다는 것을 알고 있을 것이다.

물론 이것은 전날까지 젖을 먹여준 엄마 개의 따뜻한 몸에 바짝 붙어서 살아왔기 때문에 별안간 엄마한테서 떨어져 외로워서 엄마를 찾아 우는 것이다. 하지만 강아지는 태어났을 때 사람의 아기처럼 힘차게 울지는 않는다. 이것은 강아지뿐이 아니다.

사자 새끼는 보통 3마리쯤, 많을 때는 6마리나 태어난다.

아프리카 초원

태어났을 때에는 아직 눈도 보이지 않고, 온몸을 핥아주는 엄마의 따뜻한 몸에서 한시도 떨어지지 않고 젖을 먹기도 하고 낮잠을 자기도 하는데, 조금도 울지는 않는다. 하지만 엄마한테서 떼어내면 사자 새끼는 감기 걸린 고양이 같은 목쉰 소리로 울면서 엄마를 찾는다.

기린은 사자가 있는 아프리카의 초원지대에 살고 있다. 따라서 사자가 오면 아기 기린도 엄마와 함께 도망을 쳐야 한다.

안아줄 기린도 업어줄 기린도 없고(엄마 기린도 이것만은 할 수 없으니) 안전한 집도 없다. 또한 사자와 같이 강한 상대를 해치울 만큼 어머니가 강하지도 않다.

하지만 사자 새끼는 엄마 뱃속에 석 달 반 동안 있다가 태어났을 때에는 눈도 보이지 않을 만큼 불안하고 형편없는 상태지만, 기린 새끼는 엄마 뱃속에 열 달 동안이나 있다가 태어나면 금방 일어나서 이튿날이면 벌써 엄마를 따라 걷기도 하고 달리기도 한다.

좀처럼 울지 않는 기린

기린은 좀처럼 울지 않는 동물로 유명한데, 그래도 사냥꾼이 아기 기린을 잡았을 때에는 엄마를 찾아 울 때가 있다.

사슴이나 산토끼는 갓 낳은 새끼를 무성한 풀숲 같은 곳에 숨겨 두고 엄마는 곁에 붙어 있지 않는다. 이따금 젖을 먹이러 와도 먹인 후에는 아기를 두고 다른 곳으로 간다.

적이 왔을 때에는 엄마는 죽을힘을 쓰며 도망을 해 육식수(肉食獸 : 짐승을 먹고 사는 짐승)를 자기 새끼를 감추어 둔 곳에서 멀리 떨어진 곳으로 유도해 버린다.

사슴이나 산토끼의 새끼는 몸 냄새가 거의 없기 때문에 가만히만 있으면 발견되지 않는다. 거기다 몸 색깔도 주위의 풀 같은 것과 혼동하기 쉽게 되어 있다.

사슴 새끼는 엄마와 같이 달릴 수 있게 되면 언제나 따라다니는데, 길을 잃었을 때에는 울어서 엄마를 부르지만, 그렇지 않을 경우에는 사슴 새끼뿐 아니라 어떤 동물도 울지 않는 것이 안전하다.

울면 그만큼 적에게 발견되기 쉽다는 이야기가 된다.

아기가 울 수 있는 것은?

이렇게 생각해 보면 사람의 아기가 힘차게 큰 소리로 울 수 있는 것은 인간이 어느 동물보다도 강하고 안전한 집도 있고, 만약의 경우에는 업어줄 사람도 안아줄 사람도 있기 때문이 아닐까?

백수의 왕이라는 사자마저도 인간은 무기를 가진 두려운 상대라는 것을 잘 알고 있어 좀처럼 사람을 습격하지 않는다.

사람을 습격하는 사자나 호랑이는 다쳤거나 아니면 늙어서 이빨이나 발톱이 무뎌지고 빨리 달릴 수가 없어 발이 빠른 초식수(草食獸 : 식물을 먹고 사는 동물)를 잡아먹을 수 없게 된 것들이 대부분이다.

이런 맹수는 배가 고프면 잡기 쉬운 가축을 노리게 되고 가축을 지키고 있는 사람을 우연히 물어뜯게 되면 그것이 버릇이 되어 사람 잡아먹는 짐승이 되는 경우도 있다.

그러나 젊고 원기 왕성한 육식 맹수들은 귀찮은 인간 같은 것을 상대하지 않아도 식량이 되는 초식수가 옛날에는 많이 있었기 때문에 좀처럼 사람을 습격하지 않았던 것으로 생각된다.

그러니 사람의 아기는 신경 쓸 필요도 없이 얼마든지 울 수 있었던 것이다.

침팬지와의 비교

미국에서 헤이즈라는 부부가 침팬지(Chimpanzee)의 새끼를 태어나자마자 자기 집으로 데려와 사람 아이같이 키운 일이 있다.

인간과 가장 가깝다는 고등 유인원(類人猿)의 지능을 우리 인간과 비교 연구하기 위해서는 태어났을 때부터 인간과 같은 환경에서 키우지 않으면 불공평하다고 생각한 것이다.

침팬지의 아기는 사람의 아기와 꼭 같이 기저귀를 차고 아기 옷을 입고 침대에서 자며, 젖병으로 우유를 마시고 갖가지 장난감을 받아 자랐다.

그런데 사람의 아기와 비교하면 거의 우는 일이 없이 조용하고 얌전했다. 처음에는 말 잘 듣고 영리한 아기라고 생각되었을 정도였다.

헤이즈 부부는 늘 놀러오는 이웃 어린이들이나 아는 사람

침팬지도 인간처럼 길들여질 수 있을까?

들 집의 아기들을 잘 관찰하고 있었다. 물론 침팬지와 비교하기 위해서였다. 사람의 아기는 생후 1년 반쯤 지나면 말도 곧잘 하게 된다.

그런데 침팬지의 아기는 여러 가지 소리를 내기도 하고, 마음에 들지 않거나 무서운 일이 있으면 외치기도 했지만, 사람의 말은 쓰지 않았다.

3년이 지났을 때 겨우 「마마」(엄마), 「파파」(아빠) 「컵」이라는 세 가지 말을 할 수 있게 되었을 뿐이다.

여러분은 이것이 얼마나 중요한 의미를 갖고 있는지를 잘 기억해 두어야 한다.

다시 말해서, 같은 포유동물에 속하는 동물들이라도 종류가 다르면 여러 가지로 다른 음성을 입이나 코로 내어 자기들끼리 신호를 하고 의사소통을 한다. 또한 아기 동물도 여러 가지로 구별을 해서 울어 엄마에게 자기 기분을 호소하기도 한다.

그러나 포유동물들은 음성을 낼 때에 입술을 사용하지는 않는다. 바꾸어 말하면 뱃속으로부터 짖듯이 소리를 내어 자기의 감정을 솔직히 나타낼 뿐인 것이다.

이를테면, 원숭이 중에는 30가지 이상의 다른 음성을 내어 자기들끼리의 신호로 하고 있는 것도 있다. 그 가운데 우두머리 원숭이가 어떤 소리를 내면 나머지 원숭이들에게는 적에 대한 공격 명령으로 들리기도 할 것이다.

또한 약하고 작은 원숭이가 어떤 비명을 지르면 구조를 요청하는 뜻으로 들리기도 할 것이다.

동물들의 울음소리

이러한 동물의 울음소리, 혹은 동물의 말은 원숭이뿐 아니라 어떤 동물의 소리도 우리 인간이 사용하고 있는 글자나 발음기호로 정확하게 나타낼 수는 없다.

닭 울음소리는 우리나라에서는 「꼬끼요 꼬꼬」라고 쓰지만, 영어로는 「쿠크 두둘두」라고 쓰고, 일본에서는 「꼬껫 꼿꼬오」로 쓴다.

어느 나라가 닭 울음소리를 정확하게 나타내고 있는 것일까?

사실은 어느 나라도 정확하지는 않다.

한국에서는 시계소리가 「째깍째깍」 또는 「똑딱똑딱」인데, 같은 시계라도 미국에 수출되면 「틱택틱택」으로 들리고, 일본으로 가면 「갓찐갓찐」이 된다.

이것도 시계소리는 인간이 사용하고 있는 글자나 발음기호로는 정확하게 나타낼 수 없기 때문에 나라에 따라서 표현이 달라진 것이다.

하지만 「마마」나 「파파」나 「컵」은 세계 어느 나라의 글자나 발음기호로도 나타낼 수가 있다.

사람의 아기 같으면 태어나서 열 달이면 할 수 있는 말을 침팬지는 3년이 걸려서 겨우 배운 것이다. 뿐만 아니라 사람의 아기 같으면 생후 1년 반쯤만 되면 제법 많은 말을 할 수 있는데, 침팬지는 평생 동안 배워도 그만한 말을 배울 수가 없다.

「마마」니 「파파」니 「맘마」니 하는 말을 아기들은 곧잘 한다. 「마마」니 「맘마」니 하는 말은 온 세계의 아기들에게 「어머니」나 「젖」혹은 「음식」을 뜻하는 말이다.

하지만 아기가 처음부터 이 뜻을 알고 그런 말을 쓰는 것은 아니다. 이 말이 아기에게는 하기 쉬운 소리이기 때문에 가르쳐주지 않아도 온 세계의 아기들이 이런 말부터 쓰기 시작하는 것이다.

입술에서 나는 소리 엄마

여러분도 입을 조금 벌리고 목에서 소리를 내면서 입술을 닫았다 열었다 해 보라.

닫았던 입술이 열릴 때에 「마」 하는 발음이 나올 것이다.

바꾸어 말하면 「마」 라는 소리를 내기 위해서는 입술을 사용하지 않으면 안 된다. 마먀머며……하는 ㅁ 줄은 모두 마찬가지이며 이것을 순음(脣音)이라고 한다.

아기가 우연히 「엄마」 라는 소리를 내면 어머니는 깜짝 놀라 되돌아보면서 「어머, 우리 아기가 처음으로 나를 엄마라고 불렀어요!」 하면서 자랑을 하며 기뻐할 것이다.

아기로서는 우연히 지껄인 「엄마」 라는 소리에 어머니가 돌아봤다는 것을 알고 아기는 「엄마」 라는 소리가 어머니를 뜻하는 말이라는 것을 차차 알게 되는 것이다.

짐승들은 짖을 때에 입술을 쓰지 않는다고 말했는데, 인간은 짐승과 비교하면 입술뿐만 아니라 혀나 목 안쪽, 비강(鼻腔 : 코의 안쪽에 있는 빈 곳) 등을 써서 아주 복잡한 발음을 할 수 있다.

이것은 기계를 사용해서 음파(音波)의 모양을 보면 잘 알 수 있다. 인간의 말은 동물이나 시계의 소리, 악기소리 등에 비해 아주 복잡하기 때문에 발음을 구별할 수 있어 글자로 나타낼 수도 있게 된 것이다.

인류의 문화는 말과 글로 전해지고 있다고 해도 과언이 아니다. 그리고 말과 글이 있기 때문에 인간은 여러 가지 일들을 생각할 수가 있는 것이다.

아기는 울지 않는 편이 곁에 있는 사람들에게는 귀찮지 않아 좋을는지 모르겠지만, 아기로서는 장차 말을 잘 할 수 있도록 태어났을 때부터 연습을 하고 있는 것이다.

아기가 다른 동물들처럼 울지 않았다면 현재와 같은 문화를 쌓아올릴 수는 없었을 것이다. 그러니 아기가 운다고 신경질을 부려서는 안 될 것이다. 어떻든 간에 우리도 아기였을 때에는 시끄럽게 울었던 것만은 사실이다.

if

33. 아들과 딸을 마음대로 낳을 수 있다면?

사내아이를 낳고 싶다. 그래서 어머니가 약을 먹거나 어떤 조치를 취하거나 하면 아들을 낳는다.

딸이 좋겠다. 그래서 어머니는 약을 먹거나 어떤 조치를 취해서 딸을 낳는다.

이러한 일은 어느 정도 가능하다. 아들과 딸이 태어나는 과정은 대체로 알고 있기 때문에 만약 뜻대로 낳고 싶은 사람이 많다면 그렇게 될 수도 있다.

그러나 태어나는 아이들 입장에서도 좀 생각해 보아야 할 것 같다.

가족의 일원으로 초대

「아빠 엄마는 왜 나를 딸로 낳았어? 나는 여자는 싫어.」

우리 주위에서 이런 말을 가끔 들을 수가 있다.

임신·출산이라는 여자의 역할이 비록 인공 자궁 같은 것으로 대체할 수 있게 되어 편해지더라도, 좋고 싫고 하는 문제만은 남는다.

또한 남자가 가족의 생활을 책임져야 하는 일이 없어지고, 전쟁이 없어져 군에 입대할 필요가 없어지더라도 남자가 싫다고 생각하는 사람도 있을 것이다.

어버이의 희망과는 관계없이 아들딸이 태어날 때에는 여자가 싫다느니 남자가 싫다느니 해도 누구에게 항의할 수도 없다.

하지만 아무리 태어날 아기의 장래를 생각하고 여러 가지 계산을 해본 결과 낳았다고 해도 부모가 아들이냐 딸이냐를 선택해서 낳았다면 나중에 그 아이가 커서 항의를 해도 두 손을 들 수밖에는 없다.

「왜 나를 낳았느냐?」하는 더 근본적인 항의도 아이가 자연히 생겨났을 때와는 달리 계획출산으로 낳게 되면 나올 것이 뻔한 일이다.

하지만 이 항의에도 다음과 같은 답이 있다.

「아빠와 엄마가 서로 사랑하고 그리고 너를 가족의 일원으로 초대하려고 했기 때문이야.」

그러면 아이도 납득을 할 것이다.

「왜 예쁘게 낳아주지 않았어.」니, 「왜 좀 더 영리하게 낳아주지 않았어.」니 하는 불평이 나오면, 인간의 진짜 가치를 이야기해 주면 될 것이다.

다시 말해, 인간의 진짜 가치는 그 사람이 얼마나 착하고 진실하고 인류를 위해 어떤 공헌을 하느냐에 달려 있지, 예쁘거나 머리가 좋고 나쁜 데 달려 있지 않다는 것을 설명하는 것이다.

남자와 여자의 차이

하지만 남자와 여자의 차이는 이런 것과는 전혀 다른 문제이다.

이를테면, 어릴 때에는 그만두고라도 그 아이가 커서 어른이 되어 사랑을 했는데, 그 사랑이 실패로 돌아가면서 실패하게 된 이유도 뚜렷이 찾아볼 수 없을 때에는 여자로 태어난 것, 혹은 남자로 태어난 것을 한탄하고, 자기를 낳아준 어버이에게 항의하고 싶은 심정이 생길 수도 있다.

이렇게 되면 어버이가 항의를 받아서 난처해진다는 것만으로 끝날 문제가 아니다.

여자다, 남자다 하는 인간으로서의 뿌리가 되는 문제를 자기 스스로의 문제로 생각하지 않고 어버이에게 항의하거나 책임을 돌리게 되고 보니, 살아 있는 것 자체가 흐리멍덩해지는 것이다.

남녀의 차이가 생기는 자연의 섭리는 아주 잘 꾸며져 있다.

아버지의 정자(精子)의 성염색체는 X와 Y 두 종류가 있다.

어머니의 몸 안에 있는 난자(卵子)는 하나로 성염색체는 X 한 가지밖에는 없다.

이 X 한 종류의 한 개의 난자를 향해 수억의 두 종류의 정자가 경쟁을 해서 그 중 하나만이 도착해 수정(受精)을 하는 것이다.

X를 수정하면 난자의 X와 정자의 X로 XX가 되고 Y를 수정하면 난자의 X와 정자의 Y로 XY가 되는 것이다.

원래 정자의 X와 Y는 남성의 성염색체 XY가 갈라진 것이기 때문에 그 수는 반반씩이다. 그러므로 어느 쪽이고 간에 수정되는 비율은 거의 반반씩으로 한쪽으로 크게 기울어지지는 않는다.

1대 1의 자연법칙

실제로 태어나는 아기의 비율은 여자 100에 대해 남자 103~105로 남자 쪽이 조금 많다.

유산하거나 죽어서 나오는 아기도 남자가 약간 많기 때문에 처음에는 남자 쪽이 조금 많은 계산이 된다. 하지만 어른이 되어 결혼할 무렵까지에는 꼭 1대 1이 된다.

어째서 남자아이가 조금 더 많이 태어나는가 하는 문제에 관해서는 성염색체 X정자보다 Y정자 쪽이 작아 활발하게 움직이기 때문이 아닐까 하는 것과, 산(酸)과 알칼리와의 관계, 온도와의 관계 등 상당히 소상하게 연구되고 있다.

이런 점을 이용하면 아들딸을 마음대로 선택하는 방법은 있다는 이치가 되고, 또 그렇게 할 수도 있다. 또한 수정한 후라도 수정란을 몸 밖으로 내어 인공자궁 속에서 키우는 연구도 성공을 해서 아기를 낳지 못하는 부부들에게 희망을 주고 있다.

이때 남자인지 여자인지를 보고 필요가 없으면 키우지 않는 방법으로도 아들과 딸을 마음대로 선택할 수는 있다.

하지만 누가 아들딸을 선택해서 낳느냐 하는 것은 또 하나의 문제로 남는다.

어버이가 선택을 해서 낳아도 결국은 곤란한 문제가 생기지만, 만약 그때그때의 세계를 지배하고 있는 사람들이「아들이 낫다」든가「딸이 좋다」든가 해서 어버이들이 하나의 유행 같은 것을 일으키면 어떻게 되겠는가?

사연내로라면 남녀의 비율이 1대 1인데, 그것이 크게 무너질 염려가 있는 것이다.

남자가 좋다―남자가 늘어난다―남자의 가치가 떨어진다. 그렇게 되면 이번에는 여자 쪽이 낫다―여자가 늘어난다―여자의 가치가 떨어진다.

이런 일이 되풀이될는지도 모른다. 값이 나갔다 떨어졌다 해서 마치 상품같이 되어버릴 우려도 있다.

뿐만 아니라 권력자가 남녀의 비율이 크게 차이가 나도록 하는 정책을 쓰면 마치 꿀벌사회처럼 되어버릴 것이다. 남자든 여자든 많은 쪽은 일벌처럼 노예가 되어버릴지도 모른다.

따라서「여자 아이가 귀엽고 좋다」라든가,「사내가 씩씩하고 좋지」라든가,「딸이 둘이니 이번에는 아들」이라든지 하고 원할 자유는 있지만, 정말로 태어나는 아이의 인격을 존중하는 어버이 같으면 아들이든 딸이든 어느 쪽이라도 괜찮다고 생각해야 할 것이다.

또한 남자나 여자 중 어느 한쪽으로 태어나서 손해를 보는 사회라면 그 사회를 고쳐 나가면 되지 않겠는가.

그것이 이치에 맞는 일이다.

우리나라는 오랫동안의 가부장제도(家父長制度)의 인습 때문에 남존여비의 사상이 뿌리박혀 있었고, 해방 전까지는 법률상으로도 여자는 아주 손해를 많이 보았다.

해방 후에 고친 신민법(新民法)으로 손해를 덜 보게는 되었지만, 아직도 남자에 비해 손해를 보고 있다고 많은 여성운동가들이 주장하고 있다.

그저 한때의 기분으로 아이의 성별을 어버이가 선택하는 것은 좋지 않다. 하물며 권력자들이 자기들의 이익을 위해 태어나는 아이들의 성별을 조절하려고 한다면 그것은 더욱 나쁜 일이다.

아이가 태어나는 것은 하느님의 은혜라든가 하느님이 주신 선물이라는 생각이 옛날에는 있었다. 남녀의 차이가 생기는 것도 하느님이 정하는 것이라고 생각했었다.

지금은 아이는 태어나는 것이 아니고 낳는 것, 만든 것으로 생각하게 되었다.

또한 아이가 태어나는 비밀도 과학적으로 알 수 있게 되어 가족계획이라든가, 지구상의 인구폭발에 어떻게 대비해야 하며, 보다 건전하고 현명한 인류로서 번영해 나가기 위해서는 어떻게 해야 하는가 하는 문제들을 생각하는 것은 당연한 일이 되고 있다.

하느님이 정하는 문제이니 사람이 건드려서는 안 된다 하는 생각이 아니라도 남녀의 비율같이 자연 그대로 두어도 잘 되어 나가고 있는 문제를 건드린다는 것은 잘못이다.

그것은 인간의 입장으로 용서할 수 없는 일인 것이다. 또한 과학의 입장에서도 그것은 확실히 잘못이라고 단언하겠다.

세상에는 「여자지만 남자가 되고 싶다」라든가, 「여자가 되고 싶다」는 사람들도 더러 있어 외과수술이나 호르몬제의 사용으로 성진환(性轉換)을 하는 경우가 있다.

여러분도 이따금 신문 사회면을 통해 알고 있을 것으로 믿는다.

하지만 이것은 바깥 모양만 달라졌거나, 아니면 원래 남자였던 사람이 남자가 된다거나 여자였던 사람이 여자가 되는 것일 뿐이다.

성염색체까지 바뀌는 성전환이라는 것은 있을 수 없다. 그러면 어버이나 당사자가 「남자가 좋다」라든가, 「여자가 좋다」고 생각하는 것은 어떤 의미일까?

대개의 경우 그것은 그때그때의 기분이거나 단순한 취미에 불과하다. 아직 우리나라에는 짙게 남아 있는 남녀에 대한 사회적인 차별 때문이기도 하다. 그러므로 이런 부당한 차별은 하루빨리 없애도록 힘써야 할 것이다.

어른이 되어 사랑을 해서 열매를 맺지 않는—실연을 했을 때, 여자로 태어난 것을, 혹은 남자로 태어난 것을 한탄한다는 것은 남녀와는 관계없이 인간으로 태어난 것, 살고 있는 것을 한탄하는 것과 마찬가지다.

그리고 그것은 한탄인 동시에 살고 있는 기쁨의 반대쪽인 어두운 뒷면 같은 것이다.

자연의 일, 자기의 일로서 남자와 여자를 생각하면 남녀의 선택 같은 것이 무의미하다는 것을 알 수 있을 것이다.

태어나는 아이 쪽에서 봐도 어버이가 생각하는 선택 같은 것은 별 의미가 없는 것이다.

if

34. 한 번 기억한 것을 영원히 잊지 않는다면?

문명의 발달에 따라 인간이 배우고 기억하지 않으면 안 될 일이 굉장히 늘어났다.

다른 동물에 비해 인간의 두뇌는 비교도 안 될 만큼 뛰어나지만, 그래도 오늘날 필요한 정보를 모조리 머릿속에 기억해둘 수는 없다. 그래서 중요한 것, 자기에게 꼭 필요한 것만을 기억으로 남겨두게 된다.

그러면 기억이란 뇌세포의 어떤 작용을 말하는 것일까?

유전자의 암호와 관계가 있다고도 하는데…….

연상과 심상에 의한 기억

요즘 텔레비전이나 라디오에 퀴즈프로가 많이 늘어나고 있는데, 거기에 등장하는 사람들 중에서 깜짝 놀랄 만큼 기억력이 뛰어난 사람이 이따금씩 있다.

미국에서 태어난 어떤 쌍둥이는 수천 년 전에서 현재까지, 어떤 해의 어느 날이라도 그것이 무슨 요일인지를 당장 대답한다는 기사가 난 일이 있다.

또한 18세기 영국의 백스턴이라는 사람은 암산으로 23,145,789 x 5,642,732 x 54,965의 계산을 금방 해냈다고 한다.

하지만 백스턴은 그 밖의 능력은 보통사람 이하로 평생 품팔이 노동자로 끝났다.

요즈음은 전자계산기가 보편화되어 있어 별 의미가 없지만, 3, 40년 전까지만 해도 우리나라 주산 선수 중에는 주판 없이도 웬만한 문제 같으면 금방 암산으로 해내는 사람이 많이 있었다.

이런 계산의 천재들은 보통사람 같으면 종이에 써서 계산할 것을 머릿속에다 써서 그것을 볼 수 있는 사람들이라고 할 수 있다.

우리가 아름다운 시나 문장을 기억하고 있다가 암송하는 것은 앞에 나온 말에서 뒷말이 연상되기 때문이라고 하지만, 암산의 경우는 눈에 비치는 종이나 주판의 상(像) 대신 마음에 비치는 상, 다시 말해 심상(心像)으로 계산하는 것이다.

따라서 기억에는 연상(連想)에 의한 것과 심상에 의한 것이 있어 강하고 약하고의 차이는 있어도 일반적으로는 양쪽의 기억이 동시에 작용하고 있는 것 같다.

연상에 의한 기억도 심상에 의한 기억도 연습을 되풀이하면 강해지는 것인데, 특별히 강화되는 능력이 큰 사람이 암기의 천재라고 불리지 않을까 한다.

우리는 곧잘 「지금 공부하고 있다」느니, 「학습 중」이라느니 하는 말을 쓴다. 하지만 엄밀한 뜻에서 공부하거나 학습하는 사람은 의외로 적지 않을까 생각된다.

공부라는 것은 열심히 학문을 하는 것으로, 내키지도 않는 데 마음을 다른 곳에 두고 책을 읽거나 노트에 글을 쓰는 것은 엄밀하게 따져 공부라고 할 수 없다.

또한 학습이라는 것도, 과거에는 할 수 없었던 것을 할 수 있도록 하는 것으로, 학습했다는 사람이 조금도 새로운 활동능력이 나타나지 않는다면 이것 역시 엄밀하게 말해서 학습을 했다고 할 수는 없는 것이다.

학습과 공부는 실제로 별로 구별하지 않고 사용되고 있기 때문에 여기서는 공부를 학습 속에 포함시켜 생각해 보기로 하겠는데, 이 학습이라는 것은 원래가 반드시 기억을 수반하는 것이다.

만약 기억이 남아 있지 않을 경우는 학습이라고 할 수 없다.

따라서 기억은 중요한 것이라는 결론이 되겠는데, 낡은 기억이 새로운 학습, 다시 말해 새로운 기억을 방해하는 경우도 있다.

어린이가 어른보다 빨리 기억하고 잘 잊어버리지 않는 것은 낡은 학습, 다시 말해 낡은 기억이 어른보다 적기 때문이라고 풀이되고 있다.

학습한 후에 자는 것이 밤샘으로 공부하는 것보다 좋은 시험성적을 거두는 것도 그 때문이다.

생물이 학습을 하는 것은 여러 가지 환경의 변화에 대해 자신을 지키고 생존경쟁에서 이겨 나가는 적응성을 몸에 붙이기 위한 것이라고 생각된다.

보다 잘 적응하기 위해서는 보다 잘 학습하지 않으면 안 된다.

이러한 보다 나은 학습이 유전성이 되었을 때 생물은 진화한 것이 되는 셈이다.

따라서 생물은 단세포 시대에서 점점 진화해 오면서 학습을 전문적으로 도맡는 세포가 생겨난다. 그것이 신경세포이다. 그리고 뇌에서는 이 신경세포가 가장 고도로 분화해서 학습이나 기억의 처리를 하고 있는 것이다.

신경세포와 글리아 세포

뇌에는 두 가지 형의 세포가 있는데, 하나는 방금 말한 신경세포이며 또 하나는 글리아(glia) 세포이다.

신경세포는 기억해야 할 정보의 전달을 맡고, 글리아 세포는 기억을 저장하는 것으로 생각되고 있다. 그런데 세포 속에 기억이 저장된다는 것은 도대체 어떻게 된 영문일까?

이 문제에 관해서는 신경세포의 형태나 구조가 변화한다는 설과 화학적 변화가 일어나 무언가 기억물질이라고 해야 할 물질이 만들어진다는 설이 있다.

신경세포는 말할 것도 없이 세포임에는 틀림이 없는데, 보통 세포와는 달리 핵을 중심에 가진 세포체와 거기서 방사상(放射狀)으로 여러 가닥으로 뻗친 수상돌기(樹狀突起)라는 긴 축색(軸索)으로 구성되어 있다.

한 신경세포의 축색과 다른 신경세포의 수상돌기가 연락하는 것으로 이들 세포는 길게 이어지는데, 이 연락하는 부분을 시냅스(synapse)라고 한다.

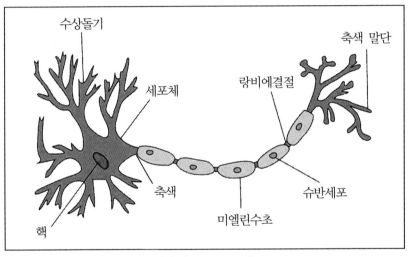

신경세포(nerve cell)

신경세포가 기억을 저장하면 신경세포의 축색의 지름이 커져 세포체의 표면적이 커지며 수상돌기가 불어나고, 시냅스의 결합 역할을 하는 단추가 커지는 등 모양의 변화가 신경세포의 활동에 의해 일어난다는 것은 알고 있지만, 그것이 기억을 저장했다는 표시인지는 아직 증명이 되지 않고 있다.

한편 기억물질에 관해서는 최근 유력한 증거가 될 만한 갖가지 보고들이 발표되고 있다. 어버이한테서 아이에게 전해지는 유전의 바탕이 되는 물질—다시 말해 유전자가 DNA(디옥시리보핵산)라는 것이 증명되고, 유전정보는 DNA의 화학구조 속에 일종의 암호 정보로서 저장되어 있다는 것이 알려졌다.

그래서 개체가 평생을 통해 학습하는 기억물질도 DNA와 닮은 것이 아닐까 하는 생각이 나오게 되었다.

만약 이런 물질이 학습한 동물의 신경세포 속에 학습을 하지 않은 동물의 신경세포 속보다 많이 만들어져 있다면 그것이 기억물질이라고 추측할 수가 있겠다.

기억의 이식은 가능할지?

1950년대 초반에 당시 미국의 텍사스대학 대학원에 다니던 톰슨과 맥코벨이라는 두 젊은 학생이 시작했고, 그 후 로체스터대학의 코닝이 추진한 일련의 실험은 핵산의 일종인 RNA(리보핵산)가 학습한 동물의 신경세포 속에 불어난다는 것을 알아냈다.

RNA는 DNA와 함께 유전의 작용을 하는 물질이다. 그들은 플라나리아(Planaria)라는 거머리를 닮은 하등 수생동물을 사용해서 실험을 했는데, 그것을 간단히 소개해 보면 이렇다.

어떤 것을 기억시킨 플라나리아를 두 토막으로 잘라 양쪽을 다 RNA 분해작용을 하는 RNA 분해효소 용액 속에 넣어둔다.

그러면 잘린 두 개의 플라나리아가 되는데, 재생 전에 머리를 갖고 있었던 쪽은 꼬리를 갖고 있었던 쪽보다 학습능력이 높다는 것을 알았다.

이것으로 보면 뇌세포 속에 있는 RNA는 다른 부분의 세포보다 RNA의 분해를 덜 받고 기억이 세포 속에 보존되기 쉬운 것 같다.

또한 훈련받지 않은 플라나리아에게 훈련받은 플라나리아를 먹이면 훈련을 받지 않은 플라나리아에게 학습을 시킨 것과 같은 효과가 나타났다.

플라나리아에 관한 멕코넬의 연구가 처음 발표되었을 때,

「학생은 선생님한테서 배우는 것보다 선생님을 먹어버리는 것이 더 교육적인 효과가 있다.」

라는 농담이 나오기도 했지만, 그러다가는 선생님은 제대로 남아나는 사람도 없을 것이고, 선생님이 될 사람도 없을 것이 아닌가.

어디 그뿐이겠는가. 그렇게 되면 20세기 문명의 최첨단을 가는 사람들이 식인종이 되어버리고 말 것이다.

우리는 지금까지 사람 아닌 소나 돼지, 닭 등의 고기를 먹어 왔는데, 그 동물들의 학습과 기억이 우리 머릿속에 되살아난 일도 없고, 그 동물들의 특유한 능력이나 형질이 인간에게서 나타난 예도 없다.

우리가 먹은 음식은 그것이 핵산이든 단백질이든 간에 소화기관을 통과하는 사이에 분해되어 작은 분자가 되어버린다.

이것은 마치 하나의 문장, 하나의 말이 낱개의 자모가 되는 것과

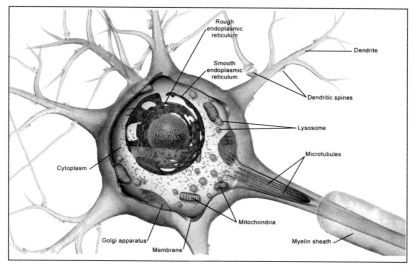

뇌세포

비슷하므로 이러한 분해물은 이미 기억물질은 아닌 것이다.

하지만 먼 장래에는 뛰어난 사람의 뇌세포가 배양되어 거기서 골라낸 상처 없는 기억물질을 희망자의 뇌에 주사하는 기억의 이식이 가능해질는지도 알 수 없는 일이다.

그렇게 되면 우리는 하기 싫은 과목을 무리해서 암기할 필요도 없어지고, 암기한 것을 그대로 시험장에서 토해내는 듯한 시험은 자취를 감추게 될 것이며, 대신 학습한 지식을 어떻게 활용할 수 있느냐 하는 것을 주로 시험하게 될 것이 아닌가.

여기서 한 가지 알아두어야 할 것은 뇌가 기억의 저장고로서 아무리 뛰어난 것이라고 해도 저장 능력은 한도가 있다는 사실이다.

낡은 기억물질로 뇌세포가 가득차면 새로운 기억물질을 넣을 수

가 없게 된다. 필요한 새 기억을 낡은 기억은 뇌세포에서 쫓아내야
할 것이다.

그러므로 우리는 잊어버리지 않는 방법을 개발하는 동시에 잊어
버리는 방법도 발명해 내지 않으면 안 되겠다. 그래서 기억을 잊어
버리게 하는 약의 연구도 이미 시작되고 있다.

if

35. 아픔을 느끼지 않게 된다면?

괴로운 것을 「고통」이라고 한다. 마음이 괴롭거나 몸이 아프면 정말 고통스럽다.

마음의 괴로움은 인간만이 느낄 수 있는 「인간다움」의 표시일지도 모르므로 어쩔 수 없다고 하더라도, 몸의 통증만은 어떻게 없앨 수 없을까?

다른 감각은 그대로 두고 「아픔」만은 느끼지 않는 약을 만들 수는 없을까?

만약 그런 약이 나오면 얼마나 행복하겠는가?

아니, 어쩌면……

아픔을 느껴야 할 필요성

여러분 가운데서는 고춧가루로 양념을 듬뿍 한 김치를 똑같이 먹으면서도 「매워서 못 먹겠다」는 사람도 있고, 「이까짓 것 식은 죽 먹기다」라고 막 먹어치워 버리는 사람도 있을 것이다.

목욕을 할 때에도 비슷한 일은 있다. 어떤 사람은 뜨거워서 탕

안에 못 들어가고, 반대로 예사로 들어가는 사람도 있다.

이와 같이 사람의 감각에는 저마다 상당한 차이가 있다.

그렇다면 「아픔」이라는 감각도 사람에 따라 더 아프고 덜 아프고 하는 차이가 있어야 마땅하고, 태어날 때부터 아픔을 느끼지 않는 사람도 있어야 할 것이 아닌가 하는 의문이 나올 법하다.

물론 그런 사람도 아주 드물기는 하지만 있기는 있다. 이를테면 캐나다에 사는 루시라는 아가씨는 태어났을 때부터 아픔이라는 것을 느껴 본 일이 없었다고 한다. 「얼마나 행복할까?」하고 부러워하는 사람이 많을 것이다.

그런데 그게 아니었다. 루시는 아주 불행했다. 아픔을 느끼지 않는다는 바로 그 이유 때문에 루시는 몇 번씩이나 목숨을 잃을 뻔했던 것이다.

루시의 몸에서는 멍이나 생채기가 사라지는 날이 없었다.

기둥이나 책상 모서리 같은 것을 들이받아도 아프지 않아, 피가 나거나 파랗게 멍이 들어야만 다쳤다는 것을 겨우 알 수 있었던 것이다.

그리고 또 상처가 나도 아프지 않기 때문에 내버려두었다가는 세균이 들어가 곪은 후에야 치료를 할 지경이었다.

뿐만 아니라 곪고 붓고 문드러져도 그 상처가 눈에 보이지 않는 곳에 있으면 루시는 다친 것조차도 몰랐다. 전혀 아프지 않았기 때문이다.

그래서 세균이 핏속으로 들어가 패혈증(敗血症)이라는 무서운 병이 나 몹시 열이 난 후에야 부랴부랴 입원하는 낭패를 겪기도 했다.

루시 같은 사람은 좀처럼 없지만, 우리나라에도 오래 전에는 「한센씨병(Hansen's disease, 나병)」을 앓는 사람이 많이 있었다. 이 병에 걸린 사람들 중에는 손가락이나 발가락이 없는 사람이 많아 옮으면 손발이 썩는다고 사람들은 몹시 두려워했다.

하지만 한센씨병은 몸이 썩어 들어가는 병은 아니었다.

위험을 알리는 신호

한센씨병은 나균이라는 병균 때문에 일어나는 병으로 이 균이 신경 속에 침입하면 그 부분이 아픔을 느끼지 않게 된다.

이 때문에 생채기가 나도 모르고 그대로 내버려두기 때문에 곪아서 썩어버리기도 하고, 난롯가에서 불을 쬐다가 발가락이 닿아도 타들어가는 것을 모르는 것이다.

이래서야 손가락 발가락이 몇 십 개씩 있어도 배겨낼 도리가 없다.

이런 현상을 보고 사람들은 한센씨병을 「몸이 썩어가는 병」이라고 무서워했던 것이다. 다행히 좋은 치료약이 나와 한센씨병 환자는 우리 주위에 거의 볼 수 없게 되었지만, 아픔을 느끼지 않는다는 것이 얼마나 무서운 일인가는 잘 알 수 있을 것이다.

이와 같이 「아픔」이라는 것은 실로 사람의 감각 중에서도 가장 중요한 것이다. 아픔을 느끼지 않게 된다는 것은 장님이나 벙어리, 귀머거리가 되는 것보다도 더 중대한 문제이다.

왜냐하면 눈이 보이지 않아도, 그리고 귀가 들리지 않아도 사람은 살아갈 수 있지만, 아픔을 느끼지 않게 되면 살아가는 것 자체가 어려워지기 때문이다.

사람의 몸에 가해진 외부의 자극은 그것이 사람에게 위험할 정도로 강해지면 모두 「아픔」으로 느껴진다.

나시 말해 「아픔」이란 자기 몸에 어떤 위험한 일이 일어났다는 신호인 것이다.

이 위험신호를 받으면 사람의 몸은 곧 그 위험에 대항하기 위해 방위태세를 취하기 시작한다. 이를테면 손가락이 바늘에 찔렸을 때 사람들은 「아이구, 아파!」하고 저도 모르게 손을 뺀다.

이것은 뇌에서 아픔을 느껴서 손으로 명령하는 것이 아니고 눈 앞에 별안간 무엇이 날아왔을 때에 순간적으로 눈을 깜빡이는 것과 마찬가지로 자극을 느낀 신호가 곧바로 근육을 움직이는 신호가 되어 되돌아와서 일어나는 현상이다. 이와 같은 현상을 반사(反射)라고 한다.

손을 뺀다든지 하는 눈에 보이는 반사뿐이 아니라, 몸속에서도 여러 가지 반사가 동시에 일어나 혈액이나 혈압, 심장의 활동이나 근육상태가 달라져 밖에서 닥쳐온 위험에서 몸을 지키는 방위태세를 갖추는 것이다.

다시 말해서 아픔이란, 이를테면 나라를 지키기 위해 국경지대에 배치해 둔 레이더 기지에서 보내는 경보 같은 것이다.

아픔에는 이 밖에도 우리가 잘 의식하지 못하는 효과가 있다. 그것은 우리 몸에는 아프다고 느끼지 않을 만한 「가벼운 아픔」을 일으키는 자극이 항상 가해지고 있어 그 때문에 몸은 꼭 알맞은 긴장 상태를 유지하고 있는 것이다.

이를테면 공부를 하고 있다가 꾸벅꾸벅 졸 때에는 누가 어깨를 두드리거나 하면 깜짝 놀라 눈을 뜨는 것과 같은 것이다.

아픔을 느끼는 정도의 차이

어버이가 자식을 지나치게 애지중지해서 세상의 쓰라린 일, 괴로운 일을 전혀 알려주지 않고 기르면 그 아이는 멍청한 게으름뱅이가 되어버리는 것과 마찬가지로 우리의 몸도 만약 아픔을 느끼지 않는다면 긴장이 없는 흐리멍덩한 상태가 되어 현재와 같이 공부나 운동이나 일을 민첩하게 해내지는 못할 것이다.

그러므로 우리가 그토록 싫어하는 「아픔」이란 것이 실은 우리가 살아가는 데 있어 절대로 필요한 것임을 알 수 있을 것이다.

그렇다면 최소한도 아픈 쓰라림을 별로 느끼지 않아도 되는 방법, 아픔에 강해지는 방법은 없을까?

학교에서 예방주사를 맞을 때, 같은 주사인데도 몹시 아파하는 사람도 있고 태연한 표정을 짓는 사람도 있다. 태연한 사람은 아픔을 느끼는 신경이 둔한 사람일까? 그런데 그렇지가 않다.

여러분은 이를테면, 큰 개한테 쫓겨 정신없이 달아났다가 나중에 알고 보니 무릎이 벗겨져 피투성이가 되어 있어 그것을 본 순간부터 걸을 수가 없게 되었다든지 했던 경험이 한두 번 정도는 있을 것이다.

또한 전쟁터에서 부상한 사람들의 이야기를 들어 보면, 전쟁 중에는 뼈가 보일 만큼 크게 다쳤는데도 전혀 아픔을 느끼지 않다가 병원으로 후송되어 치료를 받기 시작하면 굉장히 아프다고 한다.

따라서 아픔을 느끼는 강도는 다친 신경이 보내오는 신호의 강도뿐만 아니고, 이 신호를 받은 뇌가 신호를 강하게 느낄 수 있는 상태인가 아닌가로 크게 영향을 받고 있는 것 같다.

다시 말해서, 뇌가 다른 생각에 몰두해 있어 아픔의 신호를 느낄 만한 여유가 없을 때에는 상당히 심한 아픔도 예사로 느껴지는 것이다.

「참을성이 있다」는 말을 듣는 사람은 상처받은 부분에서 보내온 신호를 그대로 받아들이고, 자기의 머릿속에서 그 신호를 자꾸 더 강화시키지 않는 사람이라고 할 수 있겠다.

아픔을 두려워하거나 불안스럽게 아픔만을 걱정하고 있으면 아픔의 신호는 뇌 속에서 증폭되어 참을 수 없을 만큼 심해지는 것이다. 따라서 평소에 자기의 감정을 스스로 억누를 수 있는 사람이 아픔에 대해서도 강한 사람이라고 할 수 있겠다.

if

36. 초음파·전파·적외선 등이 들리거나 보인다면?

인간의 청각(聽覺), 시각(視覺)은 우리가 생각하고 있는 것보다는 훨씬 더 한계가 뚜렷하다.

이를테면 사람의 귀는 개나 돌고래나 또는 어떤 종류의 곤충들이 들을 수 있는 소리 중에서 일부밖에는 들리지 않으며, 라디오의 전파 같은 것은 직접 들을 수도 없다. 마찬가지로 사람의 눈에는 어떤 한정된 빛—가시광선(可視光線)이라고 불리는 것밖에는 보이지 않고 그 바깥에 있는 적외선, 자외선, 엑스선, 전파 등은 물론 보이지 않는다.

하지만 만약 이런 것들이 들리거나 보이면 얼마나 편리할까?

사람에게 안 들리는 초음파

소리라는 것은 공기의 진동이다. 어떤 이유로 공기가 흔들리면 귀의 고막이 공기의 미세한 변화를 민감하게 포착해서 그것을 귀 안쪽에 있는 「소리를 느끼는 기관」에 전달하고 뇌신경이 그것을 「소리」로서 듣는 것이다. 하지만 사람의 고막은 어떤 공기의 진동이라도 다 포착하는 것은 아니다.

1초 동안에 진동하는 회수를 주파수라고 하는데, 사람의 주파수 16에서 20,000, 경우에 따라서는 30,000쯤까지의 소리만을 느낄 수 있을 뿐 그 이하의 소리도 그 이상의 소리도 「소리」로서는 들리지 않는다.

사람의 귀에 들리지 않는 것을 초음파라고 하는데, 동물 중에는 이 초음파를 민감하게 포착해 들을 수 있는 것이 많이 있다.

개를 초음파 피리로 훈련시키는 이야기나, 박쥐의 초음파 레이더 이야기, 바다 속의 물고기나 동물들이 거의 초음파로 「말」을 하고 있다는 이야기는 잘 알려져 있다.

그렇다면 사람에게도 그런 소리가 들리게 되면 편리할까?

옛날부터 전해져 내려오는 이야깃거리나, 동화에 나오는 귀 밝은 사내같이 아무리 작은 소리거나 먼 데서 나는 소리도 들을 수 있다면 말할 것 없이 편리할 때가 많을 것이다.

마룻바닥을 갉아먹고 있는 흰개미의 잇소리나, 소리를 죽여가며 걷고 있는 고양이의 발소리, 흙 속의 지렁이가 우는 소리 들이 들리면 분명히 재미는 있을 것이다.

하물며 해안이나 강가에 서서 물속에 있는 갖가지 물고기들의 속삭임이나 대화를 들을 수 있다면 그야말로 즐거운 일이다.

하지만…… 편리한 일만 있는 것은 아니다. 아니, 오히려 불편한 일 쪽이 훨씬 많아질 것이다.

초음파로 소통하는 돌고래와 박쥐

어떤 주파수의 소리……아무리 약한 소리거나, 또한 강한 소리라도 민감하게 다 들을 수 있는 초음파 수신기 같은 귀를 당신이 가지고 있다면……세상은 너무도 복잡하고 너무도 많은 소리에 가득 차 있을 것이다.

세상이 소란하고 귀찮기 짝이 없을 것이다.

우리가 좋은 음악, 아름다운 멜로디를 들을 수 있는 것은 우리의 귀가 적당한 음역(音域)만을 골라서 들을 수 있기 때문인 것이다.

그런데 우리 귀에 들려오는 음역이 무제한으로 넓어져버리면 아름다운 음악은 잡음 속에 묻혀버리게 된다.

피아노도, 바이올린도, 색소폰도 모두가 멜로디 외에 건반이 두드리는 소리, 바이올린의 현을 켜는 소리, 나팔관에서 새어나오는 숨소리 등 평소 우리 귀에는 들리지 않는 소리들이 모두 같이 들리게 된다.

라디오를 듣거나 텔레비전을 보거나 스테레오를 들을 때에도 귀에 거슬리는 기계 소리에 신경이 쓰여 도저히 만족하게 즐길 수가 없을 것이다.

아니, 그뿐인가, 하루 종일 갖은 잡음이 떠날 때가 없어 어떤 일이든 제대로 생각할 수도 없고, 신경질이 나서 끝내는 노이로제에 길려버릴 것이 뻔하다.

if

37. 인공장기의 이식이 가능해진다면?

고장이 나면 부품을 바꾼다. 바꿔 끼우기 쉽도록 처음부터 조립식으로 만들어 둔다. 이것이 요즘 기계다.

사람도 불치의 병에 걸리면 부품이라고 할 수 있는 장기를 수술해서 바꿔 끼울 수 있을까 하는 생각은 누구나가 한다.

그렇게 장기 이식을 제대로 할 수 있게 되면 어떨까?

그것이 사람에게 행복을 가져다 줄 수 있는 것인지? 순서에 따라서 앞날을 파헤쳐 보자.

반응을 누르는 것이 열쇠

「심장병이군요.」

「많이 나쁩니까?」

「갈아 끼우시는 게 낫겠는데요.」

「별수 없지요 부탁합니다.」

만약 장기이식 수술을 완전하게 할 수 있게 되면 마치 자동차 부품을 갈아 끼우듯이 이같은 광경이 벌어지곤 할 것이다.

현재 이식수술이라고 불리는 것 중에 문제없이 거의 완전하게 할 수 있는 것은 자기 자신의 몸의 일부를 다른 부분에 가져다 옮기는 것—이를테면 얼굴에 화상을 입었을 때 엉덩이살을 도려내어 얼굴에 갖다 옮긴다든가 허벅지살을 코가 떨어져나간 데다 갖다 붙인다든가 하는 수술 정도다.

자기 것이 아닌 남의 장기를 옮기는 이식수술은 받아들이는 쪽 몸으로부터 외부에서 들어오는 단백질을 쫓아내려는 이종(異種) 단백반응이 일어나기 때문에 좀처럼 하기 어렵다.

이런 수술의 성공과 실패는 수술을 받는 사람의 몸에서 일어날 수 있는 반응을 누르는 것이 열쇠인데, 이 반응을 누르지 못하거나 혹은 지나치게 누르면 이 때의 반응이란 외부에서 들어오는 병원체를 이기려는 작용이기 때문에 병에 걸리기 쉬워서 결국 죽어버리고 마는 것이다.

심장 이식 수술은 내과적 약물 치료나 외과적인 교정술 등으로는 치유가 불가능한 말기 심장 기능 부전증 환자를 수혜자로 하여 병든 심장을 제거한 뒤 뇌사 공여자(장기를 기증한 사람)의 건강한 심장으로 치환시켜주는 수술 치료법이다.

심장 이식(heart transplantation) 수술은 1967년 남아프리카공화국의 바나드(Chris Barnard)에 의해 처음 사람에서 성공하였고, 이후 면역억제제의 발달과 함께 연구가 진행되어 1980년대 획기적인 발전을 거듭하게 되었다.

국내에서의 심장 이식은 19
92년 11월 처음 시행되었고,
이후 연간 20~30차례의 수술
이 이루어지다가 2000년 2월
장기 이식에 관한 입법이 이루
어지면서 증례 수가 증가하고
있다. 하지만 여전히 대기자에
비해 뇌사 공여자가 적은 상태
이다. 생존율은 1년에 80%, 5
년에 65%, 10년에 45% 정도
로 보고되고 있다.

바나드(Christiaan Barnard)

심장이식 수술이 완전히 성공하고 건강을 회복할 수 있게 되어도
또 다른 큰 문제가 하나 도사리고 있다. 돈을 내고 수술을 받는 사람
은 행복할지 모르지만, 누가 장기를 제공해 주느냐 하는 문제다.

콩팥이나 허파처럼 두 개씩 있는 것이면 상관없겠구나 하는 생
각도 들지만, 사람 몸에 두 개씩 있는 장기는 두 개가 있어야 할 만
한 이유가 있는 것이고, 그만한 여유를 갖고 있을 필요가 있기 때문
이다. 하물며 심장같이 하나밖에 없는 것을 도려내면 그 길로 죽어
버린다.

남의 몸으로 이식이 제대로 되고 있는 것은 각막 이식 정도로 이

것은 반응도 문제가 되지 않으며 제공자가 죽고 난 후에 도려내 수술을 하는 「아이뱅크(눈은행)」 방식이 실제로 채용되고 있다.

가령 이종 단백반응을 잘 억제했다고 하자. 그러면 다음에 장기 제공자의 문제가 남는다. 제공자가 죽고 난 후에 도려내서 이식을 하면 된다고 하더라도 언제, 어떻게 해서 죽음을 판정하느냐도 문제다. 장기를 얻으려고 아직 완전히 죽기 전에 죽었다고 판정해서 도려내 버리는 사태가 일어날지도 모를 일이다.

시체에서 아직 사용할 수 있는 장기는 모두 떼어내 인공영양으로 「살려서」 보존하면 된다는 아이디어도 있지만, 여기서 생각하지 않으면 안 될 일은 그 사람이 시체가 되기 이전에 왜 남의 장기를 자기 자신에게 이식해 살 수 있는 길을 택할 수도 있지 않았나 하는 문제다. 장기 이식을 마음대로 할 수 있다면 자기도 그 방법으로 살 수 있었을 것이기 때문이다.

애정으로 장기를 바치는 경우도 있을 것이고, 살기가 싫어지는 경우도 있기는 있을 것이다. 하지만 지금도 경제적으로는 윤택하지 않은 사람들은 완전한 치료를 받지 못하고 있는 것이 현실이다. 그렇게 되면 가난한 사람은 빨리 죽고 장기를 제공하는 쪽은 이런 계층에 있는 사람뿐일 것이다.

그뿐만 아니라 돈을 위해 목숨을 파는―자기의 장기를 파는 사람이 나타나리라는 것도 충분히 예상된다. 나아가서는 장기를 팔기 위해 아이를 낳는 빈민층이 생길 우려마저 있다.

「설마 그럴 리야……」하는 생각이 들겠지만, 세계에는 아직도 사람을 팔고 사고 하는 곳도 있고, 겨우 목숨만 이어가고 있는 아주 가난한 나라들이 있는 것이다.

남의 장기를 이식하는 데 성공하면 인간에게 없는 메마른 세상이 될 우려도 있다. 남의 권리를 존중하는—자유·정의·평등 같은 것이 자취를 감추어버리게 될지도 모르는 것이다. 사람의 몸안에 있는 각 부분마다 값이 매겨져서 파는 사람과 사는 사람 사이에서 장기를 상품과 같이 흥정을 하게 되고, 오늘의 시세는 얼마니 하는 거래가 이루어지게 되어서는 좀 곤란하다.

그래서 동물의 장기로 대용하자는 생각도 있지만, 역시 병이 나거나 상처를 입은 장기는 약의 힘을 빌려 스스로 고치는 것이 제일이다. 다음은 수술로 심장의 판막을 잘 개조하듯이 치료하는 방법이다. 그리고 다른 사람이나 동물의 장기 이식이 아니고 인공장기를 생각하는 것이 제3의 길이다.

점차 실용화되는 것이 인공장기

인공장기는 이미 여러 가지가 실용화되어 있고 성능도 점차 좋아지고 있다.

단순한 물건으로 활용되고 있는 인공장기에 인공판(人工辦), 인공 혈관, 인공 기도(氣道), 인공 담관(膽管), 인공 뼈, 인공 건(腱), 의수(義手), 의지(義肢), 인공 피부, 인공 요도(尿道), 인공 난관(卵管),

의치 등이 있다. 그리고 더 복잡한 장기의 역할을 하는 인공장기로는 인공 심장, 인공 허파, 인공 콩팥, 인공 간장, 인공 자궁, 인공 혈액 등이 있다.

인공 장기에는 다음과 같은 몇 가지 조건이 반드시 충족되어야 한다.

1. 재료에 불순물이 있어 몸에 해를 끼칠 염려가 있어서는 안 된다.
2. 몸과의 연결 부분이 꼭 맞고 튼튼해야 한다.
3. 조절을 잘 할 수 있어야 한다.
4. 고장이 났을 때의 대책이 있어야 한다.
5. 작고 가벼워야 한다.
6. 오래 쓸 수 있도록 전력 소모가 적어야 한다.
7. 대량생산 할 수 있어야 한다.
8. 정비나 수리가 간단해야 한다.

현재 인공심폐(人工心肺)라는 것이 심장수술 시 심장이나 허파를 대신하는 것으로 사용되고 있는데, 좋은 성능을 낼 수 있도록 대형화되고 있으며, 이것은 몸속에 끼워 넣을 수 없도록 무겁고 큰 장치로 되어 있다. 하지만 이것 역시 심장의 대용 역할을 오래도록 계속할 수는 없다. 몸에 끼워 넣을 수 있는 인공 심장도 만들기 시작했지만, 아직 진짜 심장을 보조하는 역할 정도이고, 진짜 심장의 역할은 하지 못하고 있다.

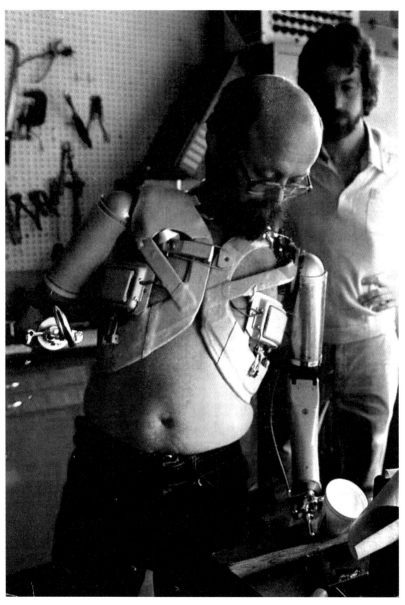

인공 팔(義手)

인공 콩팥도 혈액에서 해로운 물질을 걸러서 오줌 등으로 내버리도록 하는 대단한 장치다.

의수(義手), 의지(義肢)의 기술도 상당히 발전하고 있다. 대뇌가 진짜 손과 발을 움직이게 명령할 때에는 근육에 근전력(筋電力)을 일으킨다. 그것을 동력으로 해서 의수, 의지를 움직이려 하는 데까지 연구가 진척되고 있는 것이다.

우리가, 거의 모든 장기를 인공적으로 만들고 싶고, 게다가 이상적인 것을 값싸게 누구나가 사용할 수 있는 시대가 오면 좋겠다고 원하고 있는 한, 기술적으로 불가능한 것도 아니며, 또 언젠가는 되고 말 것이다.

다만, 꼭 하나 이것만은 어떨까 하는 장기가 있다. 그것은 뇌다. 뇌의 기억이나 판단 기능은 전자계산기가 대행할 수도 있을 것이며, 앞으로 소형의 인공두뇌 같은 것이 나올지도 모르지만, 사람에게 인공두뇌를 바꿔 끼면 그 사람은 뇌를 바꿔 끼운 그 순간에서 끝나고 죽은 것이나 다름없다.

인공두뇌는 의지나 인격을 가지고 있지 않다. 설사 의지도 있고 인격도 가진 인공두뇌를 만들 수 있다고 해도 갈아 낀 사람이 원래의 그 사람과 같은 사람이라고 할 수 있을까?

장기이식, 인공 장기는 사람의 생명을 연장할 수는 있다. 하지만 두뇌까지 인공적인 것으로 바꾸어서는 살아 있는 인간, 약동하는 생명이라고는 할 수 없을 것이다.

if

38. 불로장수약이 나온다면?

불로장수약을 자기 혼자만 마신다거나 자기가 좋아하는 사람에게만 주려고 생각해서는 안 된다. 불로장수는 모두가 다 같이 하지 않으면 불공평하다.

그런데 모두 함께 불로장수(不老長壽)하는 것은 좋은 일임에는 틀림없는데, 그렇게 되면 다른 문제는 일어나지 않을까?

「장수 정도로는 불충분하고, 차라리 사람이 죽지 않는다면……」 하는 생각에도 함정이 있다는 것을 여러분은 알고 있는지?

진나라 시황제가 찾던 명약

만리장성을 쌓아 동아시아 최초의 대제국을 건설한 진(秦)나라 시황제(始皇帝, BC 259~BC 210)는 약 2,200여 년 전 사람이다. 이 진시황이 서복(徐福)이라는 사람을 멀리 이웃나라까지 보내서 찾게 한 것이 불로장수의 영약(靈藥)이었다.

서복은 한반도 남해안을 지나 일본에까지 가서 그곳 원주민들을 정복하고 임금이 되었다고 전해지고 있다. 하지만 막대한 권력과

진시황

영화를 누린 진시황도 불로장수약은 끝내 찾지 못한 채 죽었다. 불과 51세로 말이다.

진시황처럼 옛날부터 권력자나 돈 많은 사람들이 욕심낸 것이 불로장수약이다. 그 불로장수약을 못 찾고 죽을 때에는 이집트의 왕들처럼 거대한 피라미드를 만들거나, 우리나라 임금들같이 큰 고분(古墳)을 만들어 죽고 난 후에도 세상에서처럼 호화스러운 생활이 계속되기를 원했다.

공평하지 못한 세상

피라미드나 고분도 불공평한 것이지만, 불로장수약도 꽤나 불공평한 것이다.

요즘 세상에는 옛날처럼 그렇게 절대적인 권력을 가진 사람이 적어졌지만, 돈 많은 사람은 얼마든지 있다. 그러니 만약 불로장수약이 나와도 값이 엄청나게 비싸 부자라야 먹을 수 있다면 역시 불공평하다. 오래 사는 사람이 모두 돈 많은 할아버지 할머니뿐이라면 그건 말도 아니다. 그러면 보통 서민들도 불로장수약을 먹을 수 있게 되면 어떻게 될까?

과학이 발달하기 전에도 생약(生藥)이라든가 동·식물을 재료로 한 약은 있었다. 후에 과학적으로 유효 성분을 알아내어 효력이 확인된 것들도 있지만, 단순한 미신에 지나지 않았던 것들도 많이 있다.

그러니 「이거야말로 불로장수의 영약」이라고 인기를 얻는 약들 중에도 건강을 증진시키는 데 도움을 주는 것이 있는가 하면 전혀 엉터리 영약도 있었다.

이를테면 어린이의 오줌이나 아름다운 소녀의 오줌에 빠뜨려 죽인 도마뱀의 눈이라든가, 정해진 날 정해진 방향에서 길어 온 물이라든가 하는 따위다.

이따위 영약은 구멍가게에서 파는 우유나 요구르트, 드링크제보다도 효력이 없다는 것은 두말할 나위도 없다.

심리적인 작용도 한몫

다만 사람에게는 「플라시보 효과(placebo effect)」라는 것이 있

진시황제의 무덤에는 약 7,000명의 실물과 같은 점토 병사들이 있으며, 청동 검과 활과 화살과 같은 무기를 가지고 있다. [진시황의 병마용갱(兵馬俑坑)]

어 전혀 효력이 없는 밀가루도 「좋은 약」이라고 믿도록 해서 먹이면 정말로 병이 낮는 수도 있다.

이것은 심리적인 작용이 몸에도 영향을 주는 경우가 있다는 것을 뜻한다. 그런 의미에서 엉터리 영약도 몸에 해로운 물질만 들어 있지 않으면 약간의 효력이 있었을지도 모른다.

「수명을 늘린다」는 면에서는 유효 성분을 화학적으로 밝혀내어 합성한 약품이나, 자연 속에는 없어도 병원체를 공격하는 화학 물질이 훨씬 확실한 공을 세우고 있다.

이 밖에도 세균학자들이 개발한 혈청요법도 장수에 도움을 주고 있다.

항생물질도 약으로 나왔고, 비타민, 호르몬도 활용하고 있어 불로장수까지는 못하더라도 사람의 수명은 점점 늘어가고 있다.

그러면 장수라고 할 경우 몇 살쯤까지를 말하느냐 하면, 보통 동물은 성장할 때까지의 기간의 4~5배라는 것이 정설이 되어 있으므로 사람의 경우 백 살이나 그 이상을 뜻한다고 할 수 있다.

오래 사는 것은 경사스런 일이기는 하지만, 「늙은이가 된 후에 어떤 일을 하고 매일 어떻게 보내야 하느냐」 하는 것이 아직은 뚜렷이 해결되지 않은 문제로 남아 있다.

불로장수라는 것은 모두가 다 같이 좋은 약들을 먹고 동시에 수명을 줄이지 않는 사회를 만들어 가면 실현할 수 있다.

의약 이외의 부분에서도

약이라든가, 의학이라든가 하는 방면에서만 불로장수의 길을 찾고 있어서는 잘 되지 않을 수도 있다.

장수 문제를 끝까지 추구해 가면 맨 나중에는 불사(不死)——죽지 않는다는 문제에 도달한다. 그러나 이것은 오래 산다는 게 아니고 죽지 않는다는 것이니, 성질이 전혀 다른 문제다.

불사신(不死身)이라고 해서 불로 태워도, 칼로 베어도 죽지 않는 용(龍)의 피를 끼얹은 영웅의 전설이 있지만, 사고사(事故死), 우연사(偶然死)는 피할 수 있는 경우도 있고 피할 수 없을 때도 있다.

이 문제는 우선 제쳐놓고 노쇠해서 죽는 자연사를 생각해 보자. 자연사가 만약 없어진다면 어떻게 될까?

사람이 자연사를 하지 않는다면 인구의 증가를 막기 위해서는 아이를 낳지 않는 길밖에는 방법이 없을 것 같다.

그러나 그래서는 남성과 여성의 유전인자가 결합해 새로운 생명—아이가 태어나 몇 번이라도 신선해질 수 있는 생명의 흐름이 멈추어 진보가 없어진다.

어떠한 위인이나 천재라도 완성한 업적을 남기고 죽어 가고, 태어난 아이들이 그것을 덧붙여 가는 역사의 진보가 멎어버리게 되는 것이다. 생물은 아이를 낳고 어버이가 죽어 가는 것이 자연인 것이다.

죽지 않는 혈청을 발명한 학자가 그것을 세상에 발표할까 말까 하고 망설이고 있다가는 결국 자기 자신이 중병에 걸린다는 공상과학소설이 있었다.

불사의 혈청—공상 속의 약이지만, 이것을 사용해 죽지는 않게 되지만, 병원체인 미생물도 안 죽게 되어 괴로운 병이 오랫동안 계속된다는 이야기다.

생명의 연결로 진보되는 역사

자기 생각만 하고 불사약을 사용한다는 것은 아무래도 잘못된 일 같다.

자기—라는 생각을 자기의 아이와 세계의 아이들, 인간 전체로 확대시키는 생각도 있다. 자기는 죽어도 아이가 남는다.

자손이 이어지는 한 개체인 자기는 죽어도 생명은 연결되어 계속 살아간다. 이것이 바로 「불사」라고 하는 생각이다.

얼핏 들으면 종교적인 생각 같지만, 실은 생명의 본질을 과학적으로 보면 이것이 당연한 일이다.

만약 언제까지나 젊고 병이나 노쇠 때문에 죽지 않게 되면 공상소설 속에서처럼 병이 계속되지 않는다 해도 문제가 있다.

언제, 언제까지 무엇을 한다는 목표를 세우지 않아도 되기 때문에 게으르고 무기력하게 살아가는 사람들이 사는 데 지쳐서 자살하는 사람이 늘어날 것이다.

그것도 충분히 살고 지겨워서 죽는 것뿐만 아니라, 젊고 건강한 사람들까지 자살하는 것을 통쾌한 일같이 생각하고 유행이 될지도 모른다. 불사약이 인간을 멸망시켜 버리는 꼴이다.

살고 있다는 즐거움은 죽는다는 일이 있기 때문이다.

현재로서는 아직 노쇠 현상 그 자체에도 밝혀지지 않은 부분이 있지만, 더 연구가 진척되면 꼭 약이 아니더라도 인간은 더 오래 살 수 있게는 될 것이다. 하지만 죽음은 피할 수도 없고 피하지 않는 것이 좋은 것이다.

if

39. 납으로 금이나 다이아몬드를 만들 수 있다면?

서양에서는 고대 이집트 시절부터 연금술사(鍊金術師)라는 사람들이 있었다. 쇠·구리·납 같은 흔히 있는 금속을 금으로 바꾸려고 갖가지 연구를 하는 사람들이다.

변색하지 않는 고귀한 빛, 묵직한 무게—금은 예나 지금이나 사람들이 갖고 싶어 하는 것이기 때문에 연금술사도 나온 것이다.

오늘날에는 납을 금으로 바꾸는 방법도 과학적으로는 생각할 수 있고, 땅콩으로 다이아몬드를 만드는 것도 결코 꿈같은 이야기는 아니게 되었다.

피너츠인이라는 별명의 화학자

조지 워싱턴 카버(George Washington Carver, 1860년대~1943)라는 사람이 있다. 그는 미국의 유명한 대통령이 아니고 일개 노예였다. 그는 불행한 환경에도 불구하고 향학열에 불타 노력한 결과 훌륭한 화학자가 되었다.

그의 업적 가운데 특히 유명한 것은 땅콩의 성분을 분석해서 그

조지 워싱턴 카버

성분들로 우유 · 버터 · 커피는 물론 샐러드유 · 화장품 · 잉크 등 우리가 일상생활에 필요로 하는 생활필수품을 거의 다 만들어내는 데 성공했다는 점이다.

그는 이 업적 때문에 「피너츠인」이라는 별명까지 붙었다. 하지만 카버는 땅콩으로 다이아몬드를 만들 수 있으리라고는 상상도 하지 못하고 있었다. 과학 만능의 현대에 살고 있는 여러분은 어떻게 생각하고 있을까?

다이아몬드나, 석묵(石墨), 숯 모두가 탄소로 되어 있다는 것을 여러분이 배웠다면 숯이나 석묵 같으면 혹시 다이아몬드로 바꿀 수 있을는지도 모르겠다고 생각할지 모르겠는데, 땅콩 같으면 어떻게 될까?

이론적으로 말하면 땅콩도 탄소를 뼈대로 해서 구성되어 있으므로 숯이나 석묵의 성분과 그리 많이 다른 것은 아니다.

결론부터 말한다면, 실은 작기는 하지만 땅콩으로 다이아몬드는 만들어져 있다. 이것을 만든 것은 미국 제너럴 일렉트릭사의 연구

땅콩으로 만든 다이아몬드

원들이다.

그들은 이미 1955년에 석묵을 고압·고온 처리해서 유리를 자를 수 있을 정도의 다이아몬드를 만드는 데 성공하고 있었기 때문에 땅콩으로도 만들 자신이 있었던 모양이다. 유감스럽게도 땅콩으로 만든 이 인공 다이아몬드들은 보석이라고 부를 만큼 크고 아름다운 것은 아니었다.

하지만 언젠가는 대형 다이아몬드도 제2의 「피너츠인」에 의해 만들어지게 될 것이므로 다이아몬드의 보석으로서의 가치도 떨어지고, 경도(硬度)라든가 굴절률이라든가 하는 물질의 특성만이 평가되게 될 것이다.

여러분은 땅콩으로 생활필수품을 만들어내는 것과 다이아몬드 같은 장식품을 만들어내는 것 중 어느 쪽이 더 멋있고 중요한 일이

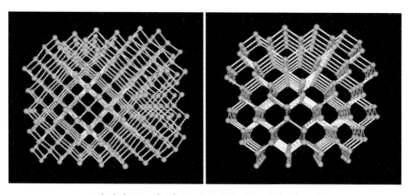

다이아몬드의 탄소 분자 3D 구조 및 이미지

라고 생각할까.

다이아몬드는 현존하는 물질 중 가장 값이 싸다는 탄소의 순수한 결정체이다. 이를테면 석탄이나 우리가 사용하는 연필의 흑연 등이 모두 탄소이다.

그러나 석탄과 다이아몬드가 모두 탄소라면 무엇 때문에 이 둘은 그렇게 차이가 나는 것일까?

그것은 전적으로 탄소 원소가 어떻게 배열되어 있느냐의 문제이다. 다이아몬드를 제외한 다른 탄소의 결정체에서는 모두 탄소 원소가 산만하게 배열되어 있는 반면, 다이아몬드의 탄소 원소의 배열은 매우 치밀하다.

다이아몬드의 경우, 모든 탄소 원소 하나 하나에 4개의 다른 탄소 원소들이 둘러싸고 있다.

탄소 원소들은 아주 작으며, 이들이 또 치밀하게 배열되었을 때

고대의 연금술사

는 서로 강하게 끌어당기는 속성으로 인하여 다이아몬드는 지금까지 알려진 가장 경도가 높은 광물이다.

당연히 다이아몬드를 만드는 방법은 탄소 원소들을 인위적으로 아주 치밀하게 배열하는 것이다. 그러기 위해서는 상온의 탄소를 아주 고온으로 가열하여 탄소 원소가 어느 정도 자유롭게 운동하게 하여서는 고온의 탄소에 많은 압력을 가해서 탄소 원소들을 밀착시켜야 한다.

그러나 이러한 고온과 고압 처리를 함께 한다는 것은 아직도 어려운 일이며, 앞에서 말했듯이, 그것은 1955년 제너럴 일렉트릭의 과학자들이 상온의 탄소로 작은 다이아몬드를 만들어내게 되기까지는 불가능한 일이었다.

제너럴 일렉트릭사의 방법은 고온과 고압이 필요하므로 저온과 저압의 상태에서 다이아몬드를 만들어내는 방법이 학자들의 연구 의욕을 불태웠다.

그 기술은 다른 어떤 물질의 표면에 다이아몬드의 얇은 층을 만들게 하는 것이다. 메탄가스는 수소 원소 넷에 탄소 원소 하나로 이루어져 있다.

메탄을 충분히 가열했을 때 메탄 분자들은 탄소와 수소의 혼합체로 분열된다. 이 증발기체가 유리 위를 통과할 때 탄소 원소들을 유리 표면에 부착시킨다면 보이지 않는 탄소 원소 층이 유리 표면에 생기게 된다는 것이다.

이 같은 방법을 반복하면 탄소 원소 층은 아주 촘촘한 다이아몬드 배열을 취하게 된다. 다른 말로 하자면 유리 표면에 단순한 탄소로 씌우는 것이 아니라 바로 다이아몬드 막으로 씌우는 것으로 이것을 화학기상석출법(Chemical Vapor Deposition)이라고 한다.

이 제품이 현실화된다면 그 쓰임새는 상상할 수 없다. 다이아몬드 막이 씌워진 안경이나 선글라스는 다이아몬드로 긁지 않는 한 절대로 긁히지 않는다.

더욱이 이러한 다이아몬드 막은 유리 이외의 다른 표면에도 형성될 수 있다. 다이아몬드로 코팅된 칼은 결코 그 예리함을 잃지 않게 된다. 더구나 다이아몬드는 화학물질의 영향을 받지 않기 때문에 녹이나 부패의 염려도 없다.

무엇보다도 매력적인 것은 이러한 다이아몬드 코팅이 보통 유리

만큼 싼 값으로 가능하
다는 것이다. 탄소가 포
함된 증발기체를 만들
기 위해서는 단지 높은
온도만 필요하고 고압
이 필요하지 않으므로
제작비가 싸게 먹힌다.

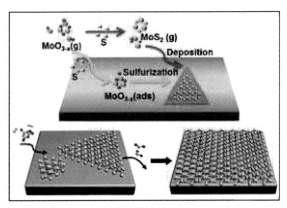

금속화학기상석출법(Chemical Vapor Deposition)

인공적으로 만든 10
캐럿 다이아몬드, 이 연구 결과를 발표한 러시아 학자들은 인공 다
이아몬드 막이 현존 다이아몬드보다 더 단단하다고 주장했다.

그러나 이들은 이 인공다이아몬드 막이 왜 더 단단한 다이아몬
드를 만드는지 아직 명쾌한 해답을 주지는 못하고 있다. 많은 학자
들이 그 이론을 규명할 수 있다면 그들에게 노벨상이란 영예가 돌
아갈 것이라고 말할 정도다.

2006년 7월 대만중앙연구소의 모우허광 박사가 「화학기상석출
법」을 이용, 0.3캐럿 다이아몬드를 10캐럿짜리 큰 다이아몬드로 만
드는 데 성공하여 세계를 깜짝 놀라게 했다.

그동안 메탄으로 다이아몬드를 성장시키는 방법은 속도가 너무
느린 것이 단점이었다. 하지만 모우허광 박사가 발견한 새로운 방
법으로는 다이아몬드를 300배 이상 빠르게 성장시킬 수 있다고 한
다. 예전에 일 년 걸린 것을 하루 동안에 만들어 앞으로 세계 다이

아몬드 시장의 파란을 일으켰다.

반도체, 초전도체 다이아몬드는 전도체이자 부도체이다. 이는 전자장비들이 다이아몬드로 코팅될 경우 좋은 효과를 거둘 수 있다는 뜻이다. 현재의 마이크로프로세서들은 섭씨 100도 이상에서 망가지는데, 다이아몬드를 사용하면 공전(空電)의 영향을 덜 받게 되며 열 축적도 없어진다. 더구나 다이아몬드에 미량의 붕소나 인을 적당히 추가하면 반도체로도 될 수 있다.

그러한 반도체들은 방사선 저항력이 있고 다른 반도체들의 전자보다 전자의 움직임이 더 빨라져 초대규모 집적회로 초고속 컴퓨터 기술에 커다란 발전을 가져올 수 있다.

다이아몬드의 또 하나 놀라운 점은 초전도체로 쓰일 수 있다는 것이다. 다이아몬드를 인공적으로 합성할 때 소량의 불순물을 혼합하면 합성된 다이아몬드가 다양한 성질을 갖는다.

러시아 과학원의 E. A. 에키모프 박사는 흑연에 소량의 붕소 원자를 주입하여 10만 기압과 섭씨 2,200도에서 다이아몬드를 합성하자, 섭씨 영하 269도의 극저온에서 전기저항이 0이 되는 초전도 성질을 나타냈다고 발표했다.

이것은 다이아몬드의 결정 안에 붕소원자가 들어감으로써 전자의 이동이 가능해졌기 때문으로 추정했다. 에키모프 박사는 다이아몬드뿐만 아니라 실리콘이나 게르마늄도 같은 결정구조를 갖고 있으므로 그것들도 초전도체로 응용할 수 있을 것으로 설명했다.

실패한 연금술

옛날부터 납은 별 가치가 없는 금속이라고 생각해 온 데 비해 금은 돈을 나타내는 귀중한 금속이다. 그러므로 납으로 금을 만들 수 있다면 멋있는 일임에는 틀림없다.

옛날 연금술사라고 불린 사람들은 어떻게 해서든지 이것을 성공시키려고 여러 가지 물건을 섞어 높은 온도에서 처리하는 등 연구를 거듭했지만 모두가 실패로 끝났다.

그들이 연금술에 열중한 것은 단순히 금이 생긴다는 것뿐이 아니고 병에 특효가 있는 묘약이 나올 것으로 믿고 있었기 때문이라고도 한다.

지금도 금가루를 넣은 술이 몸에 약이 된다고 생각하는 사람들이 있다는 사실로도 그것을 알 수 있다.

그들이 바랐던 연금술은 분명히 실패를 하기는 했지만, 그들이 실험하는 과정에서 여러 가지 물질의 성질이 점차 밝혀져서 화학의 기초가 밝혀졌다.

그래서 원자시대로 불리는 현대에서는 물질을 구성하는 아주 작은 입자(양자·중성자·전자)의 구조를 바탕으로 해서 옛날 연금술사들의 꿈을 끝내 실현시킨 것이다.

과학자들은 납을 금으로도 바꿀 수 있고, 반대로 금을 납으로 바꿀 수도 있다. 왜냐하면 이 두 금속의 원자핵의 차이는 금이 양자

충북 오창에 건설될 싱크로트론 방사광 가속기는 6년간의 설계와 시공을 거쳐 2028년 가동될 예정.

79개, 납이 82개가 들어 있다는 것뿐이니, 납의 원자에서 3개의 양자를 끄집어내면 금이 되기 때문이다.

그 방법은 「싱크로트론(synchrotron)」 등으로 불리는 물질 파괴 장치 속에서 높은 전압 아래서 가스로부터 만들어진 양자가 점점 가속되어 빛의 속도만큼 빨라졌을 때 목표 물질에 충돌시켜 그 속의 양자를 두들겨 내는 것이다.

이렇게 하면 납으로 금을 만들어 낼 수는 있지만, 그 비용이 광부들이 금광에서 캐내는 비용보다 비싼 동안에는 실용화되지는 않는다.

유감스럽게도 요즘 세상에서는 금은 자꾸만 값이 올라가기만 하고 있다. 다이아몬드의 경우도 마찬가지지만, 과학 연구의 성공과 실용화의 성공은 다르다는 것을 알아둘 필요가 있다.

이 이야기는 다른 이야기들과는 달라 「만약 된다면」이 아니고 설마 하던 것이 실현된 이야기, 다시 말해 「거짓말 같은 참말」이야기다.

if

40. 공룡이 지금 이 세상에 나타난다면?

「공룡이다!」

사람이 공룡의 출현에 놀라 공포에 떠는 공상적인 이야기는 코난 도일의 《잃어버린 세계(The Lost World)》라는 책을 비롯하여, 최근 (1993~2016) 스티븐 스필버그의 《쥬라기 공원(Jurassic Park)》과 같은 공룡영화 등 갖가지 형태로 수없이 묘사되어 왔다.

만약 공룡이 정말로 나타나면 어떻게 될까? 그리고 사람에 이익이 된다면 어떤 것일까 하는 것을 냉정히 생각해 보기로 하자. 공룡의 얘기는 자칫하면 과장되기 쉬우니까 말이다.

용이 있다는 소문

1910년께 인도네시아의 자바 섬에 살고 있는 화교(華僑) 사회에 「코모도 섬에 용이 있다」는 소문이 퍼진 일이 있다.

이 용은 사슴이나 멧돼지를 한입에 삼켜버린다는 것이었다. 입을 벌리면 큰 이빨이 보이더라는 사람까지 나타나는 지경이었다. 용은 중국 사람들의 마음속에 살고 있는 상상의 동물이다.

「공룡이 아닐까?」

「아니, 섬이 너무 작아. 큰 도마뱀일 거야!」

소문은 꼬리를 물고 퍼져나가 당시의 네덜란드인 총독은 그 동물을 조사토록 명했다.

학자들로 구성된 조사단이 코모도 섬 탐험에 나서 화제의 동물을 잡았는데, 그것은 길이가 4미터나 되는 큰 도마뱀의 일종이었다.

1962년의 조사에 의하면 이 도마뱀은 4, 5백 마리로 줄어들고 있는 것이 밝혀졌다.

당시의 신문들은 「공룡 발견」이라고 대서특필했는데, 그것은 잘못이었다. 하지만 자그마한 섬에 큰 도마뱀이 살고 있었던 것은 사실로 판명되었던 것이다.

정체를 확실히 밝혀낸 것은 아니지만, 「아무래도 공룡 같은 것이 있다」는 소문이 여러 곳에 있다.

그 중에서도 유명한 것이 영국의 네스 호(湖)다.

네시(Nessie)는 스코틀랜드 네스 호에 산다는 정체불명의 동물이다. 멸종한 수장룡이라는 주장이 가장 널리 알려져 있지만, 과학적인 증거는 희박하다.

한편, 2003년에 영국의 방송 BBC 탐사 팀이 600차례에 걸쳐 음파탐지 실험을 하고 위성추적장치를 이용해 네스 호를 수색하였으나, 네시의 존재는 탐지되지 않았다고 밝혔다.

소련의 시베리아에 있는 바로타 호, 라브인쿠일 호에도 회갈색으로 큰 입을 가진 괴물이 살고 있다고 한다.

아프리카의 앙골라에 있는 디로로 늪에는 원주민들이 「체페쿠웨」(물속에 사는 사자)라고 부르는 4톤 이상이나 되는 괴물이 있다고 한다.

그리고 또 로디지어의 오지에는 반은 코끼리고 반은 용 같은 괴물이 있다든가, 서아프리카에는 익룡(翼龍) 같은 괴물한테 하늘로부터 공격을 받은 사람이 있다든가 하는 소문이 나돌고 있기도 하다.

「정체를 밝혀 보니 큰 도마뱀이었다」하는 식으로 공룡이 아닌 다른 동물일지도 모른다.

혹은 정말로 공룡일는지도 모른다.

학문 연구에 큰 도움

공룡이 만약 살아남아 있어―그렇다고 해서 같은 개체가 중생대(약 2억 2,000만 년~7,000만 년 전 파충류가 번영한 시대)부터 계속 살아온 것이 아니고, 거의 멸망한 후에도 알을 낳아 자손이 계속되어 왔다는 뜻이지만―발견된다면 어떻게 될까?

텔레비전이나 신문은 법석을 떨 것이다.

사육을 해서 구경거리가 될 것이다.

동물원에서 인기를 끌어 큰 돈벌이가 될 것이다.

절멸하지 않도록 보호운동이 일어날 것이다.

이처럼 여러 가지 일들이 일어날 것이 분명하다. 물론 텔레비전

렉스 티라노사우루스(Tyrannosaurus rex)

이나 영화에 나오는 괴수와는 다르므로 사람을 습격하거나 건물을 파괴하는 그런 대단한 힘은 없다. 그리고 또 재빨리 행동할 수도 없고 지능은 극히 낮다.

사육을 하게 되면 먹이를 갖추어 주는 데 고생할 것이고, 온도나 습도의 조절이 큰일이다. 또한 잡히면 먹이를 먹지 않을는지도 모르고, 또 병에 걸릴지도 몰라 걱정이다.

하지만 살아 있는 공룡을 볼 수 있게 되면 지금까지 화석으로밖에는 연구할 수 없어 상상으로 메꾸고 있었던 부분에 대해서 많은 지식을 얻게 되는지 모른다. 그것이 인류에게 어떤 도움을 주게 되느냐 하는 것을 성급하게 생각하는 것은 무리다.

과학에는, 우선 먼저 사실을 조사하고 그것을 정리해서, 그것이 언젠가 유익하게 사용될 것이다 하는 부분이 있는 것이다. 그리고 공룡에 관해서는 여태까지의 연구가 뿌리째 뒤집힌다는 일은 없을 것이다.

살아 있는 화석 유존종

아득한 옛날 생물의 살아남아 있는 자손을 유존종(遺存種, relict) 이라고 하는데, 공룡이 살아 있다면 역시 유존종이다.

「살아 있는 화석」이라고도 불리는 유존종으로는 동물에도 식물에도 있는데, 중생대에 번영한 파충류, 공룡의 유존종은 실은 대소란을 피우게 될 공룡의 출현 사건이 일어나지 않더라도 이미 알려져 있다.

뉴질랜드의 작은 섬에 살고 있는 「스페노돈(Sphenodon)」혹은 「해테리어」라고 불리는 도마뱀과 많은 동물이 그것이다.

스페노돈(Sphenodon)

몸의 길이는 50센티미터 정도밖에는 안되지만, 등에는 한 줄로 나란히 선 가시가 있고, 머리 위에 셋째 눈인 두정공(頭頂孔)이 있다.

거대한 공룡보다 더 오래된 원시적인 파충류의 유존종으로 섬 동굴 속에서 곤충이나 벌레를 잡아먹고 산다. 보면 볼수록 공룡을 생각게 해주는 동물이다.

그리고 또 공룡은 아니지만, 6,000만 년쯤 전에 완전히 절멸한 것으로 생각해 왔던 물고기 「실러캔스(Coelacanth)」는 큰 화제를 일으킨 유존종이다.

1938년 아프리카의 이스트 런던 앞바다에서 고기를 잡고 있던 트롤선의 그물에 걸려 올라왔다. 사람만한 크기로 온몸이 파랗게 빛나는 비늘로 덮인 괴물이다.

2차 대전이 끝난 후에는 잇달아 잡혀 연구가 진전되고 있다.

만약 공룡이 발견된다면 실러캔스보다 더 많은 사실들을 알 수 있을 것이다.

「공룡 출현」이 현실로 나타나더라도 결코 공룡 쪽에서 사람 쪽으로 어슬렁어슬렁 걸어오지는 않을 것이다.

공룡은 사람에게는 볼 일이 없는 것이다. 먹이도 아니고 결혼 상대도, 장난 상대도 아니니 어쩌다 사람과 부딪치는 일이 있다고 쳐도 제 쪽에서 다가오는 일은 없을 것이다.

그러므로 이쪽에서 소문을 좇아 탐험을 하러 가야 한다는 이야기다. 노려야 할 곳은 공룡의 먹이가 될 만한 것이 많이 있는 장소로 기온이 높은 곳, 물도 있는 데라야 한다.

소문이 나는 곳은 대개 이런 조건을 갖추고 있다. 그런 곳으로 가서 찾아 해매고 기다리고 해서 겨우 「나타났다」는 단계에 이를 가능성이 아주 조금 있는 것이다.

화산의 분화로 옛날의 공룡알이 따뜻해져서 태어났다든가, 원자폭탄의 실험으로 태어났다든가 하는 것은 모두 상당히 엉터리 이야기다.

살아남은 자손이 있다면 암컷과 수컷이 있어 알을 낳아야 한다. 두 마리만으로 새끼를 낳아 자손을 이어간다는 것은 어려우므로 적어도 몇 마리는 더 있어야 한다.

그렇다면 지금까지 사람의 눈에 띄지 않았을 까닭이 없다고 해서 역시 공룡의 출현은 없을 것이라는 생각이 상식으로 되어 있다.

하지만 온 지구를 전부 다 조사한 것은 아니고, 또 바다 속에 있는 것은 아직도 모르는 것이 많으므로 완전히 절망적인 것은 아니다.

그렇다면 만약 공룡이 나타났다고 하면 위험할까? 걱정 없다. 육식을 하는 종류라도 재빠른 사람을 잡기는 쉬운 일이 아니다. 공격을 해 와도 달아나거나 숨거나 하는 것은 사람 쪽이 훨씬 잘 한다. 그리고 또 무기가 있으면 신경독(神經毒)을 넣은 총알 한 방이면 아마 공룡을 쓰러뜨리는 데 충분할 것이다.

if

41. 신의 존재가 과학적으로 증명된다면?

신(神)이 실제로 존재하느냐 않느냐 하는 것은 많은 사람들의 논쟁거리가 되어 왔다. 신이 실제로 있는지 없는지 증명도 되지 않았는데 신을 믿을 수 있는 것일까?

또한 신의 존재가 과학적으로 증명되는 날은 올 것인가?

신이라는 것이 어떤 것인가 하는 문제와, 만약 그 존재를 증명할 수 있다면 어떨 것인가 하는 문제를 생각해 보기로 하자.

초자연적인 힘을 가진 신

어린이들은 태어날 때부터 어버이나 어른들의 도움으로 자라난다. 어른은 크고 힘도 세고, 또 아는 것도 많고, 소원도 들어주므로 어린아이들에게는 전지전능의 신같이 생각될 때도 있을 것이다.

그래서 어린이들은 마법사나 큰 사람과 비교해서 「하느님」을 생각하고 실제로 존재하고 있다고 믿을 때도 있다. 하지만 이런 하느님은 어린이가 성장해서 자립하게 되면 그저 이야기 속에만 남게 된다.

또한 어린아이들은 태양이나 나무나 돌도 모두 「살아 있다」, 「혼이 있다」고 생각하고 그 속에 요정이나 소인(小人), 신 같은 것이 있다고 믿을 때도 있다. 그렇게 생각하는 것을 「애니미즘(animism)」이라고 한다.

사람은 꿈이나 환영(幻影)을 보고, 또 죽음이라는 현상을 보고 「영혼이 있다」고 생각하고 「정령(精靈)이 있다」, 「신이 있다」고 믿게 되는 것이다.

또한 어떤 무서운 일을 만나 그것이 보이지도 않고, 들리지도 않고, 만질 수도 없고, 냄새를 맡을 수도 없지만, 초자연적인 힘을 가진 신이 하는 일이라고 생각하는 일도 어린이나 미개 민족 사이에는 있다.

인간의 시초, 세상의 시초를 생각해 나가다가 조물주—세상을 만든 신을 생각하기도 한다.

역사상 애니미즘, 초자연의 힘, 조물주에 관해서 자연과학은 각 분야별로 격렬한 싸움을 벌여 이겨 왔다. 과학은 「신은 존재하지 않는다」는 것을 잇달아 증명해 온 것이다.

인간의 슬기가 어린이 수준을 벗어나 자연계의 법칙을 발견하고 미래에 관한 예측도 어느 정도 할 수 있게 되고, 「우연」이라는 것도 생각할 수 있게 되면 그전처럼 신을 끄집어낼 필요가 없어진다.

원래의 인간은 지구상에 나타난 이래 100만 년 이상이나 신이나 영혼의 존재를 필요하다고 생각하지는 않았던 것으로 생각되고 있다. 구석기 시대까지는 사냥을 하거나 병을 고치려고 할 때 주술(呪術)을 했을 정도였다.

그것이 겨우 1만 년 전쯤부터 과학적인 인식도 없이 지진이나 화산 폭발, 질병 같은 이해할 수 없는 자연현상에 괴롭힘을 당하면서 종교가 생겨났다.

가난하게 사는 사람들, 고생하는 사람들은 「이 세상은 잠깐이고 저 세상은 영원」이라고 천국이나 극락으로 생각하고 신을 믿게 된 것이다.

그래서 코페르니쿠스나 갈릴레이가 지동설을 주장했을 때, 로마 가톨릭교회는 그를 맹렬하게 공격했고, 뉴턴에 대해 「신을 추방하는 자」라는 비난, 다윈의 진화론에 대한 중상 등 기독교의 과학자들에게 대한 탄압은 처절했다.

신이 있다는 전제 하에 사회의 질서를 유지하고 있는데, 과학자들이 신을 부정하는 주장을 하는 것이 지배계급에 있는 사람들에게는 용서할 수 없는 일이었던 것이다.

과학과 신의 공존

요즘 화제를 일으키고 있는 것 중에 초심리학(超心理學)이라는 분야가 있다. 아직 과학이라고 말하기 힘들 만큼 애매모호한 점이 많은데, 텔레파시(독심술), 사이코키네시스(psychokinesis, 염력念力, 프레코그니션(예지)), 그리고 특히 동양의 기(氣) 등을 연구하고 있다.

죽은 후의 생존 같은 것도 연구하고 있는데, 누구나가 다 납득할 수 있는 합리적인 실험을 만약 할 수 있다면 영혼이 존재한다는 증명이 될지도 모르겠다.

하지만 이것은 어디까지나 신이 아닌 영혼에 지나지 않으며, 영혼과 대화를 해봤자 그것은 인간의 작용 가운데 하나를 연구하는 데 불과하고 신에 접근해 가는 것이라고는 말할 수 없다.

더구나 그 실험이「믿고 있는 사람이 아니면 할 수 없다」고 해서「믿는 힘」그 자체를 중요시하고 있으니, 과학이라고 하기는 어려운 것이다.

그보다는 생명의 수수께끼에 도전하고 있는 생물학이나 큰 우주를 다루는 천문학, 작은 원자의 내부를 다루는 양자역학(量子力學)이 더욱 더 발전하는 데에 기대를 거는 것이 더 합리적이다.

신이라고 불러 온 것 중에서 정치적으로 이용되어 온 부분이나, 미신을 제외하고 진짜로 전지전능, 영원불사로 사람의 모습을 하고 있지 않은, 모습이 없을지도 모르는 법칙이라든가, 우주의 뜻이라고도 할 수 있는「신」을 발견할는지도 모른다.

그러면 만약 그런 신의 존재가 증명된다면 어떻게 될까?

그저 두려워하고 엎드려 절대적으로 복종하고 믿게 될까?

그리고 모든 사람이 언제까지나 신앙의 대상으로 삼을까?

아마 그렇게는 되지 않을 것이다.

과학은 사람을 지배하는 것이 아니고, 또한 어떤 일에나 「혹시 틀린 것인지도 모른다, 언젠가는 따로 새 발견이 있어 다른 이론이 올바를지도 모른다」는 것을 분별하고 있기 때문이다.

현재 일반 과학자들은 신에 대해서 거의 아무 말도 하지 않고 있다. 과학은 과학, 신앙은 신앙으로 나누어 생각하고 있는데, 이것은 종교계와의 마찰을 피하려고 그러는 것인지도 모른다.

종교가도 과학을 공격하지 않는다. 과학이 인간생활에 도움을 주는 기술의 비탕이기는 해도 진짜 인간에게 있어 좋고 나쁜 것의 기준에 대해서는 자기들이 더 전문가라고 생각하고 있기 때문일 것이다.

언제까지나 과학과 종교가 따로 따로 갈라져 있도록 정해져 있는 것도 아니고, 양쪽 다 인간이 하는 일이므로 언젠가는 하나의 통일된 세계관을 만들어내게 될 것이다.

과학이 신의 존재를 증명한다는 것은 그런 세계관을 만들어내는 계기가 될 것 같다. 그렇게 되면 인간의 책임은 가벼워지기는커녕 더욱 더 무거워지고 인간 스스로가 신의 존재에 가까워지게 될 것이다.

if

42. 우주인이 지구에 온다면?

지금까지 지구상에서는 끊임없이 전쟁이 있어 왔다.

옛날에는 강한 나라가 약한 나라를 정복하면 강한 나라는 약한 나라에서 좋은 물건들을 빼앗고 또 그 나라 사람들에게 고달픈 일을 시키고 자기들은 사치스런 생활을 했다.

만약 어딘가에서 우주인이 온다면 지구를 정복하기 위해 큰 전쟁을 일으킬까?

일어나지 않을 우주전쟁

여러분은 텔레비전이나 책에서 우주전쟁의 만화나 이야기를 보고 읽고 한 일이 있을 것이다.

하지만 그런 전쟁은 일어나지 않으리라는 것이 대부분 전문가들의 생각이다.

만약 일어나지도 않을 우주전쟁에 대비해서 지구상에서 무기를 많이 만들거나 한다면 그것은 아주 어리석은 일이다. 우주전쟁을 위해 천문학적인 돈을 들여서 무기를 준비한다면 그것만으로 지구상에 있는 사람들은 불행해질 것이다.

그 비용 때문에 잘 살기 위한 시설이나 사회복지비가 희생되니 말이다.

우주전쟁이 왜 일어나지 않는지를 생각해 보기로 하자.

우선 먼저 옛날부터 있었던 전쟁을 되돌아보자.

인류의 조상은 가축을 기를 줄도 모르고, 논이나 밭도 가꿀 줄 몰라 천연적인 자원에만 의존해 살았다.

원숭이가 나무열매를 따먹고, 펠리컨이나 수달이 물고기를 잡아먹고, 사자나 호랑이가 얼룩말이나 사슴, 멧돼지를 잡아먹는 것과 같은 생활을 하고 있었던 것이다.

그것이 차차 인구가 늘어나 천연자원이 부족해지자 서로 빼앗고, 자기들의 사냥터, 낚시터를 넓히려고 싸움이 시작되었다. 그러는 동안에 한편으로는 도움이 되는 야생동물을 길러 가축으로 만들었다.

이들은 풀의 씨를 뿌려 인공적으로 목초 같은 것을 가꿀 줄 몰랐기 때문에 항상 천연의 풀과 물을 찾아 가축을 데리고 다니는 유목민이 되었다.

하지만 예나 지금이나 도둑은 항상 있었다. 소중한 가축을 훔치는 놈이 있는가 하면, 유목민 쪽에서도 가축을 지키는 사람이 생겨났다.

이것은 사람이 적으면 지기 때문에 점점 큰 집단으로 커 갔다. 그리고 또 가축에 의존하지 않고 곡식—고구마나 과일을 얻기 위해

논·밭을 만들게 된 민족도 있었다.

비료가 없었던 옛날이므로 밭을 만들기 위해서는 숲이나 밀림을 불태워 씨를 뿌렸다.

하지만 인공적인 비료를 주지 않으므로 이런 밭에서는 2년쯤만 지나도 식물이 잘 자라지 않는다. 그러면 또 다른 땅으로 이동해 가지 않으면 안 되었다.

그러다가 다른 부족이나 집단과 부딪치면 서로 땅을 차지하려고 전쟁이 일어났던 것이다.

옛날 전쟁은 무기가 발달해 있지 않았기 때문에 사람 수가 모자라는 쪽이 졌다. 그래서 서로 사람을 끌어들여 대 집단끼리의 전쟁으로 커져 나갔다.

우리나라에서도 옛날에는 각 부족들끼리 전쟁도 했고, 그 부족국가들이 커져 신라, 고구려, 백제의 세 나라가 다투다 결국 나중에는 신라가 3국을 통일해서 한 나라가 되었다.

세계의 다른 나라들도 마찬가지로, 1, 2차 세계대전 때에는 세계가 두 쪽으로 크게 나뉘어 전쟁을 했다.

1차 대전에서는 독일이 졌기 때문에 독일령이었던 아프리카의 카메룬은 프랑스에 빼앗기고, 탄자니아는 영국에 빼앗겼다.

그러나 2차 대전 후에는 포르투갈령을 제외하고는 식민지는 거의 모두가 독립해서 이긴 나라가 진 나라의 영토를 빼앗는 일이 거의 없어졌다.

포르투갈의 식민지들도 1974년 포르투갈의 독재정권이 쓰러지자 모두 독립을 하게 되었다. 이렇게 된 것은 온 세계 사람들이 눈을 떠서, 이긴 나라라도 진 나라의 영토를 빼앗아 그곳에 사는 사람들을 노예처럼 부려먹어서는 안 된다는 것을 잘 깨닫게 되었기 때문이다.

또한 옛날과는 달라 요즘에는 무기가 발달해 전쟁을 하면 이긴 나라나 진 나라나 다 같이 큰 타격을 받기 때문에 좀처럼 전쟁을 한다는 것은 힘든 일이었다.

그런데 만약 우주인들이 별세계에서 온다고 하면 도대체 어느 별에서 오게 될까?

우리가 사는 지구처럼 태양의 주위를 돌고 있는 별은 수성·금성·화성·목성·토성·천왕성·해왕성 등으로, 이것을 행성이라고 한다.

그리고 지구 주위를 달이 돌고 있는 것과 마찬가지로 다른 행성들 주위에도 위성이 돌고 있는데, 그 수는 지구의 달처럼 꼭 하나만 있는 것은 아니다.

태양계에는 생물 없어

우리 태양계는 은하계에 속하고 있고 태양 같은 항성이 실로 2,000억 개나 있다.

현재까지의 연구에 따르면 태양계에 속하는 행성들에는 지구 외에는 고등동물이 살고 있을 것 같지 않다. 하지만 2,000억 개나 있는 항성의 주위를 도는 무수한 별 가운데에는 고등동물이 살 만한 환경을 갖춘 별들이 없다고 단정할 수는 없다.

지구에만 고등동물이 살고 있다고 생각하는 것이 오히려 잘못이라고 해도 괜찮을 것이다.

하지만 태양계 밖에 있는 지구에 가장 가까운 것이 켄타우루스자리의 알파 별 프록시마(Proxima)로 지구에서 4.3광년의 거리에 있다.

1광년이라는 것은 빛의 속도로 1년이 걸리는 거리다.

빛의 속도는 1초에 29만 9,970킬로미터이므로 1광년은 9조 4,600억 킬로미터다.

그러니 태양계 밖에 있는 제일 가까운 별까지 가는 데 빛과 같은 속도를 가진 우주선을 타도 4.3년이 걸리는 셈이다.

또한 전파는 빛과 같은 속도이므로 무선으로 통신을 할 수 있다고 해도 지구에서 「여보세요」라고 한 후에 8.6광년이 지나야 「네, 네」하는 대답이 돌아오게 되는 셈이다.

그런데 평소에 우리가 보고 있는 항성들은 보통 수백 광년의 거리에 있다. 만약 이렇게 먼 데서 우주인들이 온다면 그들이 빛과 같은 속도로 와도 수백 년이 걸린다.

이렇게 먼 데서 우주인들은 무엇 때문에 지구까지 전쟁을 하러 올까?

그런 일은 일어나지 않는다고 보는 것이 무방할 것이다.

어떤 별이라도 수명은 있다. 우리 지구도 수십억 년이 지나면 피곤해진 태양이 차차 부풀어나 지구를 삼켜버릴 것이라고 주장하는 천문학자도 있다.

그렇다면 우리의 자손들은 그 전에 어딘가 적당한 별을 찾아 이사를 해야 한다는 이야기가 되는데, 이와 마찬가지로 어딘가 다른 별에 사는 우주인들도 자기 별이 살기 어려워져서 지구로 이사를 오게 되면 큰 일이라고 생각한 사람도 있다.

하지만 우리가 다른 별로 이사하기 전에 어딘가 다른 별에 살던 우주인들이 지구로 온다면 적어도 그들은 우리보다도 훨씬 뛰어난 과학기술을 갖고 있다는 계산이 된다.

그러므로 태양계에서도 지구 이외의 행성들에는 고등동물이 살고 있을 것 같지도 않으므로 그들의 기술로 다른 별에 살 수 있도록 할 수도 있을 것이다.

다시 말해서 사람들로 꽉 차 있는 혼잡한 지구를 노리느니보다는 2,000억 개나 있는 항성들 주위에는 보다 더 널찍하고 살기 좋은 별들이 우주 속에는 얼마든지 있다고 생각할 수 있는 것이다.

옛날 지구상에서 먼 나라를 여행한 사람들을 생각해 보자.

우리나라에서 중국, 인도, 페르시아까지 갔다 와서 《왕오천축기》라는 세계적인 여행기를 남긴 신라시대의 혜초, 서양에서 중국에 온 마르코 폴로, 아메리카 대륙을 발견한 콜럼버스, 그리고 아프리카를 탐험한 리빙스턴 등은 모두가 승고한 정신을 가진 사람들이었다는 것을 잊어서는 안 될 것이다.

바꾸어 말하면, 뛰어나게 훌륭한 사람들이었기 때문에 수많은 고난을 이기고 교통기관이 발달하지 않았던 옛날에 이런 모험 여행을 할 수 있었던 것이다.

이 사람들은 먼 나라에 가서 진귀한 풍물을 봤을 때 어떤 태도를 취했을까?

싸움을 하려 들었을까?

신라시대의 혜초의 모습 : 혜초 전문가 정수일 단국대 교수가 서울여대 김미자 교수의 복식 고증을 거쳐 디지털 복원전문가 박진호 씨와 함께 추정 복원한 인물도(중앙포토)

그들은 처음 보는 자연의 경치나 색다른 풍속 습관을 보고 그것을 잘 알아보기 위해 그곳 주민들과 힘자라는 데까지 사이좋게 지내려 했을 것이다.

처음에는 말도 안 통했을 테니 선물도 주고 손짓 몸짓으로 「나는 결코 나쁜 짓을 하는 사람이 아니다」라고 상대편에 애써 설명했을 것이다.

만약 다른 별에서 우주인들이 지구에 온다면 그들은 과학적으로 뛰어난 생물일 뿐만 아니라, 다른 생물들의 행복을 위해서는 스스로의 희생도 서슴지 않을 숭고한 정신을 가진 생물일 것이다.

왜냐하면 물질적인 면에서뿐만 아니라 정신적인 면에서도 뛰어난 생물이 아니면 몇 백 년씩이나 걸려 지구까지 오지는 않을 것이기 때문이다.

여러분은 우리가 살고 있는 이 지구를 어떻게 생각하고 있는지……아름다운 자연을 가진 행성이라고 생각하지 않을까?

만약 이 아름다운 지구의 자연을 파괴하는 것이 있다면 그것은 우리 인간 이외에는 없을 것이다.

어리석은 자연 파괴를 계속하거나, 자기 나라 이익만 생각하고 전쟁을 일으키거나 하고 있으면 인류는 자기 목을 자기가 조르는 결과가 되어 절멸해 버릴 것이다.

여러분은 우주인에게 지지 않을 훌륭한 사람이 되어 우리 지구를 언제까지나 아름답게 지켜 나가야 할 것이다.

if

43. 대기 오염이 이대로 계속된다면?

지금 전 세계의 대도시나 공업지대에서는 대기오염이 아주 심각한 문제가 되고 있다.

화력발전소나 석유 정제공장에서 발생하는 연기나 자동차의 배기 가스, 비행기의 엔진에서 나오는 아황산가스, 질소산화물, 일산화탄소, 연화(鉛化) 화합물 등으로 공기는 날로 더러워지고 도시에서는 스모그가 하늘을 덮고 광화학 스모그가 발생해서 시민들의 건강을 위협하고 있다.

전 세계의 고민 공해

대도시에서 자주 발생하는 광화학 스모그는 자동차의 배기가스 등에 섞여 있는 일산화탄소나 탄화수소가 공기 속의 산소와 결합하여 다시 태양의 자외선을 받아 화학방응을 일으켜서 생긴 옥시던트와 공장에서 나오는 아황산가스가 공기 속의 수분과 화합해서 생긴 황산 미스트가 섞여 발생하는 것이다.

이것을 호흡라면 눈이 아프고 재채기가 나오며 심하면 숨을 쉴 수가 없어 쓰러지는 경우까지 있다. 이것을 많이 마시면 혈액 속에 있는 헤모글로빈과 결합하여 중추신경을 마비시키고 빈혈을 일으킨다.

광화학 스모그는 더 무서운 것이다. 날씨와 바람, 높은 온도 등 조건만 맞으면 언제 어디서 발생할는지 예측도 할 수 없기 때문이다.

운동장에서 놀고 있던 학생 수십 명이 광화학 스모그 때문에 잇달아 쓰러지는 사건도 외국에서는 있었다.

일산화탄소나 아황산가스가 일정 수준 이상이 되면 경보를 발령해 사람들은 집안에 들어앉아 있고 꼭 필요한 자동차 이외는 달리지 말라고 권하는 도시도 있지만 물론 그것만으로 해결이 되는 문제도 아니다.

이미 오래 전인 1965년 지질학자들이 그린랜드의 얼음을 조사한 결과 놀라운 사실을 발견했다. 공기 속에 있는 납의 양이 100년 동안에 10배나 늘어난 사실을 밝혀낸 것이다.

물론 자연상태에서도 극히 미량의 납은 공기 속에 섞여 있다. 그러나 이처럼 놀라운 증가는 역시 인공적인 것으로 공기 속의 납 증가율과 납의 소비량 증가율이 꼭 일치하는 것이 그 증거다.

북극까지 인간이 퍼뜨리는 유독물질로 오염되기 시작하고 있는 것이다. 정말로 가공스런 사실이다. 그러나…… 이것도 진짜 걱정하지 않으면 안 될 일과 비교하면 아직 사소한 일일지도 모른다.

더욱더 가공스런 것은 지구상의 산소 부족 문제다. 현대문명은 지금 믿을 수 없을 만한 속도로 공기 속의 산소를 파먹어 들어가고 있는 것이다. 문명의 상징인 자동차나 비행기는 배기가스로 대기를 더럽히고 있을 뿐만 아니라 실은 산소를 먹는 대식가이기도 하다.

가솔린 엔진이나 제트 엔진은 산소가 없으면 움직이지 않으므로 생각해 보면 당연한 일이기는 하지만, 이를테면 제트 여객기는 미국에서 대서양을 가로질러 유럽까지 가는 데 약 40톤의 산소를 소비하는 것이다.

사람 하나가 하루에 소비하는 산소가 약 0.8킬로그램이니 이것은 5만 명분에 해당한다.

산소의 부족이 큰 문제

말할 것도 없이 이 밖에도 타는 것에는 모두 산소가 필요하다. 가정에서 사용하는 가스나, 공장이나 빌딩에서 쓰는 중유 보일러 등 모두가 그렇다.

그리고 산소를 소비만 한다면 또 조금은 괜찮을 것이다. 인간은 산소를 만들어내는 숲을 닥치는 대로 파먹어 들어가고 바다를 더럽혀서 자연적으로 만들어지는 산소량을 줄이고 있는 것이다.

동남아시아나, 남아메리카, 아프리카에서도 정글이 잇달아 벌채되어 초록빛을 잃어가고 있다.

바다에는 유조선들이 흘리는 기름이 대량으로 떠 있어 산소를

유조선들로 인한 바다 오염

만들어내는 바다의 식물 — 플랑크톤을 죽이고 있다.

이래서는 견딜 수가 없다. 산소는 분명히 많이 있다. 하지만 결코 무제한으로 있는 것은 아니다.

지구를 둘러싸고 있는 대기 속에 있는 현재의 산소량은 어떤 학자의 계산에 의하면 1,184조 1,000억 톤으로, 1년 동안에 만들어지는 산소량은 1,200억 톤이다.

전 세계의 미개발 지역도 계속 개발되어 식물은 줄어들고 바다는 오염되어 산소를 만들 수 없게 된다……. 그렇게 되어서는 인류는 멸망하는 수밖에 없다.

이로 인해 지구의 온도는 상승함으로써 지구온난화에 이르게 되었다. 넓은 의미에서 지구온난화는 장기간에 걸쳐 전 지구 평균 지표면 기온이 상승하는 것을 의미한다.

하지만 좀 더 일반적으로 지구온난화는 산업혁명 이후 전 지구 지표면 평균 기온이 상승하는 것 (즉, 현대 지구온난화)으로 정의된다. 1850년 대비 전지구 평균 지표면 기온은 1도 이상 상승하였으며 이와 같은 현대 지구온난화가 인위적 온실기체 증가에 기인하는 것이 95% 정도로 확실하다고 평가하였다.

기후변화의 새로운 길을 찾다, 파리협정

2015년 12월 12일(현지시각)의 파리를 역사는 영원히 기억할 것이다. 지난 11월 30일부터 시작된 「제21차 기후변화협정 당사국총회(COP21)」가 극적으로 마무리된 현장이기 때문이다.

총회 의장인 프랑스 외무장관이 "파리 기후협정이 채택됐다!"고 선언하자, 총회장은 힘찬 박수와 환호성으로 휩싸였다. 이날의 역사적인 성과를 취재한 외신들은 「인류의 화석시대가 이날로 점진적 종언을 고했다」라고 일제히 보도했다.

기후변화협정(UNFCCC)은 지난 1992년 브라질 리우에서 최초로 개최됐다. 국제연합(UN)이 대기 중의 온실가스 농도를 안정시키기 위해 마련한 이 국제협정은, 당시 190여 개의 나라가 가입하면서 기후변화에 대한 관심도를 전 세계에 알리는 계기가 됐다.

UN이 기후변화협정을 출범시키며 내세운 원칙은 「당사국들의 차별화된 책임」이었다. 오늘날의 기후가 생존에 위협을 주는 수준까지 변화된 것에 대해, 당사국의 주요 구성원인 선진국은 역사적 책임을 져야 하고, 나머지 당사국인 개발도상국도 그 일부에 대해 책임이 있음을 밝힌 것이다.

196개국의 만장일치로 파리 기후협정에서 채택된 신 기후체제의 핵심은 지구의 평균 기온 상승을 2℃ 이내보다 낮은 수준으로 유지하기로 했다는 점과 전 세계 국가 중 거의 모든 국가가 참여했다는 점이다.

평균기온 상승의 경우 「2℃ 이내보다 상당히 낮은 수준으로 유지하도록 한다」라는 완곡한 표현이 들어 있지만, 세부적으로 들어가 보면 온도 상승을 1.5℃ 이하로 제한하기 위한 노력을 추구한다는 내용을 담고 있어, 사실상의 온도 상승 제한 목표를 「1.5℃ 이내」로 제시했다는 의견이 대부분이다.

또한 참여국의 범위에서도 교토의정서가 일부 선진국에만 온실가스 감축 의무를 주었던 반면에, 신 기후체제는 거의 모든 국가가 UN에 자발적으로 2020년 이후의 온실가스 감축 목표치를 제시하고 이를 달성하도록 노력하고 있다.

이런 현실을 고려할 때, 기후 전문가들은 지금까지 방어적이었던 기후변화 대응 방법에서 탈피해 좀 더 적극적인 자세를 가질 필요가 있다는 의견을 내놓고 있다.

if

가상의 세계로 여행

초판 인쇄일 / 2022년 10월 12일
초판 발행일 / 2022년 10월 17일
☆
팬더 컬렉션 / 엮음
펴낸이 / 김동구
펴낸데 / ㉑明文堂
(창립 1923년 10월 1일)
서울특별시 종로구 윤보선길 61(안국동)
우체국 010579-01-000682
☎ (영업) 733-3039, 734-4798
(편집) 733-4748
fax. 734-9209
e-mail : mmdbook1@hanmail.net
등록 1977. 11. 19. 제 1-148호
☆
ISBN 979-11-91757-53-8   03740
☆
값 23,000원

재미있는 수학탐험

야콥 펠레리만 · 제임스 F. 픽스 · J. A. 헌터

홍영의 엮음

번뜩이는 기지 · 유니크한 발상
자유분방한 사고 · 고정관념으로부터 탈출

러시아의 야콥 이시드로비치 펠레리만의
물리학이나 수학에 관한 책을 많이 저술한
수학에 관계된 것만을 선택 발췌한 것이다.
유명한 오일러의 토폴로지,
《걸리버 여행기》에 대한 수학적 고찰,
일상생활 속의 칭량, 기하학적 도형 문제,
숫자 짜 맞추기 등 두뇌 체조에 최적한 문제들로 꾸며졌다.